广东省中小学"百千万人才培养工程"

省级培养项目系列丛书

基于问题驱动的
小学数学深度学习

盘水杰——著

南方传媒

广东人民出版社

·广州·

图书在版编目（CIP）数据

基于问题驱动的小学数学深度学习／盘水杰著. —广州：广东人民出版社，2023.11

（广东省中小学"百千万人才培养工程"省级培养项目系列丛书）

ISBN 978-7-218-16856-2

Ⅰ. ①基…　Ⅱ. ①盘…　Ⅲ. ①小学数学课—课堂教学—教学研究　Ⅳ. ①G623.502

中国国家版本馆 CIP 数据核字（2023）第 159549 号

JIYU WENTI QUDONG DE XIAOXUE SHUXUE SHENDU XUEXI

基于问题驱动的小学数学深度学习

盘水杰　著

版权所有　翻印必究

出 版 人：肖风华

责任编辑：欧阳杰康
责任技编：吴彦斌　周星奎

出版发行：广东人民出版社
地　　址：广州市越秀区大沙头四马路10号（邮政编码：510199）
电　　话：（020）85716809（总编室）
传　　真：（020）83289585
网　　址：http://www.gdpph.com
印　　刷：广州小明数码印刷有限公司
开　　本：787mm×1092mm　1/16
印　　张：21.25　　　　字　　数：285千
版　　次：2023年11月第1版
印　　次：2023年11月第1次印刷
定　　价：68.00元

如发现印装质量问题，影响阅读，请与出版社（020-85716849）联系调换。
售书热线：（020）87716172

总　序

　　党的二十大报告指出："教育是国之大计、党之大计。培养什么人、怎样培养人、为谁培养人是教育的根本问题。"百年大计，教育为本；教育大计，教师为本。教师是教育改革与发展的第一资源，教师强则教育强。作为人才强教、人才强省的一项重要改革举措，广东省中小学"百千万人才培养工程"的深入实施，不断创新优秀教师培养机制，建立了省、市、县三级分工负责、相互衔接的中小学教师人才培养体系，坚持"系统设计、高端培养、创新模式、整体推进"的工作理念，分层分类培育教育家型教师、卓越教师和骨干教师并发挥他们的示范引领作用，辐射带动中小学教师队伍整体素质提升，为广东省加快推进教育现代化提供坚实的师资保障和人才支持。

　　韩山师范学院作为广东省中小学"百千万人才培养工程"小学理科名教师的培养单位，充分发挥百年师范办学沉淀下来的"勤教力学、为人师表"的优秀师德传统，密切结合新时代教师专业发展的新要求，遵循省级培养项目"师德为先、竞争择优、分类指导、均衡发展、公平公正"的工作原则，采用理论研修与行动研修相结合、导师引领与个人研修相结合、脱产学习与岗位研修相结合、国外学习与海外研修相结合、研修提升与辐射示范相结合以及集中脱产研修阶段、岗位实践行动阶段、异地考察交流阶段、示范引领帮扶阶段、课题合作研究阶段的"5结合5阶段"培养模式，致力于培养一批师德师风高尚、教育理念先进、理论知识扎实、教育教学能力强和管理水平高，具有国际视野、创新精神、较大社会影响力和知名度的小学理科教育家型教师。

教育家型教师一定要胸怀"国之大者"，立德树人，笃志于学，着力培养"有理想、有本领、有担当"的时代新人，成为塑造学生高尚人格、培养学生核心素养、促进学生全面发展的"大先生"。整个培养过程中，我们一直坚持"道"与"术"的深度融合，因为教师的发展永远是"道"与"术"的统一，没有"道"前提下的"术"往往是无源之水，没有"术"的自我之道也是无本之源，"道"的提升是名教师发展的必经之路。在"5结合5阶段"的培养过程中，我们侧重于指导学员的教育教学新理念创新、学科前沿探究、教学改革行动研究、教学风格及教学思想提炼和传播等。35名学员经过螺旋上升式的"学习+实践+反思"，不断打造自己的教学风格、凝练自己的教学思想，并物化成本系列专著。我们希望，这些承载着省寄予厚望的广东省中小学"百千万人才培养工程"学员们的教育成果能够发挥最大的品牌效应，引领更多教育人不忘初心、潜心育人，参与到广东省教育现代化的伟大事业中，为广东省基础教育高质量发展做出应有的贡献。

于韩师水岚园

（王贵林，研究员，硕士生导师。广东省中小学"百千万人才培养工程"小学理科名教师培养项目负责人及首席专家，广东省首届中小学教师培训专家工作室主持人。曾任韩山师范学院心理健康工作委员会副主任、教育科学学院首任院长，广东省教育学重点学科、广东省"冲补强"教育学重点学科带头人。）

前　言

我们需要怎样的课堂

课堂是教学的主阵地，课堂是教师的生命场，课堂是孕育学生思维的沃土，课堂是构筑学生成长的舞台。

好的课堂是什么样的？

好的课堂要有温度，温暖着每一位学生、每一个角落，让学生在融洽的师生关系中爱上学习、建立自信、快乐成长。

好的课堂要有深度，学生能在教师的引领下自主探索、合作交流，获得感悟、得到启迪、激发思考，让思维得以发展。

好的课堂要有广度，教师知识渊博、教学视野开阔，并引导学生打开眼界广泛涉猎。

好的课堂要有长度，既要为学生学业质量打下坚实的知识技能基础，又要为其后续的发展预留空间、动力与方法。

好的课堂犹如一个好的生态环境，成员之间相互质疑、相互讨论，他们心灵触动、情感波动、思维涌动，他们相互配合、相互促进、共同成长，这样的课堂处处焕发着生机与活力。

我们如何建设好课堂？

好课堂需要内驱力，这股内驱的力量来自问题、任务、项目。这股力量会促进学生积极思考、深度探索、迁移应用。

好课堂需要一个好问题，这个问题能引起学生的好奇心，激发学生的求知欲，让学生产生认知冲突与探究欲望。这个问题会化作一个个任务、一个个项目，吸引着学生走进真实的情境并展开一系列的探索，开展一层层的研究，学生会在实践、探索、体验、反思、合作、交流中揭开问题的真相。当问题经过层层抽丝剥茧得以解答时，它能在带给学生豁然开朗、恍然大悟和茅塞顿开的刹那间，使学生体验到成功的喜悦。

好的课堂需要一位好老师。这位老师会研究课标、研究教材、研究学情……这位老师会立足学生的未来发展，以素养为导向，设计出一系列的好问题。这位老师会以学科实践为思路，创设问题情境，引导学生观察生活中的现象，发现问题、主动思考、积极探究中寻找解决问题的策略……

十多年来，我们一直追寻着这样的好课堂，我们一直努力着让自己成为这样的好老师。从"课堂有效性提问的策略研究"到"问题研究课堂教学模式的探索"，再到"基于问题驱动的小学数学深度学习策略研究"，我们一直走在研究的路上。

本书分《对传统课堂教学的观察与思考》《小学数学问题驱动深度学习的内涵和意义》《小学数学问题驱动深度学习的课堂观》《小学数学问题驱动深度学习的实施策略》《小学数学问题驱动深度学习的教学设计》《小学数学问题驱动深度学习的课例研究》六章，是十多年来笔者研究课堂教学的感悟与积累，记录了笔者对"以问促思"的课堂教学理念的落实过程。因个人水平所限，有些问题还缺乏精深的思考和精准的表达，望读者能给出更好的建议。

最后，我要感谢与我并肩作战在研究路上的新兴县实验小学教师团队与新兴县惠能小学教师团队，更要感谢在我研究路上及写作本书过程中，给予我无私帮助的韩山师范学院王贵林教授、杨晓鹏教授，广东省名教师工作室主持人梁福慧、刘燕、丁玉华、陈国柱等导师。

盘水杰

2023 年 2 月 1 日于禅宗六祖故里新兴县

目 录
CONTENTS

第一章

对传统课堂教学的观察与思考

第一节　传统数学课堂教学存在的问题

　　课程改革改到深处是课程，改到实处是课堂，课堂是教学改革的主阵地。教师教学行为的变化和学生学习方式的变革，是课程改革成功与否的重要标志。什么是改革？改革不是对之前所做一切的全盘否定，而是采取弃弊扬利的态度，把不利于学生素养发展的东西摒弃，把有利于学生素养发展的东西发扬。要做好课堂教学改革这项工作，首先要知道哪些地方需要改，也就是要知道传统的数学课堂教学中存在着哪些弊端。不可否认，传统的课堂教学有其积极的一面，但也存在着诸多问题。

一、教学方式欠灵活，课堂吸引力不足

　　传统的课堂，因教师观念守旧，导致教学方式守旧、不灵活。因教师专业水平跟不上教育发展，导致传统的课堂教学中教学目标泛化、教学设计散乱、教学评价单一，这是常见的现象。更严重的是传统的课堂教学中情境创设与数学问题联系不大，问题设计未能很好地把握教学内容的核心与数学知识的核心。

　　由于教师缺乏正确的教育思想引领，跟不上先进的教育观念，教学中依然

是以自我为中心，以讲授方式为主，以教材为本，教师习惯于把课本的知识传递给学生。观念传统的教师其实很勤奋，他们会很努力地备好每节课，把要讲的知识点、要做的练习题制作成 PPT，还会努力地收集更多的练习不断地添加到 PPT 上，这类老师最希望的是能把所准备的 PPT 内容讲完。教师拼命地讲，学生认真地听、记、写，这都是传统课堂教学最真实的写照。这样的课堂教师最重要的任务就是讲完备课的内容，他们会觉得给学生动手实践浪费课堂大量的时间。这种重讲解轻实践、重结果轻探索过程、重基础知识与基本技能的获取经验积累与数学思想方法的形成，往往是知识迁移能力薄弱，教学主体不清，教师在课堂上许多时候是在"唱独角戏"，成为传递知识的工具。在这种课堂上，认真听课的学生是迫于教师的权威，被动地听老师讲，学生长期处于这样的课堂，学习的兴趣会渐渐丧失。

教师教育观念守旧往往是因为缺少学习造成的。有部分教师走上工作岗位后，缺少主动接触新教育的理念意识，学科视野渐渐变窄。也有些教师认为小学数学内容太简单了、太浅显了，谁不会做小学数学问题呢？教小学，特别是教小学的低年级，就是 100 以内的加减法，太简单了。当教师有了这种想法后，就更不会去钻研课程、钻研教材、钻研教法了。其实简单的只是数学的知识本身，但数学并不是只会算几道数学题、只会画几个图形就能教得好的。试问一下，现在的家长，哪个不会算小学的数学题呢？会做题不等于会教学，懂数学知识不等于懂教学。因为教学最重要的是启发学生会学习、学好习与爱学习。由于对数学教学缺乏深度的思考，对数学知识背后所蕴藏着丰富的原生态数学文化没有做更深的思考，这些教师在教学表现上往往是只会讲例题，教数学是教学生做练习，教数学就是教学生做试卷，这样的课堂缺少文化气息、缺乏育人功能。有的新教师没有经过系统的专业的培训，课前不做教学设计，每节课用的是往年相传下来的课件，照葫芦画瓢。这样的课堂教学制约着教学专业水平的提升，这样的教学也难以培养学生良好的思维品质，达不到立德树人的效果。

传统的数学课堂教学，不理想的地方还表现在教学目标上。不少的数学课堂教学是没有目标的，课件有什么就讲什么。不少教师认为目标没用，认为那只是为了把教案写完整，便从教师用书中把教学目标抄下来，有这种想法的老师是不会去解读"课程标准"的，更不会去研读教学参考书，也就谈不上深挖教材所蕴含的数学思想了。这种没目标的课堂往往是主次不清、见题讲题的。还有些教师会撰写教学目标，但写出来的教学目标很笼统，指向不明确。教学目标虚化，教学目标描述笼统，课堂就会缺了主线索，这样的课堂很难检测出其教学成效。课堂教学目标是课堂的灵魂，教师必须要重视。教学目标的确定，必须要依据课程标准，知道要教什么；教学目标来源于学生困惑所产生的问题，制定目标就是要清楚怎样教；教学目标的制定要以学生为中心，方便学生对学习效果进行测评。教学目标的作用是指导教师的教和学生的学，方便于评价课堂教学效果及学生学习的效果。

传统的数学课堂教学不足之处还表现在教师的教学设计上。有些教师的教学设计往往是内容零碎，仅仅是对例题进行知识分解，忽略了知识背后蕴含的育人价值。教学设计结构散乱、缺乏目标引领、问题表述不清。传统的课堂教学设计不足还表现在问题之间无关联，课堂情景创设之间无关联，检测结果与作业布置之间无关联。总的来说，传统的教学设计层次不清、结构不明、重点不突出、难点未落实，难以让学生思维跨越发展。还有的教学设计过于理想化，或是内容编排太满，这些都是有待改进的。

传统的课堂教学不足还表现在课堂提问上。据平时的听课观察，一些数学课堂，老师在上课时会一个问题接着一个问题问，一节课 40 分钟下来，提问三四十个问题是常有的事情。有些教师提出问题后往往只等了一两秒就让学生回答，还常常在学生没有回答正确的情况下就很快把答案说给学生听。不少老师在课堂上所提的问题有大部分属于记忆层面的，缺乏思维含量。在请学生回答问题时，往往是偏向提问成绩好的学生。一节课下来，教师问的问题多，有思维含量的问题极少，回答的学生又仅限于几个优秀的学生，这种课堂学生参与度不高、思维也难以发展。教师把握提出问题的权力时，学生自主发现问题、提出问题的机会少了，学生在课堂上被动接受知识，逐渐地就不习惯反思，更不习惯发现问题、提出问题了。

传统课堂不足的地方还表现在教学评价上。评价方式不够多元，评价内容过于单一，几乎都是以试题作为评价内容，以分数作为评价标准。评价是为了更好地分析学情，为了促进学生的学，教、学、评一致性是当前课堂教学要落实的理念，但在传统的课堂教学中，我们难以看到评价发挥出的功能作用，更难以体现教、学、评的一致性。

二、学习兴趣不浓厚，课堂参与度不高

传统数学课堂教学，学生的学习有两种不良的表现：一种是虚假学习，另一种是浅表学习。

虚假学习就是学生装模作样地学习，这些学生上课时表面看坐姿端正，眼睛也好像是在看着黑板，可仔细一看或者多看几眼他们，就很容易发现这些学生的目光飘忽不定，他们不是眼睛在看黑板，只是坐姿对正黑板方向，其实一直是心不在焉的。有些调皮的学生，头部不动，当教师转身写板书时，或者教师没注意到时，往往玩起笔、橡皮之类的东西。虚假学习的学生注意力并没有放在倾听上，更不会有思考状态了，老师讲了什么都不知道。

造成虚假学习的原因很多，其中最主要的原因是教师的授课方式问题。课堂上教师一直以讲授为主，学生一直被动地听着，学生身体与心理很容易感到疲劳，久而久之，学生的注意力就被课堂以外的东西吸引了，心自然就不在课堂了。这样的课堂，教师习惯了满堂灌，学生被动地接受老师讲课，没有动

手、动脑、动口的机会，教师也很难发现其学习的虚假性。

心理学家卡尔·罗杰斯（Carl Ransom Rogers）把这种存在虚假性学习的学生称为"课堂上的观光者"。这类学生往往是教师很少关注到的，学生在课堂上默默地做着自己的事情，一般不举手回答问题，也不会主动与同伴交流学习上的信息。这类学生极少违反课堂纪律，他们很多时候是端坐在教室里的，用端正的姿势隐藏心不在焉的听课状态，逃避着课堂学习活动。

传统的课堂教学中另一种不良的学习状态是浅表学习。浅表学习的关键词是"应付"。这类学生会很认真听课，老师讲什么就记什么，教师叫做练习就去做练习，教师要求朗诵也会跟着朗诵，完全会依照教师的指令去做。也正是因为一直都跟着老师的指令做事，许多时候都是处理一种表层状态，这类学生缺少对问题质疑，更缺少对问题的深度思维的加工，基本是以反复练习、机械记忆为主，不懂对问题进一步思考，这种学生表现出来的乖巧，更像是一台不知疲倦的"复印机"。当老师提出一个具有挑战性的问题时，他们一般不做思考，他们会一直在等，等别人思考的结果，等别人在说话，等老师给出答案。平时的练习中，往往是第一次不会做的题，第二次遇到同类问题时同样还不会，因为这类学生对知识理解并不透彻，更谈不上内化于心了，题目第一次出错，第二次会出错，甚至第三次还会犯同样的错误。造成学生浅表性学习的原因很多，其中最重要的是教师在平时的教学中，重在让学生死记硬背。学习应该是一个增长、变化的过程，死记硬背、缺乏深度理解，是最低层次的课堂学习，真正有效的学习是让学生深度学习。深度学习重视基于已有知识进行批判、融合、练习、迁移与决策，要求学以致用，并注重反思。在课堂教学中，教师要及时了解学生的学情变化，并对不同层次的学生实行施教，让不同层次的学生从浅表性的学习转向深度学习，让学习真正发生。

三、只注重知识传授，育人功能不明显

在传统的课堂中，学生考试分数的高低是衡量课堂教学好坏的最权威标准。教学就是为了让学生获得高分成为不少教师的共识。这类的课堂往往会通过做大量的练习来提高学生的成绩。为了保证学生提高分数，教师会腾出大量的时间让学生做练习题，所以每节课必然会追求教学进度，这样一来，就会导致教师在讲授数学内容时只会挑着应对考试的内容来讲。在应试教育的观念影响下，机械、重复地去做大量的练习成为数学课堂常见的现象。

课堂教学除了传授知识外，更重要的是提升学生学习数学的能力，让学生通过学习发展具有数学学科特征的核心素养。数学关键能力是数学核心素养的重要组成部分，数学文化则是数学学科品格因素的重要组成部分。什么是数学能力？瑞典心理学家魏德林（Weldelin）指出：数学能力是理解数学的（以及类似的）问题、符号、方法和证明本质的能力；是学会它们并在记忆中保持和再现它们的能力；是把它们同其他问题、符号、方法和证明结合起来的能力；也是在解数学的（或类似的）课题时应用它们的能力。[①] 以数学知识为载体，以揭示事物本质属性的数学思想方法和数学思维品质为切入点，重视数学教育对学生全面发展的作用，数学教育的功能寓于数学教学之中。数学学科的育人功能有哪些？我们可以从数学意义与素质意义两方面来讲。一方面，数学意义上的育人，重在培养学生对数学的兴趣，对数学学习的信心和毅力，对科学的态度，对数学审美价值的探索和创新精神的欣赏。另一方面素质意义上的育人，是培养学生感知事物、概括事物的能力，对学生晓之以理，要让学生具有开拓精神和开拓创新的能力，培养学生顽强拼搏的精神和不畏艰难的意志；

---

① ［瑞典］魏德林：《数学能力》，转引自唐彩斌：《数学教学应以能力为重》，《小学教学设计》2014年第1期。

要让学生生活情趣乐观、意识和谐和具有民主的精神与协作的精神。

第二节　对传统课堂教学存在问题的思考

一、对数学教育本质认识不足

数学教育的本质到底是什么？

要了解数学教育的本质，我们先来了解什么是数学？北京师范大学曹才翰、章建跃在其编著的《数学教育心理学》一书中指出：数学作为人的思维的表现形式，体现了人的积极进取的意志、缜密的说理和追求完美的思想境界，是我国数学教育心理学研究成果的重要组成部分。其基本要素是逻辑与直觉、分析与构造、概括性与专一性。尽管不同的传统可以强调不同的侧面，但构成数学科学生命、目的以及数学科学崇高价值的，恰恰是这些对立力量的相互作用和它们的综合努力。数学来源于实践，但其发展却以超越现实为标志，数学的生命、用途和价值是从人类理性思维的力量中得到体现的。

曹广福教授在其撰写的《教怎样的数学》一书中提到：数学是一切科学的基础，而这个基础不仅体现在今后学生在工作中能够按照图文并茂的方式，把课堂上学到的数学知识运用到工作中去，更重要的是在解题中能够灵活运用数学思想和方法。对于有创新精神的人才来说，最重要的能力不是掌握已知的数学应用方法，而是发现运用数学解决问题的不为人知的方法。从这个意义上说，后者属于较高境界的数学，比起实际运用数学，更重要的是掌握数学的思想方法。[①] 他点出数学要教出"有用"之处！数学的"有用"体现在两个方面：一是思维方法的科学性；二是现实生活中对自然科学的运用。从某种意义

---

① 曹广福：《浅谈大学非数学专业的微积分教学》，《中国大学教学》2018 年第 1 期。

上说，前者更重要，因为科学的思维方法是了解未知的钥匙。他还认为，教育的关键在于教师怎么理解教材，如何恰当地使用教材。教学不能一味地传授知识，而应更多地关注学生思维能力的培养和知识的灵活应用；数学思维能力及运用能力的培养，则依赖于对数学的兴趣，这种兴趣来自对数学的了解，更来自对数学的审美能力。教师在数学教学中，要做的事情是什么呢？是把掩藏在书本知识背后的思想与美丽挖掘出来，通过恰当的方式展示给学生，从结构式到教学机制，让每一节课都能放射出数学美的光芒。当学生离开学校，不再学习数学时，数学教育留给他的应该是会用数学的眼光观察问题，用数学的头脑思考问题，在工作乃至生活中都会有欣赏数学之美、独立自发地运用数学的思维方法。只有这样，我们的数学教学才真正地发挥出育人功能，我们的学生才算得上是真正学到了数学。

综上所述，数学教育的本质，就是对数学思想方法的传授。数学知识本身很重要，但它所承载的思维方法更重要，它所需要的科学精神更有价值，它是研究数学问题所必需的。数学教育一定要最接近数学的本质，要做到这一点，只有思维。数学教师的价值就在于启发学生从心底里喜欢思考、学会思考，发展学生的思维让其更具逻辑性，这才是数学教育的本质。但是纵观我们的数学课堂教学，缺的就是对数学思想的培养、对学生思维能力的培养。我们的传统的课堂教学没有意识到让学生感悟数学思想方法，没有意识到引发学生思考、帮助学生积累思维和实践的经验。

二、小学数学教师学科知识欠缺

经过一系列的研究，美国斯坦福大学舒尔曼提出了 Pedagogical Content Knowledge（简称 PCK）的概念。PCK 是学科教学知识的简称，是教师必须具备的将自己所掌握的学科知识转化为易于学生理解的表征形式的知识，包括事实、概念、规律、原理等具体的学科知识。PCK 是基于个人经验对数学家的数学知识和教育家的理论知识的一种独特的融合。教师必须具备所教学科的特定知识，同时还要具备将所学学科知识转化为表征形式的知识，使学生易于理解。如果结合数学学科来剖析 PCK，即为数学教学内容知识（Mathematical Pedagogical Content Knowledge，简称 MPCK）。MPCK 是由四个方面组成的，即数学学科知识（MK）、通用教学法知识（PK）、数学学习相关知识（CK）和教育技术知识（TK），其实质是教师为了促进学生对数学的理解，提高数学能力和素养，如何将数学知识的学术形式转化为教育形式。数学学科知识（Mathematic Knowledge 简称 MK）有四个维度：数学理念（主要是指对数学学科的看法和认识）、学科内容知识（主要包括数学概念、数学定理、数学规律、数学公式、数学题目等）、数学思想方法、数学史知识。通用教学法知识（PK）内容包括四个维度：教育理念（主要指对教育的看法和认识）、教育理论知识（主要包括教育本质、教育目的等方面的知识）、课程知识（主要包括课程安排、教学目标、教学原则、教学方法、教学评价、教学管理等方面的知识）、教学知识（主要包括教学目标、教学原则、教学评价、教学管理等方面的知识）和教学理论知识（主要包括课程安排、课程内容等方面的知识）。数学学习相关知识（CK）共分三个维度：学生发展的知识（主要包括学生的心理发展、思维发展、已有的知识经验和学习疑点等方面的知识）、学生学习的认知因素和非认知因素知识（主要包括学习策略和方法、学习态度和能力、学习动机和风格等方面的知识）和学习环境的知识（主要包括大环境中的社会、政治、文化、物理环境和心理环境等方面的知识）。

数学是一门系统性和逻辑性都很强的学科，知识的各个部分之间形成了一个纵横交叉、环环相扣的知识网络，许多知识的呈现方式是按部就班、螺旋式上升的。在初读教材时，显性的内容容易被发现，便于教学，更重要的是依照课程标准，依照学生学习关注隐性知识，这就要求教师对教材的解读要有很深的 PCK 整体联系的观点，要把一本教材放在整个单元或整个学段的知识体系中去分析，厘清知识发展的线索，注重数学知识的前后联系，只有这样，才能对教材编写的知识逻辑起点有正确的把握，才能对本节课的教学目标定位有正确的把握。也就是说解读教材，既要联系学生已学的知识，又要了解学生已有的知识和经验，找到知识间的衔接点和生长点，考虑后续学习，思考如何为后续学习提供知识铺垫或探索问题的方法等储备。

但是，学科知识的欠缺在小学数学教学中是普遍存在的，具体表现在以下几方面。

一是大多数教师能理解数学知识，清楚数学知识之间的关系，但未能掌握好数学知识中蕴含的数学思想方法。

二是教师普遍对数学课标的理解不到位，不能很好地理解教材。主要体现在教师对数学课程标准所强调的教学理念，在课堂教学中还没有得到贯彻，学习内容所达到的要求还不能从数学课程标准的角度去确定。"照本宣科"地使用教材较为普遍，缺乏课程资源开发能力，同时对教材编写意图的理解不透彻，对教学内容的定位也不准确。

三是从对学生了解的角度来看，部分的教师虽然每节课都会对学生学习情况进行分析，但不少教师的学情分析是从网上搜来的，这些对学情的分析仅仅是为了应付完成教案撰写的某个环节，未能真正结合本班学生的实际，未能深入了解学生课前知识储备情况，未能观察学生课间学习情况，未能思考学生学习后的效果。

四是从教学媒体应用方面来看，教师虽然每天都会用电脑放课件讲课本，但未能充分利用好信息技术手段来提升课堂教学效率。如什么时候该用什么能力点来提升学生的学业质量，这些内容教师并没有认真分析。

五是从教学实施方面来看，教师未能及时处理教学中生成的问题。有些教师每节课都会按部就班地完成教学任务，课堂上只管自己讲课的进度，没有考虑到课堂上学生在学习中的变化及所产生的问题，未能及时抓住课堂上生成的问题来引导学生学习，更未能顾及全体学生学习状况。

六是从教学反思来看，许多教师往往是课上完了，任务就完成了。不会再去想想这节课有哪些优秀之处，有哪些是值得后续推广的，有哪些地方是需要改进的，学生的学习效果如何，等等。这些教学反思能提升专业水平，但很多教师往往会忽略。

三、对数学课堂提问现状的观察与思考①

课堂提问是一项设疑、激趣、引思的综合性教学艺术，恰到好处的提问能激发学生的学习兴趣，唤醒学生的求知欲，增强学生学习的动力。但笔者在近两年的课堂观察中，发现课堂提问存在着不少的问题。针对现状，该采取哪些对策呢？我们进行了思考、分析。

（一）现状一：问题范围宽

案例一："年、月、日的认识"教学片段

师：请同学们拿出自己准备的年历卡，仔细观察，试试看能发现什么？

生1：我发现年历卡上有可爱的小猪。

生2：我发现我的年历卡比同桌的漂亮。

生3：我发现年历卡有三种颜色。

…………

案例评析及改进

案例一中，教师首先提出："仔细观察，试试看能发现什么？"这个问题

---

① 参见盘水杰：《对数学课堂提问现状的观察与思考》，《中国校外教育》2013年第8期。

虽然有一定的开放性，学生也有很大的生成空间，但是这个问题缺乏明确的指向性，难以引起学生的思考。如何改进？笔者认为教学时要设计一个具有定向性特点的问题，教师创设这一问题情景的目的是让学生通过观察发现月份与天数的规律，故问题要紧紧围绕着这一本质进行设计。

改进后的"年、月、日的认识"教学片段如下。

师：请同学们拿出自己准备的年历卡，仔细观察上面的月份和天数，看你能否发现上面规律。

生1：我发现有的月份是31天，有的月份是30天，有的月份是28天。

师：那么，请你说说哪些月份是31天，哪些月份是30天？哪个月份是28天？

对策思考：抓住问题本质，明确问题指向

"指向"是指要根据不同的教学内容与教学要求选择恰当的提问内容及提问方式，具有较强的针对性。提问必须指向明确，不能含糊其词、模棱两可，否则提出的问题学生将不易作答。问题的本质是学生必须掌握的基本知识和基本技能，课堂的任务就是让学生学会、掌握、理解、运用这些基本知识和基本技能。因此，教师在课堂教学时要善于根据教学要求，抓住问题本质，针对教学重点精心设计问题，避免杂乱无章的提问，所设计的问题，应该有利于学生用数学的眼光关注现实生活，应该为学生学习数学知识与技能提供支撑，为学生数学思维的发展提供土壤。

（二）现状二：问题难易不当

案例二："10000以内数的认识"教学片段

教师出示例题：南京长江大桥铁路桥长6772米？

师：同学们，6772左边的6在哪个数位上？读作什么？

师：第一个7在哪个数位上？读作什么？第二个7在哪个数位上？读作什

么？2 在哪个数位上？读作什么？这个数读什么？

…………

案例评析及改进

上述案例中，教师把问题掰开揉碎，讲深讲透，学生不用动脑就能听明白，这实际上降低了教学内容的思维价值，有百害而无一利。

案例二可修改为：

教师出示例题：南京长江大桥铁路桥长 6772 米？

师：6772 这个数怎么读？这两个 7 的读法有什么不同？为什么？

对策思考：准确认知，难易适度

提问要"适度"就是指要正确地估计学生的学习潜力，使设计的问题接近学生智力"最近发展区"，应该让学生努力思索一下才能够想出来，而不是提出过于宽泛、繁琐或浅显的问题。问题过难过深，会使学生丧失回答的信心，过易过浅，则不利于学生智力的发展。如何才能把握好度？首先，问题的设计要对学生掌握知识情况进行分析。学生已经知道了什么？学生自己能解决什么？学生还想到什么？哪些问题需要教师点拨引导，这一切教师都要做到心中有数。其次，问题的设计要针对教材中的难点或者学生感觉难以理解的知识点，不仅要考虑提什么样的问题，还要考虑为什么提这样的问题，所设计的问题既为活跃学生的思维服务，又成为完成本课教学任务的一个组成部分。

现状三：问题"直""露"

案例三："梯形面积计算公式推导"教学片段

教师出示两个完全一样的梯形后开始提问：

师：两个完全一样的梯形可以拼成一个什么样的图形？

师：拼成的平行四边形的高和原梯形的高相等吗？

师：拼成的平行四边形的底和原梯形的上底与下底的和相等吗？

师：拼成的平行四边形的面积等于原梯形面积的几倍？

师：平行四边形的面积怎样计算？

案例评析及改进

这个案例中，教师希望课上得一帆风顺，处处为学生"搭好桥""铺好路"，设计的问题总是简单直接，学生无须进行自我思考，这种越俎代庖的现象，表面上学生在思考问题，实际上被教师"牵着鼻子走"，长此以往，会造成学生知识的"窄化"和思维的"僵化"。梯形面积推导重在学生的探究过程，整个探究过程中重点是引导学生发现转化后的图形与梯形各部分之间的关系。

以下为修改后的"梯形面积计算公式推导"教学设计。

1. 引导学生提出要解决的问题。

师：看到这个题目后，你们觉得这节课要解决什么问题呢？

2. 让学生动手摆一摆、画一画或剪一剪，把梯形转化成已学过的平面图形。

3. 学生动手操作，很快就有了答案，学生汇报交流。

4. 教师引导学生研究梯形与转化后图形的联系。

师：同学们真有办法。你们最喜欢研究哪个图形呢？

5. 学生对比、讨论、公式推导。

师：同学们很了不起呀，一下子就能把梯形的面积计算公式推导出来了。转化后的图形与原梯形的关系你们都能找出来，其他的几幅图你们能吗？

学生的好奇心再次被调动了起来，再次投入到研究中。

对策思考：善用启发式提问，启迪学生思维

"启发"就是激励引导的过程，目的在于促使学生积极思考和主动探求，自觉地获取知识。课堂提问要有意识、有目的地设置问题情境，准确地把握好提问的时机，当学生的思维受阻时要精问，当学生的思维变通时要引问，当学生思维需要提升时要追问，当学生需要反思时要设问，通过提问引起学生的认知冲突，激起学生的探究欲望。问题提出后要留给学生思考、讨论的空间，要注意倾听学生的发言，及时引导学生积极参与、积极思考，让学生经历解决问题的过程，体会成功解决问题的喜悦。

第三节　开展基于问题驱动深度学习的必要性

2014 年 3 月，教育部印发《教育部关于全面深化课程改革落实立德树人根本任务的意见》，把课程改革作为落实立德树人根本任务的重要抓手和突破口，首次提出要研究制订各学科教学中贯彻落实核心素养的学生发展体系。党的十九大进一步强调要落实立德树人根本任务，发展素质教育。2022 年颁布的《义务教育课程方案》指出课程要聚焦核心素养，面向未来；要注重各学科之间的关联，加强课程综合；在改变育人方式方面，更是首次提出了加强学科实践。课程的首要任务是发展学生的核心素养。精选课程内容，着眼于培养奠定未来的有爱国主义精神、有社会责任感、敢于开拓创新、勇于实践的学生。强化学科内知识整合，综合课程与跨学科专题学习的统筹设计，加强课程内容与学生经验、社会生活的联系。加强综合类课程建设，完善综合类课程的学科设置，注重培养学生综合运用知识解决现实情境中遇到的问题的能力。开展跨学科主题教学，强化课程协同育人功能。要强化课程设置与生产劳动、社会实践相结合，把实践育人这一特有的功能发挥好。突出学科思想方法和探究方法的学习，强化知行合一、学思结合，倡导"做中学""用中学""创中学"。

进入新世纪，政治、经济、文化、科技都在飞速发展，社会的不确定性和不可预测性越来越大。如何让现在的孩子适应未来的世界，是世界各国教育共同面临的巨大挑战。课程改革作为教育改革的核心领域越来越成为各国实施人才竞争战略的主战场。传统的课堂教学观与作业观都没有办法实现当下育人要求。因此，我们希望通过改变课堂现状，转变教师观念，改变教学方式，引领教学理念、教学方式、评价体系、教学组织管理体系等全方位变革，促进课堂教学关系的深度调整和人才培养模式的重大变革。

我们需要怎样的课堂？

广东省未来教育家培养对象梁福慧《基于核心素养下的学校品质提升》提到，课堂教学方式是一所学校教育活动的最基本要素和育人理念的最直观呈现，课堂学习更是学生的主要成长方式。教育改革首先需要做好的是课程改革，而课程改革重中之重就是课堂教学改革，课堂教学改革最需要改变的是教师教的方式与学生学的方式。具体地说，建立自主、合作、探究的学法和启发、研讨、参与的教法，就是课堂教学改革的核心。

一、小学数学课堂有效性提问的策略研究

转变教与学方式的核心是什么？十多年前，我们就开始关注问题研究。在当年的课堂中，常常会看到有的老师简单、随意、重复地提问，课堂上教师问题一提，学生就齐齐举手的现象比比皆是，这种只求表面上热闹的课堂，折射出了教师所设计的问题是不科学。当年的课堂对问题情境的创设不重视，缺乏对认识冲突的怀疑和激发；忽视精心设计、条理问题；想怎么问就怎么问；题目欠思考力，还过于玄乎；把学生的深度思维活动换成了简单的集体答题；做完题后急于答题，对学生答题思路启发不够；同时做题的技巧和讲题的时机把握得不够到位。问题是学习的开始，"课堂提问"是教师经常使用的教学手段，是有效教学的核心，是小学数学教学中启发式教学的一种主要形式。准确、恰当的课堂提问，为学生提供发现问题、解决问题的桥梁和阶梯，进一步提高课堂教学效率，能够激发学生的学习兴趣，集中学生的注意力，点燃学生

的思维火花，激发学生的求知欲望。2012 年，我们组织了团队针对课堂教学中教师问题设计不恰当、问题过多等现象，提出了"小学数学课堂有效性提问的策略研究"课题。希望通过课题研究、促进学生学习方式的转变、促进学校数学教学质量的提高、促进教师业务水平的提高，引领教学方式的变革。

什么才是有效的提问，我们做出了以下的界定：小学数学课堂有效性提问是指教师根据课堂教学的目标和内容，精心设置问题情境，提出既有计划性、针对性、启发性，又能激发学生主动参与的欲望，并有助于进一步培养学生创造性思维的问题。

从研究教师的教学方式来看主要有以下三方面：一是分析教师提问现状，二是探索出提问方法技巧，三是探索如何通过有效问题来发展学生思维及探究精神。从研究学生学习方式来看也有三方面：一是研究学生提问的情感氛围；二是研究学生提问的思维氛围；三是研究激发学生提问的策略和方法。在本研究中，课题组成员深入一至六年级课堂教学中，听课、组织教师评议，并通过引导教师对教学案例分析等方式，探讨有效提问的设计策略。

在课题的启动阶段，课题组成员通过网络、刊物等阅读了大量与本课题相关的内容，如《论欧美课堂提问主体的演变》《中美课堂提问的比较研究》《课堂提问的心理学策略》《课堂提问有效性：标准、策略及观察》《对新的课程改革背景下课堂提问技能的思考》《课堂提问的价值及其实现》《理解学生的回答》《中小学课堂提问的现状》等，并开展了读书交流活动，通过阅读与分享，课题组成员对课堂提问有了深刻的理解。接着课题组就深入课堂进行实证研究，通过访谈、观察、探讨等形式，提升有效提问，提高课堂教学质量，并对教学设计和教师专业发展进行深入细致的个案分析。

通过问卷调查及教师访谈等形式，了解师生对课堂提问的认识。首先对五年级两个班进行了数学课堂教学中提问有效性调查，本次调查主要是了解学生在课堂上对不会的问题所持的态度，及课堂上不举手提问的真正原因，对提出问题和对待教师提问的一个态度。通过调查分析，了解到学生提问的情感和思维氛围，为课堂提问有效性研究奠定了基础。

以课例为主要载体，把课例研究变成小专题研究的平台。

通过课堂观察进行个案分析，了解课堂教学提问现状。结合学校"人人一节公开课活动"，并对某些课例进行课堂实录、分析，找出课堂提问存在的问题。很多老师在讲课的过程中，担心出现问题，为此，老师们处处"搭桥"，处处为学生"铺路"，设计的题目总是简洁直接，即使是稍有难度的题目，也是在老师们的"自问自答"中走过场。这种越俎代庖的现象，表面上是学生在想问题，实际上是被老师"牵着鼻子走"，容易使学生知其然，不知其所以然。长此以往，就会造成学生知识面的"窄化"、思维的"死板"。再者就是在提问中把问题掰开揉碎，问题浅（有时偏），思维含量不足，一个问题，一个答案，问题指向性也不清晰，同时教师急于获得结论，并喜欢向优秀的学生提出问题。

通过上教研课、组织评课、专题研讨等方式优化课题提问策略。课题组在研究的过程中，认识到课堂教学只有把情境融入知识，才能更利于被学生吸收；知识要表现出活力和美感，需要融入情境之中。同时还要找准问题的支点，这些问题的支点就是学生学习的起点、知识的核心、知识衔接处、学生易混淆、学生学习困惑点。要做到有效的提问，教师就要重视对问题支点的选择，并把握好提问的时机，当学生的思维受阻时要精问，当学生的思维变通时要引问，当学生思维需要提升时要追问，当学生需要反思时要设问。

在当年的研究过程中，我们也产生了一些困惑。如课堂中我们把"对不对""是不是"诸如此类的提问认定为无效的问题，可这无效的问题我们在课堂上要不要使用呢？教师"自问自答"式的提问方式就一定不可取吗？也许一节课问题过多时，是师生之间的一种交流所产生的，若是这样一节课问题多了能说是无效吗？不同学生有不同的认知、情感和思维的特点，教师在"课堂提问"操作上要顾及每一个学生难度很大，很多时候仅停留在道义上的顾及，而不是实质上的平等对待。

当年的研究也有一定的局限性，仅限于课堂教学的一个点，但为问题引领课堂教学还是打下了基础。

二、问题研究课堂教学模式的探索

以问题来撬动课堂教学改革，引发教与学方式的转变，我们一直在研究。为落实新课程理念，以教学方式转变为抓手促进学习方式的变革，提高课堂教学效益，2014 年在有效提问策略的研究基础上，我们开展了"问题研究课堂教学模式"的探索，推动课堂教学改革。本次课堂教学改革以问题研究课堂教学模式为载体，强化课堂主阵地作用，坚持教学相长，注重启发式、互动式、探究式教学，融合运用传统与现代技术手段，重视情境教学；引导广大教师探索基于情境、问题导向、深度思维、高度参与的课堂教学模式；引导广大教师，探索基于学科的课程综合化教学，开展研究型、项目化、合作式学习；希望学生能够主动思考、积极提问、自主探究。

本次研究，我们定了三个任务：任务一，在有效提问策略研究的基础上，提出问题研究教学模式，通过探索并完善此教学模式，开发与总结不同学段、不同课型的教学活动框架和活动程序。任务二，通过转变教学方式，推行小组合作学习，帮助学生形成自主、合作、探究的学习方式。任务三，形成良好课堂教学研究氛围，通过研讨、磨课、主题活动等方式，促进教师专业发展。

（一）问题研究课堂教学模式内涵[①]

"教学模式"是指在一定教学思想或教学理论指导下，建立起来的较为稳

---

① 参见梁福慧：《基于核心素养下的学校品质提升》，广东经济出版社 2017 年版，第 77 页。

定的教学活动结构框架和活动程序，是教育教学思想的简约形式，从静态看是结构，从动态看是程序。

"问题研究课堂教学模式"是指以围绕核心问题所产生的问题串为主线，以"问题解决"为目标，让学生通过自主学习、合作探究的方式去解决问题，并在解决问题的过程中掌握知识，形成自主学习能力的一种充满生机与活力、使学生高效学习的课堂教学模式。其基本特征可以概括为"一导三段六联动"（一导：导学案；三段：问题生成、问题探究、问题解决；六联动：学案导学—预习交流、任务驱动—确立任务、指导方法—自主探究、组织协作—合作学习、导引拓展—互动展示、达标检测—意义建构六个基本环节联动导学）。基本模式见图1-1。

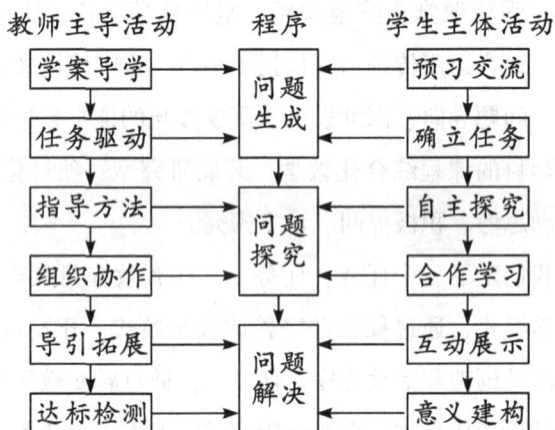

图1-1 问题研究课堂教学模式结构图

问题生成：由"学案导学—预习交流""任务驱动—确立任务"两个环节组成。教师开发"问题发现单"（或预习提纲）工具组织学生提前自学，尝试知识建构，开展交流反馈自学情况，把重要的、有难度的、共性的存在问题确立为探究任务。

问题探究：由"指导方法—自主探究""组织协作—合作学习"两个环节组成。依据上一环节确立的探究任务（或问题探究单），教师提供材料支撑和方法指导，组织协作交流，学生自主探究，形成自己或小组最佳的解答方案。

问题解决：由"导引拓展—互动展示""达标检测—意义建构"两个环节组成。学习小组派出代表（或教师指名）就某一两个问题登台讲解进行展示，同组学生可随时补充，教师进行点拨、追问、总结点评，其他组同学可以质疑或反驳。同时教师可以问题、题目的形式引导学生自我检查，形成自己的知识结构，完成意义建构。

（二）问题研究课堂教学模式要素

问题导向课堂教学模式基本要素有问题提出、自主学习、合作探究、展示交流和达标检测五项。

1. 问题提出

问题提出是"问题"与"提出"的结合，指的是所设计的问题要有思维含量，具有思考性、启发性和探索性。问题的提出要基于情境。

问题设计要遵循以下原则：

原则一：在目标的引领下设计问题。

原则二：要围绕核心知识和知识的核心设计问题。

原则三：要结合学生的学情设计问题。

原则四：由核心问题产生的"问题串"必须是相关联的，并且能达到启发学生思维的作用。

问题提出要遵循以下原则：

原则一：问题的呈现要有一个好情境，这个情境不是虚拟的，是看得见、摸得着的、典型的、有针对性的，来源于学生熟悉的生活实例，其目的是激发学生的好奇心和求知欲。

原则二：每个问题后面要有具体操作要求。

原则三：问题提出类型是多种多样的，可以是情境导入、设疑导入、故事导入等。

2. 自主学习

自主学习也叫独立学习，当问题提出后，要给学生充足的时间去思考，课堂中的自主学习包括阅读课文、思考问题、动手操作、动笔做题、查阅资料等。

3. 合作探究

合作探究是指学生为了完成共同的任务，有明确的责任分工的互助性学习。

开展合作探究活动要遵循以下三个原则：

原则一：对于核心问题，要以小组合作的形式，让学生借助团队的力量去探索、去研究，开展小组合作要有足够的时间让学生去想、去说、去交流。小组合作要落实好会思考、会讨论、会表达、会倾听、会互助的"五会要求"。

原则二：对于核心问题，要给学生提供足够的资源材料，辅助学生完成任务。

原则三：引导学生开展探究活动，要给学生明确的活动要求，必要时要做示范。

4. 展示交流

展示交流是本教学模式的关键环节。"展示"重在交流展示解决问题的思维过程和解题方法。"交流"是一个互动过程，互动可分三种类型：单向型互动，即教师将信息传递给学生；双向互动，即教师与学生间的信息相互交流；生生互动，即学生之间的多边互动。

展示交流要遵循以下三个原则：

原则一：精选样本。有目的性地选择要展示的内容（范例、错例）。

原则二：有序呈现。有序呈现学生探究结果，通过探究结果有序呈现，暴露学生的思维过程，激发思维碰撞，建构知识形成过程。

原则三：适时点拨。适时对知识点讲解说明、归纳方法，点明有可能出现的错误。

展示交流环节最考验教师的课堂教学能力。展示交流环节，教师要做好引导和评价，在学生回答时，教师要适时引导，把控课堂走向。评价的方式要多元化。

5. 达标检测

围绕学习目标精心设计检测题，数量要适度，突出重难点，体现层次性，能够检测不同层次的学生目标达成情况。要灵活运用检测的方式方法，可以做题，可以提问，可以教师主导检测，亦可以组员之间相互检测。

三、基于问题驱动的小学数学深度学习策略研究

2021 年，我们在课堂教学模式研究的基础上，提出了"基于问题驱动的小学数学深度学习策略研究"，希望以课题研究提升教师的眼界与素养，以研究过程推动学校教育改革，以研究成效促进学生全面发展。课题已被批准为广东省百千万人才培养工程专项科研项目。

（一）选题的缘由

1. 时代的需要

从 2014 年 9 月开始，教育部基础教育课程教材发展中心组织专家团队，将其作为深化基础教育课程改革的重要抓手，作为落实学生发展核心素养和各学科课程标准的实践途径，在借鉴国外相关研究成果、总结我国课程教学改革经验的基础上，着手研究开发"深度学习"教学提升工程。该项目研究是希

望通过引领教学理念、教学方式、评价体系、教学组织管理制度等全方位变革，推动课堂教学关系的深度调整和人才培养模式的重大变革。

2. 学校发展的需要

我校地处粤北山区，且为新办学校，新入职教师居多，教师群体教育教学专业水平有待提升。让教师参与课题研究就是建立一个共同的愿景，课题研究过程就是同伴互助的过程，也是自我反思的过程，所以说课题研究是教师成长方式最快捷、最重要的途径之一。更重要的原因是我校教师对这个领域了解还不深，还有很多需要解决的问题，学校对于"问题驱动下的深度教学"还缺乏系统思考和操作指引。

3. 学科发展的需要

当代教育需要我们不仅关注学生的深度思维，更需要我们站在人类历史社会发展的大背景下思考教育问题，强调发展学生核心素养，促进学生全面发展。如何紧扣数学学科特点，充分挖掘学科内在的育人价值？理性思维、数学应用、数学探究、数学文化的主导作用如何凸显？如何紧密联系生活实际，让学生在真实的问题情境中提升关键能力？这是数学学科教学需要思考及解决的问题。

（二）本课题国内外研究现状及研究价值

1. 国内外研究现状

（1）国内外研究现状述评

近年来，国内外学者对问题驱动与深度学习开展了多学科、多角度、多类型的研究，内容涉及方方面面，下面主要从概念与研究意义的角度来述评。

①国外研究现状。1976 年，瑞典哥德堡大学教育学院教授马飞龙（Ference Marton）和罗杰·赛里欧（Roger Saljo）基于对学生学习过程的研究，发表了《学习的本质区别：结果和过程》一文，首次提出并阐述了深度学习与浅层学习这两个相对的概念。美国儿童数学教学（TCM）杂志《儿童数学教学》有

五个专栏，其中"问题教学中的问题"和"问题过程中的策略"两个专栏就是研究问题教学的。文章主要从教师对问题的设计、学生的思路与策略角度关注教学过程中的问题解决教学实践，可见美国对于问题教学引领的教学模式也是十分重视的。

②国内研究现状。在国内"问题研究""深度学习"是我国当下的教学研究热点。如曹广福教授认为问题是数学的核心，是驱动数学发展的源动力。数学的发展是一个发现问题、分析问题、解决问题的过程，老师的任务则是凭借研究经验，通过合情推理回归这个过程。又如郑毓信教授对问题驱动与深度学习的观点是课堂教学要设计适当的问题链，将学生的思维逐步引向深入。

国内外成功的实践，都为本课题研究提供了很好的经验借鉴；但是，任何成功的经验都不可复制，都不一定完全适合。因此，寻找一条与本校相适应的实践之路，是本课题的重点。

2. 本课题理论创新程度或实际应用价值

（1）课题理论创新程度。本课题研究，在于全面整理问题驱动与深度学习相关理论知识，在理论认识上进一步明确了问题驱动与深度学习的原则与方法、问题设计的评价，能为教师提供学术支援。本课题研究，探索出基于问题驱动下小学数学深度学习的实施有效策略，为一线教师提供了参考。本课题研究，对小学数学教学中出现的概念、数学原理、数学思想方法、数学学习技能等进行全面系统的梳理与探讨，能为教师教学提供技术上的支持与帮助。

（2）课题实际应用价值。本课题研究，对教材内容与课堂教学所形成的优秀典型的案例，以及开发的课堂教学活动模式、项目学习活动设计，对一线的教师起到借鉴和参考作用。本课题研究围绕问题驱动与深度学习的本质，在课堂评价上提出"有没有抓住促使概念或原理产生的问题？有没有创设真实的问题情境？有没有对问题的思考辨析？"三个核心问题，这对课堂教学改革的推动起到积极的意义。

（三）课题研究的基本思路、内容和方法

1. 研究的基本思路

见图 1–2。

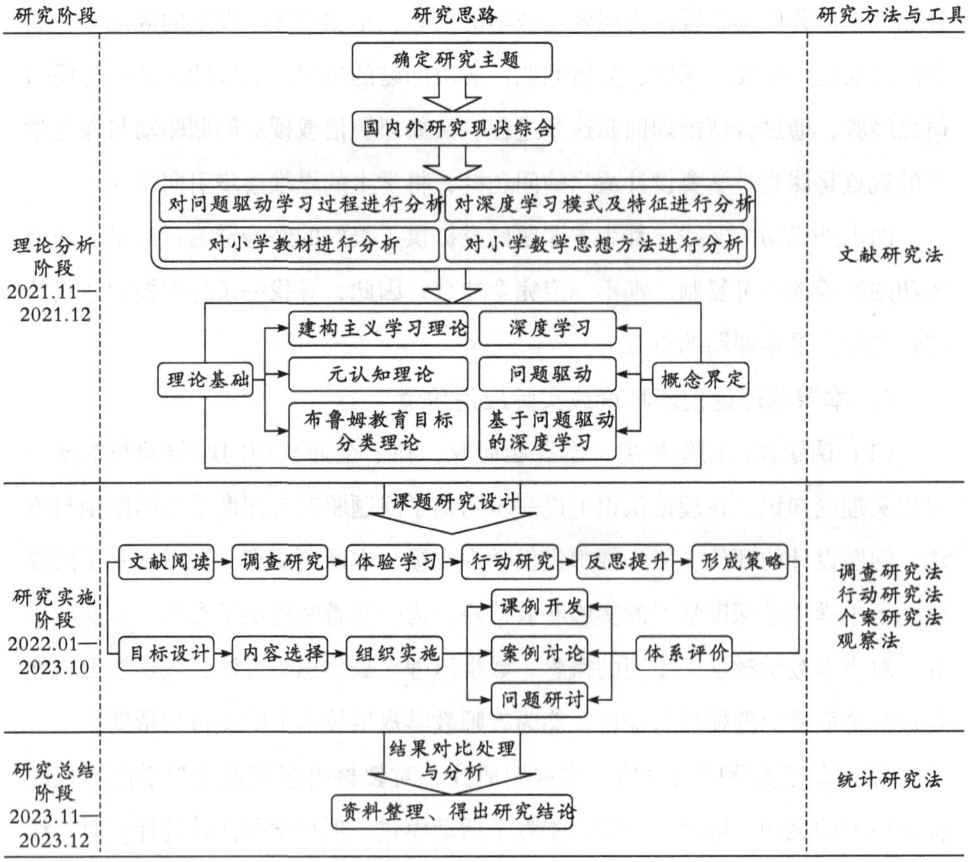
研究阶段
研究思路
研究方法与工具
确定研究主题
国内外研究现状综合
对问题驱动学习过程进行分析
对深度学习模式及特征进行分析
对小学教材进行分析
对小学数学思想方法进行分析
理论分析阶段
2021.11—2021.12
文献研究法
理论基础
建构主义学习理论
元认知理论
布鲁姆教育目标分类理论
深度学习
问题驱动
基于问题驱动的深度学习
概念界定
课题研究设计
文献阅读
调查研究
体验学习
行动研究
反思提升
形成策略
研究实施阶段
2022.01—2023.10
课例开发
目标设计
内容选择
组织实施
案例讨论
体系评价
问题研讨
调查研究法
行动研究法
个案研究法
观察法
研究总结阶段
2023.11—2023.12
结果对比处理与分析
资料整理、得出研究结论
统计研究法

图 1–2　课题研究的思路

2. 研究的内容

本课题主要研究内容包含以下四个方面：

（1）基于问题驱动下小学数学深度学习的相关理论研究：①问题驱动教学法中问题设计的评价；②基于问题驱动下小学数学深度学习的实施策略。

（2）基于问题驱动下小学数学深度学习的实施过程：①设计问题的前期准备。通过解读教材、分析学情，整理小学数学学科知识体系、思想方法、核心概念、基本原理，整合教材，凝练问题，设计问题链，解决学生"学什么"。②解决问题的操作策略。通过对创设情境、分析问题、解决问题、展示交流和反思评价五个阶段研究，解决学生"怎样学"。③问题评价方式。开发课堂评价自测题、课后多元作业设计，通过多元的评价方式，解决学生"学得如何"。

（3）基于问题驱动下小学数学深度学习的课堂教学活动模式。

（4）开发基于问题驱动下小学数学深度学习的课程设计案例。

3. 研究的方法

（1）调查研究。选择样本，使用纸笔测试、问卷调查、课例分析、访谈等方法收集数据。

（2）个案研究。选择不同年级、不同课型开展行动研究。

（3）课堂观察法。观察课堂，分析教学方法。

（四）研究手段

（1）通过文献查阅，了解国内外与本课题研究有关的信息，对问题驱动学习过程进行分析，对深度学习模式及特征进行分析，对小学教材进行分析，对小学数学思想方法进行分析。并初步形成比较科学、详细具体、有一定可操作性的研究体系。研究设计有利于开展课题研究的组织结构、管理制度和效果评估办法。初步完成课题实证研究前的设计准备工作。

（2）在各年级教研组中开展行动研究，建立相关组织，制订有关制度，选定研修内容，开展研修活动，开发活动案例。

（3）归纳总结实证资料，撰写结题报告，整理教学案例。

（五）课题的研究计划

本课题研究周期为两年，分为准备、实验和总结三个阶段。

1. 准备阶段

准备阶段主要工作是组成试点小组，完善规章制度，学习现代教育理论、现代教学理论、现代教育技术理论、现代学习理论等。

2. 实验阶段

实验阶段主要工作分两个阶段进行，一是开展实验研究，边实验，边检测，边修订实验方案，开发问题驱动下深度学习教学案例，写出阶段实验报告。二是将研究成果在更大范围内尝试推广，继续实验，继续进行实验检测，寻求更大的外部信度和效度，写出阶段总结。

3. 总结阶段

总结阶段主要工作是申请评估，做好实验的验证及试点验收，撰写实验报告、总结等。

第二章

小学数学问题驱动深度学习的内涵和意义

数学是什么？

古希腊数学家认为："数学是自然界最真实的本质。"

伽利略认为："宇宙就是用数学语言写成的，如果你不懂数学，要想认识宇宙是不可能的，这些语言的字母就是三角形、圆以及其他的几何形状等等。"

高斯认为："数学是科学的皇后。"

…………

数学是研究数量关系和空间形式的科学。数学源于现实中生活现象，是对现实生活所存在的数量和数量关系、图形和图形关系进行抽象，从而得到数学所研究的对象及对象之间的关系。如从 1 只鸡、1 个苹果、1 朵花可以抽象出数字"1"；又如买 1 只鸡 50 元，买 8 只鸡要多少元，可抽象出"单价×数量＝总价"的数量关系。数学是通过对研究对象的符号运算、形式推理、模型构建等形成数学的结论和方法，让人们从数学的角度认识、理解和表达现实世界的本质、关系和规律。数学的功能作用除了运算与推理外，还可以成为人们表达、交流的语言。数学承载着思想和文化，是人类文明的重要组成部分。

数学教育是什么？

学生通过学习数学，能从数学的角度观察生活中的现象，能用数学的思维方式来分析、思考、判断现实世界中各种现象，并能通过数学特有的符号、思维方式来描述现实世界；学生通过学习数学能获得适应未来生活、学习及进一步发展的数学知识、数学思想方法、数学活动经验；学生通过学习数学能体会到数学知识之间、数学与现实生活之间、数学与其他学科之间所存在的联系，并能从各种生活情境中敏锐地捕捉到数学信息、提出数学问题，及运用所积累的数学知识、数学经验来解决问题。良好的数学教育，会使学生对数学产生好奇心和求知欲，并且在学习过程中不是只看到抽象的数学关系、数学公式，而是会发现数学的美并懂得欣赏数学的美。学生通过良好的数学教育能激发起学习数学的兴趣与内驱力，并有信心学好数学，且能形成良好的数学学习习惯，在探索的过程中敢于质疑问难、自我反思，形成理性精神与科学精神。

数学教育是落实数学课程目标的路径和过程。数学教育可理解为在学校内外环境中，使学生获得数量关系和空间形式，让学生获得基础知识和基本技能，凝练数学基本思想和方法，以及形成理解自己及洞察社会时需要的关键能力与必备品质。

从《义务教育数学课程标准（2022年版）》的课程性质与课程目标可得知，数学因问题而产生，因解决问题而发展。数学教育就是带领着学生在重走一次数学发现之路的同时，构建数学的知识体系，在知识的构建过程中使学生善于用数学的眼光观察问题，善于用数学的思考方式分析问题，善于用数学的思想方法、数学的策略解决所遇到的问题。所以说，问题是数学的核心，解决问题是数学教育的本质。综上所述，基于问题驱动的小学数学深度学习是变革教与学方式的重要途径。

第一节　小学数学问题驱动深度学习的理论基础

一、启发式教学思想

（一）启发式教学思想的发展[①]

中国古代伟大的思想家和教育家孔子倡导的启发式教学思想，源远流长。

---

① 参见曹才翰、章建跃：《数学教育心理学》，北京师范大学出版社2006年版，第40页。

"启发"二字，出自孔子"不愤不启，不悱不发"之意。"举一隅不以三隅反，则不复也。"这一观点提示了教学的规律，包括教学的动机、教学的目的、教学的逻辑起点和过程、教与学之间的相互关系等。当学生处于一种"愤悱"状态，即"心求通而未得之意""口欲言而未能之貌"时，教师采取适当的教学措施加以点拨，使之"开其意""达其辞"，并在此基础上"举一反三"，达到融会贯通的目的。孔子认为，学习应当强调"学—思—行"的基本过程，他认为只学而不思考，人会显得迷惘而无所得；只思考而不学，更是会危疑不安；他还认为学到知识后，有"用武之地"，有实践应用的平台，是一种很快乐的事情。《学记》对启发式教学思想进一步发挥，《学记》中有这么一句话："君子之教，喻也，道而弗牵，强而弗抑，开而弗达。道而弗牵则和，强而弗抑则易，开而弗达则思。和、易以思，可谓善喻矣。"这段话是说，君子开展教学活动时，不是把知识直接灌输给学习者，而是通过创设情境，让学生感悟、发现，从而达到教师"举一"而学生"反三"的教学效果。

（二）启发式教育思想的基本内涵

启发式教学思想，其核心对学生来说，学习是一种认识的特殊过程；教学是师生双向反馈的过程，是教与学互动的双边活动；教学要以学生为主，在教学活动中教师所起的是导向的作用；教师根据教学目标，充分调动学生学习的积极性，并引导学生独立思考，调动起学生的知、情、意、行，积极进行思维活动，以达到融会贯通的境界，从而让学生的智力、能力得到发展，实现教育的目的。

启发式教学思想，主张学生在教师的主导下，开展有意义的活动。启发式教学思想强调"知行合一"，认为学习是知与做相统一的主动行为，强调教师把学习任务设置在学生思维的"最近发展区"，让学生解决新问题时用到已有的知识、经验和判断力；强调让学生面对适度的学习困难，以提高学生的智力参与度，促使学生获得精神、思想、方法等体验和感悟，并通过自己的独立思考来完成学习任务。

启发式教学思想认为，教师在进行数学教学时，应从以下几个方面加以重视。

第一，教师要根据课标的要求，根据教材编写的意图，创设真实的情境，并为学生提供典型的、丰富的学习材料，让学生的思维过程可视化，让学生在数学概念、原理的启迪下，运用学习材料进行积极思考、主动探索来获取知识并形成知识结构化。第二，教师要精心选择教学内容，在选择教学内容时要紧靠教学目标，并要参照学生认知发展水平，对所选的教学内容根据逻辑体系来重组，以便于学生理解与掌握，以便于学生记忆与检索，从而达到对知识的迁移。第三，教学需要掌握学生的学习规律。数学学习过程其实是学生对一个数学知识所经历的"再创造"过程。所以在启发式教学中，教师要给学生创造条件，让学生经历发现问题、提出问题、用创新的方式解决问题等过程，经历数学家发现数学公式、定理时的思维过程、思考方式。同时教师要为学生提供实践的机会，让其把所学的数学知识与已有的数学活动经验、生活经验联系起来，充分发挥出学生的非智力因素的积极性，以便激发学生学习数学的兴趣，培养学生学习数学的信心。

（三）启发式教学思想对小学数学教学的启发

在问题驱动深度学习中，以启发式教学思想为依据，探索符合学生认知结构，灵活开发高阶思维的高效课堂教学模式，根据不同的教学内容，开发出较为稳定的教学活动框架和活动程序，营造积极的问题情境、学习氛围和协助空间等，帮助学生形成独立思考、合作探究的学习习惯。

1. 帮助学生塑造良好的认知结构

启发式教学思想认为，数学知识结构具有如下特点：一是核心知识（基本概念及由内容所反映的数学思想方法）为联系点，精中求简，易学、好懂、能懂、会用，能切实减轻学生负担；二是形成概念的网络系统，联系通畅，便于记忆与检索；三是具有自我生长的活力，容易在新情境中引发新思想和新方法。在启发式教学中，教师须注意以下三方面的问题：首先教师要注意数学知识之间的内在联系及数学知识的本质特征，数学知识间是整体性的、系统性的，不是割裂开来的。同时教师要把握住数学知识的核心，把那些基本概念、基本原理"螺旋式"安排，让学生能不断地接触到数学知识的核心概念、基本原理。最后一点是数学知识的结构中心地位必须是数学的思想方法、数学的文化精神，只有把这些核心内容进行教学才能发展学生的核心素养。

2. 激发学生学习的主动性

如何激发学生学习主动性？一是开展学科实践活动。学科实践是最有效的学习活动，是学生学好数学的关键。教师在教学中应要创造更多的条件让学生参与实践活动，激发学生学习的主观能动性，让学生不由自主地"卷入"教学活动中，从而创新地解决数学问题。要实现这一点，教师在教学中必须要给学生一个明确的学习目标，让学生通过学习目标，了解到自己的学习进程，并知道自己的学习与目标之间所存在的差距，有效反思自己的学习，并改进当前的学习方法。二是开展"目标导向问题引领"的课堂教学。站在学生的角度设计教学，把课程目标转化成具体的学习目标。用评价导航学生的学习活动，用富有挑战性且有意义的应用问题，唤醒和发展学生探究的动力，让学生觉得必须去探索。"目标导向问题引领"的课堂要注重驱动问题的设计。这些问题的来源，可能是学生预习时自主发现的，或者是根据自身的生活、社会热点创设的问题情境，能引发学生的好奇心，激发学生的学习兴趣，唤醒和发展学生自主探索的动力。

3. 全面准确把握学生现有知识水平

奥苏贝尔指出："学生已经懂得了什么，才是影响学习的唯一重要因素。"

教学活动要根据学生已有的知识经验开展。

教师在教学中要做好以下工作：一是要充分了解学生现有知识经验，学生是否具有足够的数学认知结构中，学生是否已具有获取新知识的相关观念，如果没有，则在学习新知之前要及时补充，如果学生已学过但已遗忘了，则要通过复习来唤醒。二是了解学生是否具备有关的技能，特别是运算和推理方面的技能。三是要充分分析学生在学习新的知识时与原来已有数学认知结构有何相关联之处，教师要根据不同的认知结构之间的内在关系采取不同的教学方法。

注重学情分析是启发式教学思想的关键所在。在平时，教师可以通过自然观察法、书面材料法、谈话法、调查研究法、测验法等方法，对学生的心理进行分析，对学生已有的认知基础和经验进行分析，对学生掌握本学科的学习方法进行分析，对学生在学习知识中可能遇到的困难进行分析。通过对学生的研究，了解他们的认知基础、学习规律和学习需求，设计教学活动，让教学设计"个性化、多样化、直观化"，通过有效的教学设计将课堂讨论引向深处，让学习真正发生。

二、建构主义学习理论

（一）建构主义学习理论的内涵

建构主义学习理论不是一个特定的学习理论，而是许多理论观点的统称，建构主义理论的主要代表人物有皮亚杰、斯腾伯格、卡茨、维果茨基等，它是对学习的认知理论的一大发展，它的出现被人们誉为当代教育心理学的一场革命。

建构主义学习理论认为，学生在学习一个新知之前，不是一片空白什么都不知道的，也不是非得要学习背景完全相同才能获取新知。在学生学习的过程中，其已有知识经验、信念、个性、情感等都会不同程度地参与其中。学习不仅是学生一个人的独立活动，它是在学生与同伴交往和协作中进行的，学习是一种社会活动。要使学习活动有效，那学习应该由学生自主参与、自愿参与，同时这个学习活动是与生活实践紧密相联的，学习活动的开展更是与同伴相互合作的。建构主义强调学习的主动性、真实性，强调社会性，强调境遇，强调学习的多元性。建构主义知识观认为知识是针对特定情境的一种解释、一种假设、一种再创造。学生的潜能是巨大的，学生的生活、学习经验是丰富的，但这种经验在学生之间是存在差异的，因为每个人有不同的活动，也有不同的交往，所以所形成的经验是独特的、个性化的。建构主义的学习观认为，学生的学习并非是教师向学生传递知识，而是学生在获取知识的过程中进行自我建构。学生在知识建构时不是被动的，而是主动的构建，学生主动建构知识的过程是代替不了的，必须是学生自己完成的。建构主义教学观认为教学不是教师在传递已有的知识，而是通过激活学习者已有的知识经验，并在自我建构知识的过程中促进其知识经验的"生长"，实现知识经验的重新组织、转换和改造。

（二）建构主义学习理论的特征

1. 个体的差异性

学生是有差异的，对同一数学知识的理解上，学生是各有不同的，会在不同的侧面、不同认识的深度、不同思维的方式等出现不同程度的差异。因此教师在教学的过程中，要充分了解学生的差异，从每个学生实际情况出发，因材施教，让每个学生得到充分的发展。

2. 学习的全面性

学生在学习数学时，要运用到的知识不仅仅是数学本学科的，还会跨越到其他学科去。例如，有这样一道数学题："房间的面积是 30 平方米，用边长 5 分米的地砖铺地，需要多少块砖？"这个问题所涉及的知识点有对面积单位的理解、进率的互化；但做这一道题学生首先需要对语言文字进行理解。故数学学习不是孤立存在的，它与其他学科及日常生活是紧密联系的。因此，教师在数学教学中，不能单纯地讲授本学科的知识，也不能单纯地只要求学生学习数学方面的公式、定理、概念等，还要注意应把数学与其他学科相融合在一起，通过多学科来培养学生的数学能力。所以在教学中，教师要为学生提供更多有利于数学学习的综合性的背景材料。

3. 学习的循序渐进性

学习的主要目的是准确、全面、深入地理解知识，会灵活地使用知识解决问题。无论是记忆、理解，还是使用，都不能"一次到位"，记忆知识需要循序渐进，理解知识也需要循序渐进，解题能力需要循序渐进。知识的理解需要通过动手、动脑、动口等方式反复琢磨、思考，并通过练习、应用等得到提升。学习过程是建立在足够的学习积累的基础上，只有知识储备达到一定的程度，才能从量变达到质变。因此教学中，要引导学生对数学知识进行多方位、多侧面一题多解，并及时把学生的学习引向深处。

4. 数学"生活化"与"数学化"是统一的

学习数学的最终目的是应用，数学知识来源生活，应用于生活，最终是为生活服务的。在教学活动中，教师要选取接近学生生活实际的情境来设计问题，让学生在不同的情境中运用已有的知识经验来解决生活中所遇到的问题，并形成各种的解题策略。数学"生活化"与"数学化"的统一，就是要让学生对不同的问题进行具体分析，让学生在解决生活实际问题的实践过程中体会数学建模的价值，增加应用意识，提升分析问题、解决问题的能力。数学家弗赖登塔尔言："让学生经历数学化的过程，是数学教学的一大原则。真正意义上的数学教学应当帮助学生学会数学的思维。"[①] 为此，面对小学生进行数学教学，必须要建立在学生已有认知基础之上，从学生熟悉的生活情境出发，逐步实现生活问题的"数学化"。

---

① 曹广福、张蜀青：《问题驱动的中学数学课堂教学》，清华大学出版社2018年版，第36页。

（三）基于建构主义学习理论对小学数学教学的启发

1. 探究式学习

探究式学习，通常以一个开放性问题开始，经过精心设计的一种活动。在这个活动过程中教师会鼓励学生讨论问题，并自行搜寻答案，然后展示成果，分享他们的发现，最后，学生反思自己的学习过程，并通过这个过程来丰富自己的知识。探究式学习一般有：酝酿问题、发现问题、弄清问题和解决问题四个步骤，学生在探究的过程中，围绕问题积极思考，直到解决问题，最终构建和完善解决问题的方法。

2. 合作学习

合作学习是指为了完成共同的任务学生之间的互助性学习。合作学习鼓励合作小组的每个成员在共同完成任务的过程中，为集体和个人的利益共同奋斗，实现各自的理想。合作学习是针对这样的群体，要求学生有较强的自主意识，有较强的求知欲，能合理安排自己的学习活动，有刻苦钻研的精神，有一定的评价能力，能主动探求知识，敢于质疑。

3. 情境教学法

情境教学法是指教师为了引起学生情感体验，更好地帮助学生理解知识，让学生的身心得以发展的一种教学方法。情境教学法要求教师在教学中，有意识地创设生动形象、情感色彩浓厚的情境。情境教学法其目的是激发学生情感，让学生积极主动投入学习中。创设情境可归纳为生活展现情境、实物演示情境、图画再现情境、音乐渲染情境、表演体会情境和语言描述情境六种。

三、生活教育理论

（一）生活教育理论的内涵

"生活即教育"是陶行知先生生活教育理论的核心。生活教育理论包含三个层次：生活即教育、社会即学校、教学做合一。[①] 第一层次"生活即教育"。陶行知认为教育与生活是同一过程，教育寓于生活之中，教育必须和生活结合才能发生作用，生活决定教育，教育改造生活。[②] 第二层次"社会即学校"。陶行知主张学校教育的范围不在书本，而应扩大到大自然、大社会和群众生活中去，向大自然、大社会和群众学习，使学校教育和改造自然、改造社会紧密相连，形成真正的教育。第三层次"教学做合一"。陶行知认为在生活里，对事说是做，对己之长进说是学，对人之影响说是教。教的方法要根据学的方法，学的方法要根据做的方法。事情怎样做便怎样学，怎样学便怎样教。教而不做，不能算是教，学而不做，不能算是学。陶行知主张"教学做合一"从教学方法上改变了教、学、做的分离状态，克服了书本知识与生活实践脱节、理论与实际分离的弊端。

（二）生活教育理论对小学数学教学的启发

1. 数学教学要注重与多学科的整合与协作

数学教学要结合已有的知识经验和现在的需求，对课程资源进行开发、优化、融合、重组。通过对课程资源的统整，方便学生探索数学知识，有利于学生寻找解决问题的途径与方法，有利于发展学生的核心素养。要做好数学与其他学科的整合，一是要做好学科内的整合。那么学科内的整合该怎样做呢？教师要打破只用一个版本教材的局限性，要多参考其他教材，一般情况下，教师在备课时要参考三个版本以上的教材，借鉴各种版本教材优秀之处，把各版本教材进行整合、优化，使课程实施更富有成效。同时教师要打破教材编排结构，根据学生实际情况，重新排列教材呈现的顺序，让课堂结构更符合学生认知规律。二是要做好学科间的融合式整合。针对小学生身心发展的特点，力求

---

① 戴建行：《生活教育理论与初中思想政治课结合的方法》，《福建陶研》2016 年第 3 期。
② 参见姜河：《陶行知教育理论中的职业教育思想探析》，《职业教育研究》2012 年第 12 期。

提供完整的问题情境，促使学生在学科属性相通、学习规律和学习方式相融合的情况下，综合运用各科知识，以立体丰富的学习方式，促进学生调用各种经验发现问题、提出问题、分析问题、解决问题。三是要做好超学科的消弭式整合。超学科融合就是要打破各大课程领域，跨越多个学科，甚至实现学科知识与社会生活的联系，将学生的课内学习与课外活动紧密地联系在一起。如数学阅读。我们不能单纯地把数学阅读理解为读文本、读解题过程这种见字读字的浅层阅读。数学阅读应该是对数学知识、数学思想、数学文化精神进行思考，在阅读时不仅是见字读字，还要理解好图画的意图、表格所表示的意义等。开展数学阅读不是单纯地为了让学生获取数学知识，而是需要关注人的知识、能力、情感、态度、价值观等方面的综合发展。可以说，数学阅读应当是对数学、科学、人文、艺术等学科的整合。

2. 数学教学要选取学生熟悉的生活素材作为问题情境

数学教学要联系生活实际，从已有的知识经验出发，创设学生感兴趣的与之息息相关的学习情境，让学生通过观察，提出问题，再通过操作、猜测、交流、反思等活动经历知识的产生、形成、发展过程。

3. 数学教学要重视培养学生的应用意识与创新意识

培养学生的应用意识，就是要学生真正认识到生活与数学的密切联系，能发现现实生活中蕴含的数学信息，并了解到数学在生活中的广泛应用；培养应用意识，就是要求学生面对生活中的真实问题时，会从数学的视角来观察、分析，会从数学角度尝试寻求解决问题的办法；培养应用意识，就是当学生遇到新的数学知识时，能寻找出这个新知与现实生活的联系，这个新知在生活中的应用。数学教学必须要把数学与生活联系起来，让学生在真实的生活情境中感受数学、应用数学、实践数学，体验数学的价值。在创新意识培养中，"问题"是创新的起点，是数学研究的核心。提出问题是创新式教学的重要标志，是研讨式教学的重要组织方式，是数学活动的重要形式，是提高学生解决问题能力的重要方法，是探测学生数学理解的重要渠道。

四、对各种教育思想进行梳理及分析

（一）对各种教育思想进行梳理

下面针对各种教育思想对小学数学教学的启发进行梳理（见表2-1）。

表2-1 教育思想分析

教育思想	对小学数学教学的启发	关键词
启发式教学思想	要帮助学生塑造良好的认知结构，要激发学生学习的主动性，要全面准确把握学生现有的知识水平	知识结构、目标引领、学情分析、教学情境、问题导向
建构主义学习理论	开展探究式学习、合作学习、情境教学法	主动性、情境性、自主构建、生活化、数学化
多元智能理论	让学生个性化发展、教学方式的选取要多样性、教学评价多元化	跨学科、个性化、多样性、多元性
生活教育理论	要注重与多学科的整合与协作，要选取学生熟悉的生活素材作为问题情境，要重视培养学生的应用意识与创新意识	问题情境、发现问题、提出问题、分析问题、解决问题、应用意识、创新意识
核心素养理论	要制定指向核心素养的教学目标，整体把握教学内容，要选择能引发学生思考的教学方式	大单元教学、发现问题、提出问题、分析问题、解决问题、问题情境

（二）对各种教育思想分析

根据上述对各种教育思想的梳理，各类教育思想对小学数学教学启发具备驱动性问题、聚焦学习目标、参与实践应用、协同学习等共同的特征，也就是让学习真正发生，通过数学教学要让学生走向深度学习。课堂教学更多地指向学生自主、合作、探究的学习方式与教师启发、讨论、参与的教学方式。2022年4月颁布的数学义务教育课程标准，对数学教学提出了新的要求，为全面落实有理想、有本领、有担当的时代新人培养要求，课标确立核心素养导向的课程目标，提出了会用数学的眼光观察现实世界、会用数学的思维思考现实世界、会用数学的语言表达现实世界三个数学学科核心素养的表达方式。课堂教学是实施素质教育的主阵地，是学生发展核心素养的主要途径。要实现这一目标，就要求今后的数学课堂教学做出以下的转变：一是由"知识导向"转变为"育人导向"；二是由"被动学习"转变为"主动学习"；三是由重"教师提问"转变为重"学生展示"；四是由"做题"转变为"做事"。因此，研究基于问题驱动下的小学数学深度学习就显得尤为重要。

第二节　小学数学问题驱动深度学习的内涵及本质特征

本研究以落实"立德树人"为根本任务，根据"学科融合"要求，立足于发展学生核心素养的背景，对小学数学问题驱动深度学习进行研究，结合有关本研究的最新进展，对相关文献进行了较为完善和系统的研究与分析，探索小学数学问题驱动深度学习的内涵和特征、课堂教学方式与学习方式的创新及数学作业设计转变，有效推动小学数学课程改革的发展，为小学数学课堂教学研究提供新途径、新思路。

一、小学数学问题驱动深度学习的内涵

（一）与问题驱动的小学数学深度学习相关的几个概念

1. 驱动

"驱动"在《现代汉语词典》的解释是"施加外力，使动起来"。动力产生是内部的产生，故驱动更强调的是内在的力量。驱动就是激发学生求知欲，让学生产生探索的内需，从而投入到学习活动中去。学生在学习上产生了内在的驱动力，他的参与度会更高，他的学习行动将会更持久，他的成就感将会更强。学习必须是学生自我建构的，学生内在的因素是知识自我建构的根本，外在的力量顶多是起到推波助澜的作用。外在的力量，归根到底，是要通过内在的因素才能起到更大的作用。成功的教学是不需要强求学生去学习的，而是需要寻找到一种方法能激发起学生的学习兴趣。因此，在教学中，教师要善于抓住学生所独具的好动、好奇、好问、好胜等特征，通过创设生动有趣的教学活动，调动起学生的学习积极性、主动性，促进学生创造性学习。

2. 问题驱动

在教学中有多种方式可激发起学生内在的学习潜能。问题驱动是指设计学生感兴趣的问题，借助问题内在张力，让学生进行独立思考、积极探索，并对所学的知识进行迁移应用，在应用知识的过程中达到"举一反三"的效果，从而让学习真正发生，让学生的核心素养得以发展。问题驱动源自数学问题内在的吸引力，问题驱动让学习"基于问题、为了问题、在问题中"，让问题成为驱动学生学习的动力系统。①

---

① 储冬生：《问题驱动式教学：理念诠释与实践探索》，《小学教学参考》2019 年第 11 期。

3. 问题驱动式教学

问题驱动式教学是聚焦数学学科本质和儿童认知特质，以探究主题为要义、以主探究问题为抓手，以阶段关键问题为支撑的一种数学教学范式。可以更好地促进学生的思维进阶和学习能力的提高，真正把发展学生核心素养落到实处。问题驱动学习又称"基于问题的学习"，近年来被广泛关注和重视，是一种以问题激发学习自主能力和学习兴趣的学习模式。

4. 问题链

问题链是教师按照教学目标和教学内容，根据学生已有的知识或经验，针对学生学习过程中可能产生的困惑，将教材知识转换成为层次鲜明、具有系统性一连串的教学问题。这一连串的问题是环环相扣的，解答好第一个问题，才能进入第二个问题；当解答第三个问题时，必须要把第二个问题先解决。这些问题串之间的问题是有先后顺序的，是层次分明的，是一步步递进的。问题链有三种类型：一为引入式问题链；二为递进式问题链；三为探究式问题链。

引入式问题链，就是先谈话引入，其目的是唤起学生的注意力，让学生产生强烈的求知欲，为教学埋下伏笔。

如在教学长度单位统一时可以这样引入：小明想知道桌子有多高，他就与爸爸用"拃"（一拃：拇指与食指之间张开的距离）来测量，小明测得桌子的高度是8拃；爸爸测得桌子的高度是6拃。同学们，小明与爸爸谁的测量最准确呢？两人测量方法都正确，测量的结果为什么会不同呢？这样引入，会激发学生思考："为何爸爸与小明的结果不同？"从而引出长度单——统一的必要性。

递进式问题链，引导学生由浅入深、由易到难、循序渐进地解读文本，让学生的思维向深度和广度发展。例如在教学角的初步认识时可以设计递进式问题链。问题一：角有什么特征？问题二：如何比较角的大小？问题三：怎样画角？

探究式问题链，引导学生自主、独立地发现问题。如学生学习长方形面积计算公式时，可以设计以下问题链让学生探究（教师给学生提供几个大小不同的长方形与单位面积是 1 厘米的小正方形学具），驱动任务：探究长方形内能摆多少个小正方形？问题一：能摆多少个正方形？问题二：怎样计算小正方形的面积？问题三：长方形的面积可以怎样计算？

（二）小学数学问题驱动深度学习的内涵

钟启泉认为，所谓"深度学习"（deep learning），是指在真实复杂的情境中，学生运用所学的本学科知识和跨学科知识，运用常规思维和非常规思维，将所学的知识和技能用于解决实际问题，以发展学生的批判性思维、创新能力、合作精神和交往技能的认知策略。①

深度学习有三个视点：第一，主体性学习。主体性学习强调学习开始时"预设"，以及教学后期的"反思"。第二，对话性学习。学习是"从已知世界到未知世界之旅"。第三，协同性学习。课堂学习活动是以师生之间、同学之间的沟通为媒介而展开的。这种沟通不是"彼此独白"的关系，而是作为"相互倾听"的关系来组织的。学的功夫，可以展现儿童思维拓展与深化的面貌。深度学习有：驱动性问题、聚焦学习目标、参与学科实践和协同学习四个特征。

本研究所说的深度学习，是指学生围绕具有挑战性的学习主题，在教师的带领下，全身心地投入有意义的学习过程中去，积极参与，体验成功，获得发展。学生在此过程中，掌握学科核心知识，领悟学习过程，把握学科精髓和思想方法，成为独立、批判、创造、合作精神兼备基础扎实的优秀学习者，成为未来社会实践的主人。

深度学习内涵体现在复杂的思维过程、丰富的学习结果、充分的教学引导。一是"深"在复杂的思维过程。深度学习的概念是针对浅层学习而提出

---

① 钟启泉：《深度学习：课堂转型的认识》，《全球教育展望》2021 年第 1 期。

的，深度学习重在促进学生深度思考。二是"深"在丰富的学习结果。深度学习通过有挑战性的学习任务激发学生的学习动机，促进学生有效参与，使学生在独立思考、互动质疑、协作交流中掌握学科核心知识，发展高阶思维，提升解决问题的能力。三是"深"在充分的教学引导。在数学课堂教学中，学生是学习的主体，但学生深度学习必须要有教师充分的、有深度的教学引导。深度学习要有深度教学的支撑，离开了深度教学谈不上深度学习。深度教学中教师的引导体现在两方面：一方面为精心的设计教学过程，另一方面为学生与同伴交流时作组织引导。

问题驱动的小学数学深度学习、教学设计均以问题为导向，通过创设情境，通过对问题进行任务分解，引发学生深度学习。通过问题评价了解学生学得怎么样，通过问题解决培育学生的核心素养。其核心要素为是否抓住了概念或原理所产生的本质问题？是否创设了真实有效的问题情境？有没有对问题进行思考辨析？逻辑是否严谨，计算是否准确？学生对概念、原理的理解与熟练运用程度如何？问题驱动的小学数学深度学习，其本质是学生通过学习为构建数学知识体系，从而具备用数学眼光观察问题，用数学头脑思考问题，用数学方法解决问题的能力。

二、小学数学问题驱动深度学习的特征

可以从教师的深度教学与学生深度学习两个方面来描述深度学习的特征。从教师的教学方面来讲，深度学习要求教师改变单一讲授式教学方式，注重启发式、探究式、参与式、互动式等教学方式，探索大单元教学，积极开展跨学科的主题式学习和项目式学习等综合性教学活动。通过丰富的教学方式，让学生在实践、探究、体验、反思、合作、交流等学习过程中感悟基本思想、积累基本活动经验，发挥每一种教学方式的育人价值，促进学生核心素养发展。从

学生学习方面来说，深度学习是一种主动的、探究式的、有意义的学习过程。从学习结果来说，是指学生能深刻理解把握学习内容的核心与联系，能将学到的知识迁移与应用，实现知识的深层加工、深刻理解以及长久保持。[①] 数学学习中"深度学习"的特征可以从核心问题、问题情境、价值评价、主动参与、深度思维和迁移应用六个方面进行描述和判断，具体如图 2-1 所示。

图 2-1　深度学习的特征

（一）核心问题

小学数学"核心问题"是直指数学本质，涵盖教学重点，激发学生深入思考，驱动学生实施自主探究的一个或两个问题。

一节课，教师会提很多个问题，核心问题是最具思维价值、最能揭示数学本质的，它更有利于学生的思考。一节课有了核心问题才能把学生的思维活动聚焦到数学最本质的地方，有了核心问题才能让学生的理解变得更有序、更具深度。核心问题指向教学重难点，是针对学生困惑点而设计的。"核心问题"从内容维度来看包括知识性问题和思维性问题，知识性问题是从知识体系和知识结构去思考，关注"教什么"；而思维性问题是如何能够通过"问题"引导学生更深入地进行思考，关注"怎么教"。核心问题应同时起到"引领"与"驱动"的双重作用。

---

① 朱德江：《走向"深度学习"》，《小学数学教师》2016 年第 3 期。

如，二年级下册"数学广角——推理2"的核心问题可设计为：A 与 B 所在的行与列上的数有什么不同？思路如下：

活动要求如图 2-2。

3	2		
A		B	2
		3	
1			

图 2-2　数学广角例题

涂一涂：A 与 B 所在的行与列；

圈一圈：A 和 B 所在的行与列上的数；

说一说：A 与 B 所在的行与列上的数有什么不同？

想一想：A 与 B 先填哪格？分别是多少？

（二）问题情境

问题情境可理解为一种具有特殊意义的教学环境。学习一般是在特定的环境条件下进行的，这种特定的环境既有物理意义上的，又有心理意义上的。从物理意义上来讲，这是一个看得见、摸得着的教学背景，它既可以是数学学科本身存在的问题，也可以是现实生产、生活的材料，或者是其他学科相关的内容等。从心理意义上讲，它所反映的是学生对学习的主观愿望，激发学习兴趣，唤起对知识的渴望和追求，让学生有积极的情感体验，并使学生积极主动地投入学习中去。问题情境有以下三类：一是问题的障碍情境；二是问题的发现情境；三是问题的解决情境。[①]

问题的障碍情境：就是在学生原有知识储备和知识经验的基础上，有意识地让学生陷入新的困境，以形成新的认知冲突，从而唤起学生对新知识的渴望和探求的一种问题情境。

例如学生理解"速度"这个概念时可设计这样的问题的障碍情境。森林里举行运动会，松鼠、猴子、小兔3只小动物比赛的结果如下：谁最快？你是怎样判断的？如表2-2。

表2-2　比赛结果

动物	时间（分钟）	路程（米）
松鼠	4	280
猴子	4	240
小兔	3	240

问题的发现情境：就是通过呈现一定的背景材料，引出新的学科问题，通过引导学生发现问题的特征或内在规律，产生新的学科概念。

例如，在引导学生经历统一面积单位必要性时，可应用问题的发现情境。出示两个面积接近但形状不同的长方形，提问："要比出哪块面积小一些，你有什么办法？"通过这一问题，激发学生的认知冲突。接下来以"提出要求—动手拼摆—展示作品—对比优化"为线索，让学生经历统一面积单位的必要性。通过对比，学生会发现用长方形测量长宽不一样，不方便；圆片有缝隙，不准确；正方形和三角形能测量出结果，比较起来，正方形最合适。这样的情境设计，巧妙地利用了已学的图形去拼摆、对比，让学生体验统一面积单位的必要性，体会用正方形表示面积单位的合理性，很好地突破了本节课的教学

---

① 参见李和中：《关于问题情境的两点思考》，《湖南教育》2004年第1期。

难点。

问题的解决情境：就是直接呈现出某个新的学科问题，围绕如何解决这一问题去组织学生展开学习、探求知识、寻找解决问题办法的一种问题情境。[①]如学生理解了速度这个概念及清楚了时间、路程、速度三者关系时，需用到问题的解决情境。如：张叔叔看到公路上有一限速标志（限速 60 千米/小时），带有这个标志的路长 140 千米，张叔叔想花 2 小时开完这段路，他会超速吗？

（三）价值评价

深度学习不仅仅是学知识，还要让学生在学习知识的过程中对所学的知识进行价值判断。价值评价不仅是对数学知识掌握情况进行评价，还要对学生学习过程进行价值评价，只有对学习过程进行评价，学生才能够体会到所有的知识都是人类发现的，现在学的知识之所以是这样的形态，是因为前人不断发现、持续贡献的结果，所以知识是发展是可变的。价值评价是深度学习一个重要组成部分，通过评价可培养学生的创造性，能让学生思考问题更具独立性。评价将融合在所有的教学活动、教学过程当中。在信息时代，引导学生养成正确的价值追求，形成较强的评判能力尤为重要。

（四）主动参与

"深度学习"致力于激发学生内在的学习动机，通过教师设计的引领性学习主题、挑战性学习任务、学习活动以及持续性的学习评价，吸引学生主动地、全身心地投入学习活动中，感受学习的乐趣，体会学习的价值和意义。在深度学习中，学生对学习充满兴趣，在情境、问题或学习任务驱动下投入学习，积极参与、主动投入学习过程，课堂中"生生互动"自然发生，学生积

---

① 参见李和中：《关于问题情境的两点思考》，《湖南教育》2004 年第 1 期。

极与人交流、合作、分享、讨论，并能互相追问、质疑、补充、纠错、评价等[1]。

（五）深度思维

深度思维需要学生积极的思考，是一种活跃的思维。学生围绕学习内容深入思考、对话，积极表达与展示自己的思维过程。在这个过程中学生是善于思考、思维深刻的，学生善于反思，敢于质疑，并能提出有意义的问题和发表自己的观点。学生进行深度思维时，能调动、激活知识经验，对学习的内容加以解释，重新建构其意义，促进知识从"表层符号学习"进入"知识内在的逻辑形式和意义领域"，促进意义与经验的对接，实现知识的概念性理解。

（六）迁移应用

迁移应用是指学生能将深度建构的知识与技能迁移应用于新的问题情境解决新问题。学习的目的在于能够迁移应用。深度学习不仅要求学生想得深、学得深，而且还要求学生学得活、用得活。在深度学习中，迁移与应用是重要的学习方式。迁移，是经验的扩展与提升，应用是将内化了的知识外显化、操作化的过程，是知识活化的标志，也是学生学习成果的体现。

第三节　对小学数学问题驱动深度学习的思考与探索

本节是近两年关于小学数学问题驱动深度学习的思考与探索。一是对深度教学思考与探索；二是对幼小衔接阶段问题驱动的深度学习进行探索；三是对借助信息进行深度学习进行探索。

---

[1]　参见朱德江：《走向"深度学习"》，《小学数学教师》2016 年第 3 期。

一、基于问题驱动的小学数学深度教学思考与探索

当前，深度学习已成为教育改革的热词，被视为提升学生学科关键能力的重要路径，借助深度教学实现深度学习也成为当今课改的关键所在。为此，我们提出了基于问题驱动的小学数学深度教学，在数学课堂教学中，通过创设情境引导学生观察生活中的数学现象，发现本质问题，在主动思考、积极探究、敢于表达中寻找解决问题的策略，发展核心素养。

1. 让课堂教学成为发展核心素养的主路径

数学课程要培养学生的核心素养有三方面：会用数学的眼光观察现实世界、会用数学的思维思考现实世界、会用数学的语言表达现实世界（简称"三会"），要让课堂教学成为落实"三会"的主阵地，要把核心素养的培养贯穿到每一节数学课中。教学中，教师首先通过创设真实情境，引导学生观察现实世界的客观现象，发现蕴含的数学信息，提出有意义的数学问题；接着，让学生通过列表、画图、列举、替换等策略对数学现象进行分析、归纳、演绎、推理；用数学语言向同伴表达个人见解、分析数学现象；最后运用所掌握的方法解决生活中的实际问题。

如在"圆的认识"教学时，以"圆从哪里来？圆是什么？为什么圆'一中同长'？圆有什么应用价值？"四个层面来培养学生的核心素养。教学中，教师先呈现生活中各种圆形的物品，让学生通过观察这些图形感受圆的本质。再给每个小组大小不同的圆，让学生通过折一折、画一画、量一量的方法探究圆有什么特征，并学会用圆规画圆。最后，要求学生用所学到的圆的知识在地图上找出某次台风受影响的范围。

2. 让学科实践成为课堂教学改革的核心

所谓"学科实践"（disciplinary practices），即学科知识的发明、创造与应

用的实践。深化教学改革，就需要强化学科实践，让学生在参与探究活动过程中，发现及提出问题、分析问题、寻找解决问题策略，通过知识的建构、知识的运用，提升数学能力，形成数学思想方法。在教学中要把学科实践转化为学生的一种学习方式，教师应给学生提供丰富的学习材料，并以此为载体，把数学知识化为独具挑战性的学习任务，让学生像数学家那样发现数学、研究数学，像工程师那样应用数学知识解决生活中的实际问题，这才能激起学生的好奇心，让其对学习产生浓厚的兴趣，并对后续的学习充满信心与动力。

如"周长认识"这节课是通过观察、操作等活动感悟周长的含义，自主探索测量的方法。这节课如何做好学科实践？可以以"装饰作品底板"为主题进行教学，驱动的问题是："数学作品需用硬纸板托底，现在需把托底硬纸板美化，请为硬纸板的边框贴上彩带。"课堂上教师给每个小组提供长方形、正方形、圆形、心形等硬纸板和装饰彩带及不同的测量工具，整节课学生以小组合作的方式完成两个驱动任务。任务一：给硬纸板边框贴上双面胶；任务二：取与边框长度一样的彩带贴在硬纸板上。在完成任务一时教师适时引导学生理解周长的含义，在完成任务二时让学生掌握规则图形与不规则图形周长的测量方法。学生上这节课，在贴双面胶的过程，很容易理解"一周""一周长度"等概念；在取彩带环节，能自主发现可借助直尺直接测量或借助绳子化曲为直测量等多种测量周长的办法，整节课学生主动参与、积极思考、兴趣盎然。

二、基于问题驱动的小学数学深度教学模式

基于问题驱动的小学数学深度教学模式是指以围绕核心问题所产生的问题串为主线，以"问题解决"为目标，让学生通过自主学习、合作探究的方式去解决问题，并在解决问题的过程中掌握知识，形成自主学习能力的一种充满了生机与活力、使学生高效学习的课堂教学模式。教学模式结构图如图2-3所示。

基于问题驱动的小学数学深度教学模式

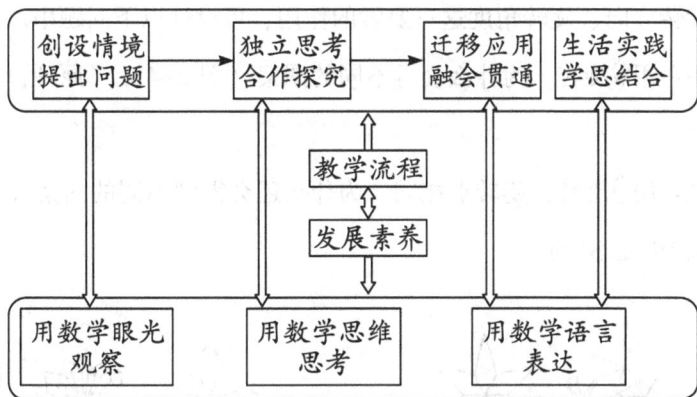

图 2-3　教学模式结构图

1. 创设情境，提出问题

合适的问题情境能建立生活问题与数学问题的联系，引发问题与知识经验的冲突，能激起学生最强烈的思考动机和最佳的思维定向。教师要在教学目标的引领下，结合学情、围绕核心知识和知识的核心设计具有思维含量的核心问题，并围绕核心问题产生相关联的"问题串"，驱动学生积极思考、主动探索、发展思维。问题的呈现要有一个好情境，这个情境不是虚拟的，是看得见的、摸得着的、现实的、典型的、有针对性的，来源于学生熟悉的生活实例，其目的是激发学生的好奇心与求知欲。

如人教版数学四年级上册教材"单价、数量、总价"的教学。本节课重在引导学生理解单价及掌握单价、数量与总价之间的关系。上课时，可以创设以下的情境并提出问题：店里有三种冰糖葫芦，山楂味 3 盒 30 元、橘子味 2 盒 24 元、草莓味 2 盒 30 元，哪种口味最便宜？学生在寻找最便宜的冰糖葫芦时，会想到比较价格，会想到比较每盒的价钱，这对"单价"就理解了。借助熟悉的购物情境，学生很容易发现"单价×数量＝总价"这种数量关系。

又如，人教版数学五年级上册教材"旋转"的教学，为了让学生理解旋转中心、旋转方向、旋转角度这三要素的作用，可设计以下问题串。

问题一：用◇旋转，为什么会得不同的图案（图2-4）。（原理：旋转点不同）

问题二：用◇旋转，旋转点相同，为什么还会得到不同的图案（图2-5）。（原理：旋转角度不同）

图 2-4

图 2-5

问题三：同是用"旋"字旋转，为什么会得到不同的图案（图2-6）。（原理：方向不同）

顺时针

逆时针

图 2-6

课堂教学要注重发挥情境设计与问题提出，对学生主动参与教学活动的促进作用，使学生在活动中逐步发展核心素养。

2. 独立思考，合作探究

问题提出后，教师不要急着让学生开展探究活动，而是要给足学生独立思考的时间。学生独立思考的方式包括阅读课本、动手操作、查阅资料、多元表征（用符号、图形、操作、语言等表征）。把核心问题化为学习任务，并提出活动要求，再提供足够的资源材料来铺垫辅助，以小组合作的形式，让学生借助团队的力量去探索、研究，并给足够的时间让学生去想、去说、去交流。

如人教版数学三年级"小数初步认识"的教学，为了让学生初步理解小数的意义，教材设计了一个核心问题："1 米 3 分米用米怎样表示？"可以引导学生开展以下合作探究。给每个小组提供一条长 1.3 米的木条和两条 1 米长的纸条，并出示操作要求：在纸条上剪出 1 米 3 分米贴在木条上。请思考：你是怎样剪 3 分米的？0.3 米与 3 分米有什么联系？通过小组探究帮助学生理解并引导得出规律：几分米就是十分之几米，也就是零点几米，进而理解 1.3 米的含义。为了加深学生对小数意义的理解，接下来可以设计以元为单位的问题，让学生再次理解小数的意义。先出示几种商品的标价，再提出问题：每种商品的价钱是多少元？让学生借助已有的经验，组内交流想法，探究得出规律：几角就是十分之几元，也就是零点几元。

合作探究过程要引导学生借助操作、借助图示、借助列表等策略，把不可见的思考过程展示出来，让"思维可视化"，这能更大程度提升学习的效能。

3. 应用迁移，融会贯通

应用迁移是将学习过程中所获的知识、方法和态度应用于新的学习活动和解决真实情境的问题。教师在设计习题时要关注数学的本质，习题素材的选取应为学生熟悉的事物及自然现象、生活现象，习题设计形式要丰富，满足巩固、复习、应用、拓展学习的需要。

如在"三角形的认识"的教学中，可从红领巾、屋顶上的三角架、自行车的车架、悬索桥桥面构成、三角板、电线杆架等图片，让学生观察其共同的特性引出三角形，接着让学生通过动手实践等活动理解三角形具有稳定性等特征。当学生理解了三角形属性后，再让学生运用其特征去解决生活中的实际问题。如椅子摇晃如何修补？学生很容易想到在椅脚上钉上木条，让其与椅脚构成三角形，让椅子稳起来。

又如两个数之间的倍数关系可延伸到分数、比、百分数。

数学知识是环环相扣的，有纵向联系，也有横向联系，教师在教学时要加强知识之间的对比勾连，采用结构化思想进行设计，帮助学生打通知识间的内在联系，达到融会贯通、举一反三的效应。

4. 生活实践，学思结合

课程标准指出要加强知识学习与学生经验、现实生活、社会实践之间的联系。数学来源于生活，数学又为生活服务，教学中要设计实践探究活动，让学生运用所学的数学知识解决生活中的实际问题，让学生感受、体验数学在生活中的应用。

如学习了"小数初步认识"后，可以设计以下综合实践活动。

同学们，你到过商场购物吗？你喜欢哪个商场？那儿的商品多吗？你知道哪些商品的价格呢？你会判断那些商品是贵还是便宜吗？假期，请你带上任务单，与爸爸妈妈一起走进商场，来一次愉快的购物吧。活动一：我会读写商品的价格（掌握小数的读法）。选择几个你想买的商品，说一说它们的价格分别是多少？活动二：我会比较商品的价格（比较小数的大小）。选择不同品牌的同一种商品，比较它们的价格。活动三：我会计算商品的价格（掌握小数加法计算）。算一算你买的商品，一共需要多少钱？可以和我们分享你是怎么算出总价格的吗？活动四：谈谈我的购物感受（用数学语言表达生活现象）。参加本次购物你有什么收获呢？与大家分享一下吧！

教师在教学中要注重搜集与生活中有关的数学应用事例，同时也让学生养成搜集的习惯，通过对数学应用事例的收集，能认识到数学与生活是息息相关的，体悟学习数学的应用价值。

基于问题驱动的小学数学深度教学，克服了当前存在的表面教学、表层教学、表演教学的局限性，提升了课堂教学的品质，丰富了课堂教学的思想内涵，形成了有效的教学活动，让课堂成为发展学生的核心素养的沃土。

三、如何在幼小衔接入学适应期开展深度学习①

幼小衔接是幼儿园和小学相互呼应的过程，做好幼小衔接，是实现基础教育高质量发展的关键之一。2021 年，教育部出台了《关于大力推进幼儿园与小学科学衔接的指导意见》，从入学准备和入学适应两方面进行了规范和引导，做好儿童入学适应教育是幼小衔接小学阶段的重点任务。2022 年新颁发的《义务教育数学课程标准》指出，一年级上学期是入学的适应期，重点实施入学适应教育，国家课程主要采取游戏化、生活化、综合化等方式实施，强化儿童的探究性、体验式学习。在数学学科教学中如何做好入学适应教育？如何引导学生开展深度学习？

（一）幼小衔接视域下小学数学适应教育思考与探索

儿童在刚进入小学阶段能否适应当前学校的学习生活，将会影响其今后对待学习的态度与情感，还会影响着他小学六年对待学校的态度与情感，更会影响其将来人生的发展。影响今后数学学习的主要因素有以下三种情况：是否对数学具有好奇心与求知欲？是否对学习数学感兴趣？是否对学好数学有信心？在幼儿园数学学习的内容主要是形状、排列、数和量几个板块，一般是几个板块交融形成综合性的数学学习内容，它更多的是关注幼儿生活方面的实用性和

---

① 关于这一问题，参看拙著：《幼小衔接视域下小学数学适应教育探索》，《魅力中国》2022 年第52 期。

趣味性。但小学数学的学习内容是结构化、体系化的，由数与代数、图形与几何、统计与概率、综合与实践四个学习领域组成，这四大领域以数学核心内容和基本思想为主线循序渐进。儿童从幼儿园的数学学习进入小学的数学学习跨度很大，需要一个适应的过程。在 2022 年版《义务教育数学课程标准》中的课程目标中指出：在一年级第一学期的入学适应期，利用生活经验和幼儿园相关活动经验，通过具体形象、生动活泼的活动方式学习简单数学内容。这期间的主要目标包括认识 20 以内的数；会 20 以内数的加减法（不含退位减法）；能辨认物体和简单图形的形状，会简单的分类；解决日常生活中的简单问题；对数学学习产生兴趣并树立信心。可见在幼小衔接入学适应期开展深度学习是很有必要的。

（二）儿童学习数学的不适应表现

1. 存在现象

刚进入一年级的儿童，由于学习环境、方式和要求的变化，会出现不同程度的不适应问题，在数学课堂教学中主要表现为以下三种现象。

现象一：不懂题意。教过一年级的老师都会发现，当教师出示情境图时，儿童关注的往往不是教师需要的数学信息，而是其本人感兴趣的东西，可能是图中的一只小动物，可能是图画的颜色，也可能是人物的一个动作，当教师拿实物来展示的时候，儿童所想到的还是他感兴趣的东西，可能是这件物品在哪儿见过，也可能是这个物品可以怎样玩，当教师以图文形式出现一道数学题时，儿童看不懂文字的意思，更不会懂得这些图文所表达的数量关系。

现象二：不善倾听。在一年级的数学课堂上，常常会发现老师讲课时，许多孩子都喜欢在下面做小动作，不是翻书就是摆弄文具盒，还经常乱翻别人的东西，还有些孩子表面上坐得端端正正，但老师一提问，他会站起来一脸茫然地看着老师，不知道老师在问什么。如果一节课老师在过多讲授，许多孩子是无法抓住教师讲授的重点的。

现象三：不会表达。在一年级的数学课堂，我们还会看到不少孩子动笔做作业、课堂常规都是很好的，可是每次回答问题都支支吾吾，说不明白，有时甚至连一句话也说不上来，这样次数多了，很容易降低学习数学的热情。

2. 原因分析

刚刚进入一年级的儿童的注意力表现为无意性，情绪反应也较为明显，对于新颖的、感兴趣的会一下子就注意到。在认识事物上往往是凭兴趣，感兴趣的就愿意去做，不感兴趣的就会不注意，不乐意进一步接触。这一阶段的儿童，其思维以形象思维为主，其记忆善于形象记忆，但逻辑推理能力弱，思考问题往往需要借助具体、直观的事物来支持；同时，在幼儿园阶段对语言表达的要求往往会低些，可是进入小学数学学习阶段，数学的表达需要用到规范的数学语言，要表达清楚、表达正确是有一定难度的，这往往会导致许多孩子不会表达，再导致不敢表达。

针对上述所出现的数学学习不适应现象，如何才能让儿童尽快适应小学数学阶段的学习，实现科学衔接呢？为儿童提供生动有趣的活动；组织儿童亲身参与到操作、游戏、制作等丰富多彩的活动中；以直观感知数学，从而对数学产生好奇心，形成学习数学的兴趣和初步的合作交流意识与独立思考的学习习惯，这是幼小衔接视域下小学数学适应教育需要探索的重点。

（三）小学数学适应教育及深度学习的策略

1. 问题设计童趣化

数学家哈尔莫斯（P. Halmos）曾说："问题是数学的心脏。"一个有价值的问题，能激起学生的好奇心与求知欲，引发儿童的认知冲突，激发儿童学习动机，促进儿童积极思考、探索，是否能设计一个好的问题，将会直接影响到课堂教学的效果。对于刚刚进入一年级的儿童来说，设计的问题除了问题本身要有数学价值及思维价值外，还要注重问题表达的趣味性、挑战性及童趣化。所提的问题如何表达才能吸引儿童的注意力，并让其产生浓厚的兴趣，这都是教师在教学设计时需要思考的事情。

如"10的认识"的问题设计。教师在制作课件时，把0至9这几个数字设计成可爱的数字娃娃，上课时教师先按顺序让0至9这几个数字蹦出来，接着数字9傲慢地走到0与1的中间，"哼"的一声说："我是最大的。"0与1相视一看，靠到一起合成了10，异口同声地说："是吗？看看，谁大呢？"这时老师把9与10板书写在黑板上并提出问题："小朋友们，9和10你们觉得谁大呢？"

又如"认识图形"，这节课是让学生通过分类、观察、动手操作等活动，直观认识长方体、正方体、圆柱和球等立体图形。为了能激发学生的学习兴趣，上课开始，可以通过绘本故事引入新课，做法如下：上课的时候，用绘本故事《巫婆与三颗星星的故事》导入，这是一本有关图形和空间的数学绘本。故事讲了西瓜星、罐桶星、箱子星上生活的三个王子陷入巫婆的圈套，相互吵架又和解的有趣故事，能让孩子愉快地了解立体图形的名称和特性。上课了，教师开始讲起故事来：在很远很远的宇宙，有三颗星星，他们非常友好。是哪三颗星星呢？根据他们的长相，一颗叫西瓜星，一颗叫罐桶星，一颗叫箱子星。同学们，你们能猜到这三个星星的形状吗？

爱听故事是每个刚进入一年级的小学生的天性，对于一切新奇有趣的数学知识，小学生具备有很强的好奇心、探索欲，教师应充分融合这两个特征，借助趣味性强的数学故事情境来创设有效的问题情境。化静为动，把静态的教学内容以动态的故事来展示，打造互动性强、氛围良好的课堂教学舞台，激发学生的学习兴趣，再提出需要解决的问题，这样既能吸引学生的注意力，又能激起学生的思维火花，让其保持一种积极的思考状态，促进其乐学善思。

2. 情境创设生活化

生活化是指要结合生活实际开展教学活动，这个生活实际可以是儿童平时熟悉的、常见的、感兴趣的生活现象，也可以是儿童已有的生活经验与知识背景。情境创设生活化就是在课堂教学中，把学习的内容与生活实际关联起来，创设一个儿童熟悉的生活情境，让儿童在熟悉的环境下发现问题、分析问题，寻找解决问题的方法，学会与同伴分享学习的成果。

如人教版小学数学一年级教材第 20 页"第几"，这节课主要是创设排队买票的情景，让学生感知自然数的序数含义。排队是儿童生活中常见的现象，教师可以提前拍摄好平时儿童排队的情境，如"排队等待老师面批作业""排队在饭堂打饭""排队放学""排队做操"，教学时用这些情境来引出问题，这会让学生感觉到所学的数学知识是与自己生活息息相关的，所学的数学知识就在身边。又如学习加减法时，生活中的购物现象、大自然中小鸟飞来与飞走、家里物品增加与减少等等都可以与加减法联系起来，让学生在熟悉的生活情境中认识和理解数学、感悟数学。

学生的好奇心，就藏在生活的各种场景中，创设与生活相联系的情境，采用启发的方式提出问题，引发学生的好奇心。教师进行问题设计，情境的创设，要基于一年级学生已有的认知水平、认知规律，让学生在熟悉的生活情境中理清其中蕴含的数学信息，认真投入情境的创设之中，在观察、操作等活动中逐步体会数学知识的产生和形成过程，使学科知识的带入、学科能力的融入，能够完成学习链条的接续，指向学科核心素养的达成。

3. 学习过程游戏化

儿童的游戏世界就是一个体验的世界，在游戏世界中他们尽情忘我、全神贯注、不知疲倦，充分享受着游戏过程的轻松、自由、新奇、刺激。把游戏引入教学，首先是为了吸引儿童的注意力，因为这个阶段儿童的注意力是不集中的；其次是让儿童保持参与该事件的热情，因为这个阶段儿童的注意力是不长久的。游戏的引入既是吸引注意力，也是保持注意力，更重要的是让儿童对数学的学习产生内驱力，让其积极参与到学习中。教学过程游戏化需要教师为儿童提供可直接操作、亲身体验的材料，如拼图、七巧板、积木、折纸等，教学过程游戏化还可以将整个教学流程以游戏的形式来开展。

如比大小、比长短这些可以把整个教学流程设计成玩游戏的方式，让孩子分小组通过比一比、说一说，来理解大小与长短。如，在教学"认识钟表"时可以通过两个同学合玩一个"你说我拨"的游戏：一人说时间，另一人在钟面上拨出相应的时间。一年级常见的游戏方式有"开火车答问题游戏"："火车火车哪里开？""火车火车这里开。"学生在回答中集中注意力，保持着积极投入的状态。在每节课的巩固练习阶段可以设计"小兔子采蘑菇""摘星星""送信""活动创关"等形式的游戏。

幼儿园到小学阶段是学生身心发展的关键时期，这一阶段数学教学的一个明显特点是幼儿数学的"游戏"性逐渐向"正规性"课堂教学过渡。在数学课堂上把抽象的教学知识通过数学游戏直观形象地展示出来，可以让儿童在参与游戏过程中忘我地投入数学学习中，不知不觉习得知识、拓展思维、提升能力。

4. 实践应用活动化

知识源于生活，又应用于生活。在数学教学中设计主题活动，让学生通过探究式、体验式学习，发现日常生活中的数学问题，提出问题，解决问题，让学生在对具体事物进行实际操作和思考的过程中习得数学知识，形成学科技能，体会数学价值，积累活动经验。

如学习了"认识钟表"可以设计题为"时间去哪了"综合实践活动。

学习目标：了解周末本人或家长一天都在做什么？

活动要求：1. 收集周末一天里什么时间在做什么事，用画图的形式表示出来，并在几个重要的时间点将所做的事用一句话描述出来，也可以编写成数学绘本故事。2. 根据收集到的事件与家长讨论一天的时间安排是否合理。3. 与家长重新商定下一个周末的时间安排表。

又如认识了人民币后，教师可设计"欢乐购物街"，让学生在实际情境中认识人民币，在购物活动中对商品进行定价或者买卖，在定价、付钱和找钱等具体活动中，认识人民币的相关知识。购物活动后，还可以引导学生在家长的帮助下查阅资料，了解中国货币的历史知识，知道人类最初的货币、现代国家的货币和货币单位，感悟货币的价值、货币与商品的关系。

通过开展数学综合实践活动，让学生积极参与其中，在活动中学会与人交往、主动表达，感悟数学知识与现实生活的联系，能发展儿童对数学的好奇心，提升学习数学的兴趣，获得数学活动经验。

5. 评价方式多元化

评价决定着教育教学改革的方向，也是对实现"幼小科学衔接"最有力的引领。评价的方式可以是书面的，也可以是口头的；可以是课堂观察，也可以是课后访谈；可以是课内作业，也可以是活动展演。教师要结合学习的内容选择适当的评价方式。在评价上关注学生对知识技能的掌握，对基本思想的把握，还要关注学生分析问题、解决问题等的能力。评价主体是多样的，可以是教师、学生、家长。评价结果重在了解每一名学生的学习过程。教师要用好评价结果，以评价的结果对学生的学情进行全面的分析，了解学生学习状态，反思教师的教学现状，改进存在的问题，寻求更好的教学策略。

入学适应的核心是以课程与教学为抓手，坚持以儿童为中心，在教学设计时要充分考虑一年级新生的实际状况与心理特点，实现以学定教，在课堂教学上要关注儿童学习情况，及时了解儿童在学习中出现的困惑。课堂衔接是幼小衔接最核心的一部分，课堂衔接最重要的是真正了解儿童需求，并能真正根据儿童实际情况改进教学方式，让儿童保持学习的热情，学有后劲。

四、借助信息技术开展深度教学的思考与探索

随着现代信息技术的快速发展，信息技术已成为小学数学教学中必不可少

的一种工具。信息技术与数学学科整合，图文并茂、声像俱佳，使抽象枯燥的学习内容变得形象有趣，为学生创设了一个利于多种感官参与的学习环境，提高了学生的学习兴趣和学习效率。

作为小学数学学习的重要领域，"图形与几何"中，有很大一部分内容的学习与信息技术密不可分。因为小学生思维正处于具体形象思维为主向抽象逻辑思维为主的过渡阶段，很多抽象的几何图形在学生的头脑中难以建构。应用信息技术能使数学教学展示更形象，特别是动态几何，这是传统教学无法实现的。下面笔者以"三角形三边的关系"教学为例，讲述信息技术在"图形与几何"教学中的应用。

（一）借助信息技术，创设情境，引出问题

好的教学活动，必定要有一个能激发学生切实思考的核心问题。这个核心问题除了本身具有价值外，更需要有一个好的情境引出。这个好的情境不是虚拟的，是现实的、看得见的、摸得着的，要来源于学生熟悉的生活实例。运用信息技术能化抽象的语言文字为生动、富有感染力的形象，通过各种有趣的形式，将枯燥抽象的教学内容融入游乐情境中，让所提出的问题变得生动有趣，这样会使学生精力高度集中、思维高度活跃，教学便能收到事半功倍的效果。

教学场景描述一："三角形三边的关系"课堂导入教学片段

1. 课件出示一张由长方形、正方形、平行四边形、三角形组成的小明的家的情境图。

师：这是小明的家，仔细观察，你看到哪些图形？出现最多的是哪种图形？

生：图中有长方形、正方形、平行四边形、三角形……出现最多的是三角形。

2. 课件出示图2-7，利用 PowerPoint 自定义动画进入功能，显示三条路径，变为图2-8。

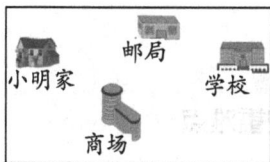 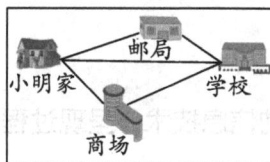

图 2-7　　　　　　　　　图 2-8

师：小明从家到学校有几条路可走？他会选择哪条路？为什么？

生：有 3 条路，他会选中间的，因为两边的路是曲的，中间的是直的，两点之间线段最短。

3. 教师利用自定义动画退出功能把图2-8变为图2-9，引入课题。

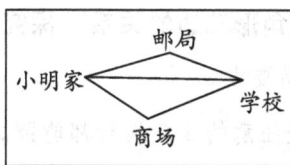

图 2-9

师：我们可以用两点之间线段最短的知识来解释，还可以用三角形的知识来解释。

师：中间一条路和两边的路合在一起，可以看作两个三角形，小明经邮局到学校所走的路线就是三角形的两条边。小明经商场到学校所走的路线也是三角形的两条边。根据这种现象，你有什么想法？

生：是不是三角形一条边都会比两条边加起来要短？

师：这个问题好！我们也可以换一种说法"是不是任意三角形两边之和都大于第三条边？"今天我们就来研究这个问题。

65

在上述教学环节中，信息技术的应用，让教材中静态的数学知识演绎成一幅幅动人的数学画面。引发学生主动积极观察数学现象、收集数学信息、积极思考数学问题。

（二）借助信息技术，呈现过程，突破重难点

在几何与图形的教学中，许多教学内容较为抽象，常规教学手段难以解决。计算机多媒体课件能演示图形的变化，模拟实验的过程和思考过程，使抽象的知识具体化，静止的知识动态化。多媒体课件把无形的知识化为有形直观的知识，形象地展现在学生面前。让学生把已有经验与几何形态进行联想组合，体验几何知识的形成过程，从而有效地突出重点，突破难点。

教学场景描述二："三角形三边的关系"探究活动教学片段

1. 出示问题，提出活动要求。

（1）探究问题：是不是任意的 3 条线段都能围成三角形？

（2）活动工具：每小组配备 1 至 8 个单位长度的小木棒 8 根。

（3）活动要求：①每次实验选出 3 根小木棒围三角形，实验完毕后放回原处，以便下次实验。②把每次实验结果填写在实验记录表上。

（4）实验记录表，见表 2-3。

表 2-3　实验记录表

是不是任意的三条线段都能围成三角形？			
实验次数	所选小木棒长度		能否围成三角形

2. 组织学生开展探究活动。

3. 教师巡视、观察,指导各小组开展探究活动。

教师在巡视时发现,有些小组认为长度分别是3、4、7个单位的小木棒能围成三角形,有些小组则认为长度分别是3、4、6个单位的小木棒不能围成三角形。为什么会出现这种情况?经与学生交谈,教师了解到,学生在操作上述两组数据时,因为小木棒有一定的宽度与厚度,用小木棒围成三角形,在宽度与厚度影响下,学生会出现较大的误差。原来实物操作也有其不足之处。

针对着上述情况,除了让学生利用实物动手探究外,教师还应借助计算机演示以下三种情况:(1)两根小棒之和小于第三根;(2)两根小棒之和等于第三根;(3)两根小棒之和大于第三根。

情况(1):两根小棒之和小于第三根,如图2-10,动画演示,如图2-11。

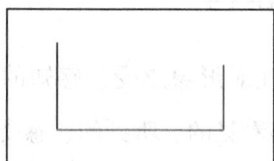 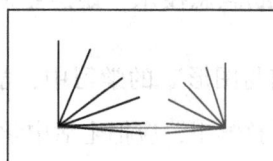

图2-10 图2-11

情况(2):两根小棒之和等于第三根,如图2-12,动画演示,如图2-13。

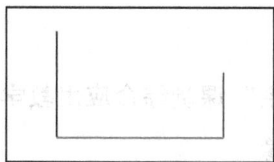 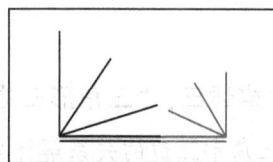

图2-12 图2-13

情况（3）：两根小棒之和大于第三根，如图 2-14，动画演示，如图 2-15。

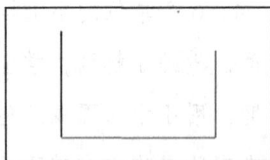 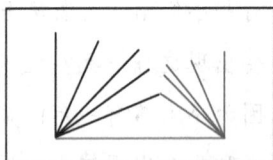

2-14   2-15

发挥信息技术作用，利用动态课件，使学生通过自主探究、合作交流、动手操作、观看演示等学习方式，经历猜测—验证—再猜测—再验证的过程，在质疑、释疑的学习过程中，思维一次次被激活，真正成为学习的主人。

（三）借助信息技术，走进生活，感悟数学

在"几何与图形"的学习中，学生是在对形象感受、感知的基础上逐步建立表象的。教学中，应把生活中学生能够看见的、听到的、感受到的数学现象和数学问题融入课堂，让学生感觉数学就在身边，从心理上拉近与数学的距离。信息技术能为学生打开"生活"这扇窗。利用网络，可以获得珍贵的生活资源。利用这些资源，设计出一系列贴近生活、充满趣味的练习题，调动学生学习数学的兴趣。让学生在积极状态下，获取知识与技能，积累经验，丰富想象，拓展思维，发展空间观念。

教学场景描述三："三角形三边的关系"课堂综合应用教学片段

1. 运用三角形三边的关系解释生活现象。

师：（出示人在草地上走的情景图）请看这幅图，尽管草地不允许踩，但

还是被人们踩出了一条小路，这是为什么？我们能不能运用今天所学的知识解释这一现象？出示草地的示意图 2-16，解释现象。

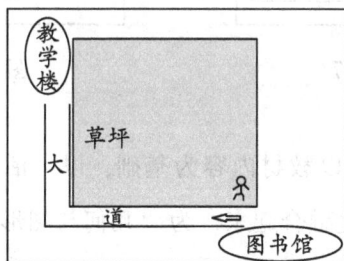

图 2-16

2. 已知三角形的两条边长度，求三角形第三边的取值范围。

（1）出示公园俯视图。

师：建筑工人要在公园中心建一个凉亭，凉亭要用到三根钢条做成的"人字梁"框架，已知两根钢条分别长 5 米，应寻找一根几米长的钢条作横梁组成"人字梁"？（取整米数）

生：所需的钢条可以是 1，2，3，4，5，6，7，8，9 米。

师：你能想象出这些框架的模样吗？用手势比画一下。

（2）待学生比画想象后，教师分别出示各种框架形状（图 2-17）。

师：在这些框架中，你觉得选择哪个最合适呢？

（3）学生各抒己见后，教师可从美观、力学的角度说明选择。

师：你能想象出把三角形框架用顶点对正的方法叠放在一块的模样吗？

（4）学生闭上眼睛想象！想象后，教师动态演示重叠后图形，图 2-18。

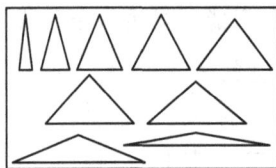

图 2-17

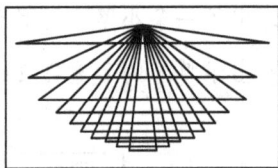

图 2-18

教学中，教师应坚持以教材内容为基础，以生活资源为支撑，把"小课堂"与"大社会"有机地融合起来，为"几何与图形"的教学活动源源不断地注入活力元素。[①]

（四）借助信息技术，开阔视野，启迪智慧

数学不只是数学知识、方法、过程的简单堆砌与叠加，数学教学也不仅仅是数学知识、技能和方法的机械传递与搬运。数学是一种文化。数学知识的习得、数学方法的渗透、数学美的体验，三者有机融合，才能构筑起文化气质的数学课堂[②]。信息技术可以为学生打开一扇通往科学世界的窗口，让学生走进充满文化气质的课堂，走向更广阔的教学天地。

教学场景描述四："三角形三边的关系"课外拓展教学片段

师：再考考你们，如果一个三角形，知道它一条边长是 12 分米，其余两条边的和是 14 分米。请问，这两条边可能是多少分米。（取整分米数）

生：一共有 11 种可能，分别是 (2, 12) (3, 11) (4, 10) (5, 9) (6, 8) (7, 7) (8, 6) (9, 5) (10, 4) (11, 3) (12, 2)。

师：你能想象出每一个的形状吗？用手势比画一下。

---

① 王祥美：《小学数学计算教学的有效性探索》，《教育艺术》2016 年第 1 期。
② 张兴华：《他徜徉在数学教学的艺术王国》，《四川教育》2009 年第 11 期。

教师逐个出示每一种三角形，动态演示图2-19。

师：刚才所取的值都是整数，如果把取值扩展到小数，是不是只有这些三角形呢？

生：会有无数个。

师：对，这无数个三角形中，会有无数个变化的顶点，而这些顶点会形成一个半圆形，出示图2-20。三角形与圆的联系可密切呢，将来你们会学到更多这方面的知识。

师：这个图形（图2-20）像什么？

学生发挥想像力说出各种各样的答案。

师：建筑师就利用这三角形三边的关系的特征，设计了一座非常有名的建筑物——北京国家大剧院。

教师出示国家大剧院照片，并对国家大剧院做简单介绍，让学生感受数学的美。

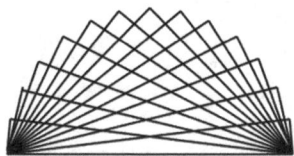 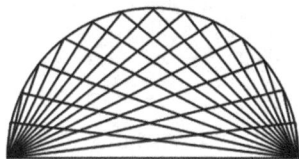

图2-19　　　　　　　　　　　图2-20

学习"几何与图形"除了认识图形、符号、公式、概念、数字等抽象知识外，还应向学生传递数学文化，让学生在获取知识与技能的同时，感受"数学美"与"数学味"。这样的教学带给学生的是视域探究的引领、心智的启迪。

在"三角形三边的关系"教学中，充分发挥信息教育技术的作用，利用网络丰富教学内容，利用多媒体课件把抽象的知识动态化、形象化、直观化，突出了教学重点，突破了教学难点，使课堂时间得到最大化的利用。以小明选择哪一条路引入课题，激发了学生的学习兴趣，对学生理解三角形三边的关系起到了推进作用；通过探究"是不是任何三根小棒都能围成三角形"，激发了学生验证欲望，计算机的应用让学生在质疑、释疑的学习过程中，思维一次次被激活；综合应用与课外拓展让学生拓展了思维，开阔了视野。上述教学环节，在传统的课堂教学中根本实现不了，但在信息技术的支持下，却能发挥更大的效应，取得很好的成效。

第三章

小学数学问题驱动深度学习的课堂观

第一节 基于问题驱动下深度学习的课堂教学观

华东师范大学叶澜教授认为，课堂教学应被看作师生人生中一段重要的经历，是他们生命有意义的构成部分；其次，课堂教学的目标应全面体现培养目标，促进学生的全面发展，而不是只局限于认识方面的发展。叶澜教授指出：当前我国基础教育中课堂教学的价值观，需要从单一地传递教科书上呈现的现成知识，转为培养能在当代社会中实现主动、健康发展的一代新人。她认为"教书"与"育人"不是两码事，而是一件事的不同方面。在教学中，教师实际上通过"教书"实现"育人"，为教好书需要先明白育什么样的人。只关注现成知识传递价值的教师，实际上是在"育"以被动接受、适应、服从、执行他人思想与意志为基本生存方式的人，青少年学生内在于生命中的主动精神和探索欲望，在这样的课堂教学中常常遭受压抑，甚至被磨灭。这种情况不改变，教育将成为阻碍社会和个人发展的消极力量。[1]

福建师范大学余文森教授在谈及核心素养的教学意义时引用了北京师范大学肖川教授的观点："从学科角度讲，要为素养而教（用学科教人），学科及其教学是为学生素养服务的，而不是为学科而教，把教学局限于狭隘的学科本

---

[1]　参见叶澜：《重建课堂教学价值观》，《教育研究》2002 年第 5 期。

位中，过分地注重本学科的知识与内容，任务和要求，这样，将十分不利于培养视野开阔、才思敏捷并具有丰富文化素养和哲学气质的人才。"① 余文森教授也指出："实际上，任何学科知识就其结构而言，都可以分为表层结构（表层意义）和深层结构（深层意义）。表层意义就是语言文字符号所直接表述的学科内容（概念、命题、理论）（内涵和意义），深层意义是蕴含在学科知识内容和意义之中或背后的精神、价值、方法论、生活意义（文化意义）。表层结构和意义的存在方式是显性的、逻辑的（系统的）、主线的。深层结构和意义的存在方式则是隐性的、渗透的（分散的）、暗线的。但它是学生素养形成和发展的根本（决定性的东西）。"②

广东省未来教育家培养对象梁福慧强调："知识是会被遗忘的，但是，在获取知识过程中所形成的能力和品格却会伴随终身。课堂必须确立起通过知识获得教育，而不是为了知识的教育的教育思想，促成课堂教学由知识导向转变为育人导向，发展学生的学科素养。"③

课堂教学是实施素质教育的主要阵地，是学生发展核心素养的主要途径。课堂教学也是一所学校教育活动的最基本要素和育人理念的最直观呈现，课堂学习更是学生的主要成长方式。

2022年颁发的《义务教育课程方案》提出了课程核心素养、学业质量、课程内容结构化、学科实践等概念。

课程核心素养是该课程育人价值的集中体现，指该课程在落实立德树人根本任务中的独特贡献，是学生通过该课程学习之后而逐步养成的关键能力、必备品格与价值观念，核心素养具有整体性、情境性、反思性。

学业质量是学生完成课程阶段性学习后的学业成就综合表现。学业质量标

---

① 关于肖川教授的观点，转引自余文森：《从有效教学走向卓越教学》，华东师范大学出版社2015年版，第169页。

② 余文森：《从有效教学走向卓越教学》，华东师中范大学版2015年版，第169页。

③ 参见梁福慧：《基于核心素养下的学校品质提升》，广东经济出版社2017年版，第72页

准则是以核心素养为主要维度，结合课程内容，对学生学业成就表现的总体刻画；是所有过程评价、结果评价与考试命题的依据。

课程内容的主体部分是学科知识。学科知识作为基础的课程内容结构，主要由三个结构组成：横向领域结构、纵向进阶结构和纵深表里结构。课程内容结构化的基本要素也有三个：一是"为什么学"，指向核心素养；二是"学什么"，指向重要观念、主题内容和基础知识；三是"怎么学"，指向学科知识学习、学科实践活动、跨学科主题学习等。

学科实践，就是学习"像"学科专家一样思考与行动。数学学科实践就是说在具体、真实的教学情境中，运用数学的概念、数学原理、数学思想方法与借助工具，把学生的心理过程与学生操控技能融合起来，让学生在真实的情境中解决真实的问题的一种做法。

从今天素质教育和新课程的立场来看，教学就是要给学生的思维留有较大空间，就是要使教师适应学生活跃、主动带来的挑战。我们的课堂需要建立自主、合作、探究的学习方式与启发、讨论、参与的教学方式；我们课堂需要重过程、重体验、重探究；我们的课堂需要教师的每次备课都是一次教学设计，而这个教学设计着眼于教学目标与教学重点，着眼于教学总体要求，对教学做出整体安排和统筹规划。这样的设计，也许并不是每个教学环节都在意料之中，也并不是每个教学活动都在预期范围内，但其思路自始至终是围绕着新课程的理念展开的，是将新课程的理念切实转化为本节课具体的教育教学行为的。

这样的课堂，其教学观应是：价值引领、传授知识、启迪思维、培养习惯、塑造品格。

一、价值引领

教育就是教人点亮心灯、明白做人的道理。教育家于漪说："用中国文化的基本精神滴灌孩子的生命之魂，让他们有一个健康的人生，长大后为国服务，为民造福，成为有理想、有本领、有担当的民族复兴大任的时代新人。"[①]这也就是教育培根铸魂、启智润心的最佳体现。教育的终极目标是生活与人生。一节好课展现的不仅是教师的口才和处理教材的技巧，还有教师的思想、情感、精神追求和人格魅力，价值引领会使学生获得主动发展的不竭动力和热情。

数学课堂教学应该要结合数学这一学科特点，通过数学特有的学科本质、数学文化内涵的渗透等来培养学生的意志、毅力与淳朴、善良的品格。2022年版《义务教育数学课程标准》提到，数学教学要注重情境素材的育人功能，如体现中国数学家贡献的素材，帮助学生了解和领悟中华民族独特的教学智慧，增强文化自信和民族自豪感。我国古代数学就是中华优秀传统文化的有机组成部分，它具有悠久的历史，创造出很多具有中国特色和世界影响的成果，不仅为中华民族的发展做出了杰出的贡献，也为整个人类文明做出了积极的贡献。在数学课堂中引入我国传统数学内容，对于学生感悟中华民族智慧与创造、增强民族自豪感、坚定文化自信具有重要的作用。数学课堂教学应该要充分挖掘这些文化元素，让学生在学习中领会中华数学文化的丰富内涵，汲取精神力量，激发探索精神、形成理性思维品质。

---

① 余慧娟、任国平：《办教育要明晰"根在哪里，走向何方"——访于漪老师》，《人民教育》2018年第24期。

二、传授知识

说到传授知识，我们先要了解清楚什么是知识？什么是数学知识？接着就是怎么传授数学知识？

《中国大百科全书·教育》中"知识"的定义是："所谓知识，就它反映的内容而言，是客观事物的属性与联系的反映，是客观世界在人脑中的主观映象。就它的反映活动形式而言，有时表现为主体对事物的感性知觉或表象，属于感性知识，有时表现为关于事物的概念或规律，属于理性知识。"[1]百科全书把知识归类为感性知识与理性知识。

数学知识既包括数学概念、定理、法则、公式，也包括数学思想方法等。数学知识还包括对数学知识的储存、对数学知识的提取及对数学知识的应用，也就是"是什么""为什么""怎么用"这三个层次。

安德森根据知识的功能将知识划分为陈述性知识和程序性知识。陈述性知识也叫"描述性知识"，是关于事物及其关系的知识，包括事实、规则、事件等，这类知识主要解决"是什么"。如"平行四边形有四条边四个角""三角形的内角和是180度""$a+b=b+a$"。这种知识具有静态的性质。程序性知识也叫"操作性知识"，是个人无法有意识地提取，因而其存在只能是借助某种作业形式间接推测，它是关于完成某项任务的行为或操作步骤，这类知识主要用来解决"做什么"和"怎么做"。如"学生运用三角形的面积公式去解答应用题""解方程的操作步骤""作图过程"这些都是程序性知识。

数学知识按内容来分可分为数与代数、几何与图形、统计与概率、综合与实践。这些板块的内容包括：数学的概念与原理（包括性质、法则、公式、

---

① 董纯才主编：《中国大百科全书·教育卷》，中国大百科全书出版社1985年版，第525页。

公理、定理等）；由内容反映的数学思想方法；按照一定程序与步骤进行运算、处理数据、推理、作图、绘制图表等数学技能。其中，数学概念、数学原理对应于陈述性知识；数学思想方法和数学技能对应于程序性知识。[①]

知识可以通过课堂教学来传授，那么有效的传授方式有哪些呢？小学特级教师吴正宪认为传授知识可通过以下几种方法：一是创设情境；二是借助经历；三是动手做；四是数与形结合；五是对话交流。课堂教学要帮助学生有意义地理解数学，教学中创设以学生体验为基础的情境，让学生在亲身参与中逐步体会数学知识概念的产生、形成与发展的过程。课堂教学要把数学变得"简单些""容易些""朴实些"，使数学学习内容更贴近儿童的已有经验，让教学方法符合学生的认知规律。课堂教学要变"知识"为"话题"，引发不同视角的碰撞，给学生以新的启迪，引发学生的深入思考，从而完成知识意义的建构。课堂教学要把静止在教材上的内容通过艺术化的教学手段，呈现在学生面前。课堂教学要重视将数与形形象结合，将抽象的数学问题直观化，枯燥的数学问题生动化，这样才有助于把握数学问题的本质，提高解决问题的能力。[②]

数学学科的知识结构是一个完整的、系统的网状结构，而数学教科书呈现的知识则是根据学生的认知水平和规律，按照"逐级递进、螺旋上升"的原则编排。我们课堂教学的任务就是要对教科书呈现的数学知识进行结构化分析，从整体上进行设计，渗透数学思想方法，划分教学时序与进程，启发和指导学生理解数学知识，逐步内化为学生自我的认知结构。2022年颁布的《义务教育课程标准》对教学提出建议：改变过于注重以课时为单位的教学设计，推进单元整体教学设计，体现数学知识之间的内在逻辑关系，以及学习内容与核心素养表现的关联。单元整体教学设计要整体分析数学内容本质和学生认知

---

① 参见周丽娜：《基于广义知识观的数学课堂教学策略》，《数学学习与研究》2014 年第 10 期。

② 参见吴正宪、薛静：《让数学之树根深叶茂（一）——传授知识》，《基础教育参考》2010 年第 11 期。

规律，合理整合教学内容，分析主题—单元—课时的数学知识和核心素养主要表现，确定单元教学目标，并落实到教学活动各个环节，整体设计，分步实施，促进学生对数学教学内容的整体理解与把握，逐步培养学生核心素养。因此，小学数学单元整体教学是当前教学需要引起关注的传授知识的方式。小学数学教材是以单元来编排的，而单元的组织形式是以知识点传授和技能训练为主，有的单元知识结构相对独立，有的单元划分比较细导致不够完整和独立。因此，教师首先要对单元的知识结构进行梳理，厘清该单元所属的数学思想和方法领域，与先前知识和后续知识之间的关系，考虑如何将若干单元整合成模块进行整体设计。其次，对单元内的知识进行分类，梳理内部的逻辑关系。

三、启迪思维

我们常常听到一句话："数学是思维的体操。"那什么是思维？什么是数学思维？在数学课堂上又如何培养学生的思维？

思维是人脑对客观事物本质属性和内部规律的概括的间接反映。人们的认识分感性认识和理性认识，感性认识包括感觉、知觉、表象，理性认识包括概念、判断、推理，思维是指以感性认识为基础的理性认识，是感性认识的概括和升华。表象是头脑中再现的某一类事物的形象，表象是感性认识向理性认识转化的桥梁，概念是思维的细胞和主要形式。思维的品质是指思维的深刻性、广阔性、灵活性、创新性、敏捷性和批判性。思维的方法有分析与综合、抽象与概括、归纳、演绎、类比和猜测。

什么是数学思维？数学思维是指人脑关于数学对象的理性认识过程。数学思维具有高度的抽象性、严密的逻辑性，还具有实验、猜测、直觉、美感等特点。数学思维通常分为逻辑思维、形象思维和直觉思维三种。逻辑思维是以概念为思维材料，以语言为思维载体，每前进一步都要有充分依据的思维，逻辑思维中抽象性是最主要的特征，其基本形式是概念、判断和推理。形象思维是依靠形象材料的意识领会到理解的思维，主要特征是思维材料的形象化，其基本形式是表象、直觉和想象，它在数学中激励人们的想象力和创造性。直觉思维是以高度省略、简化、浓缩的方式洞察问题实质的思维，主要特点是能在一瞬间跳过明确的逻辑推理过程，迅速直达问题的结论，其基本形式是直觉与灵感或顿悟。[①]

上海市特级教师胡军认为，数学思维就是用数学思考问题和解决问题的思维活动形式。数学思维是一种内隐的心智活动，数学知识是这种活动的外观结果，数学思维与数学知识密不可分，数学本身就是数学思维的结果。如果把数学比喻成一棵参天大树，那么，数学思维就是这棵参天大树的庞大根系，虽然从外表上看不见，却为这棵大树源源不断地输送着养料。思维过程与个体数学学习方法和学习态度呈正相关。思维过程完善，表现为数学抽象概括能力强、具有整体思维，数学思想方法掌握全面、数学思维简洁灵活，掌握了数学知识的本质，数学迁移能力强。他表示，数学思维的学习可以使人对数学观念、数学思想、数学理论有广泛理解，在处理问题时，迅速抓住事物本质，快速找到解决问题的方法，形成良好的思维习惯，增强问题处理的应变能力，从而会用数学的眼光观察世界，会用数学的思维分析世界，会用数学的语言描述世界。学好数学，关键还在于激发学生学习数学的兴趣，不在乎做了几道题，而在于怎么做，对解题方法的重新评估，引发学生对数学的兴趣，促进学生对数学的思考，深化学生数学思维发展，应用数学思维去观察世界、分析解决问题。

北京师范大学顾明远教授认为教育的本质就是培养思维，而培养思维的最好场所是课堂。[②] 我们如何用好课堂这个主阵地来培养学生思维呢？可以从以下

---

① 参见盂鑫：《文科高等数学课程指导思想研究》，《陕西教育（高教版）》2008 年第 4 期。
② 顾明远：《教育的本质就是培养思维，培养思维的最好场所是课堂》转引自《四川教育》2021 年第 23 期。

四方面来做。

1. 重视激发学生学习的内驱力

内驱力，是指一种发自内心，希望能去做好、实现自我提高的一种动力。当代著名教育学家郭思乐教授有一句话："学生是什么？学生是一个个活生生的生命，是天作之才，是天地间多少万年发展的精灵！"每个学生有着不同的禀赋，每个学生都会有其聪明才智。在教学中学生本身就是最大最好的资源，当学生身上的潜能被开发出来，学习的效率就会有很大的提高。如何在课堂中激发学生学习的内驱力呢？把课堂交还给学生是前提，如果不能真正做到以学生为主体，课堂就绝对成不了启迪学生思维的主阵地，因此，我们的课堂必须要以学生为中心，突出学生主体地位，引导学生真正做到自主探究、合作交流。把"要学生学"变成"学生主动要学"，让学生从"被动"转化为"主动"，只有这样，课堂才更具生命力。为了能更好地激发学生学习的内驱力，教师在教学设计时必须要有充分的思考，教学目标明确、清晰，课堂上能有好的驱动问题，它能引起学生的好奇心，能引发学生的求知欲，能增强学生学习的能动性。

2. 动手操作与动脑思考相结合

小学课堂教学离不开动手操作，越是低年级操作越重要。但数学课上的操作主要是为数学学习，不是为了培养动手技能，更不是为操作而操作，操作是手段，通过操作掌握数学知识和数学思想才是最终目的。因此对于数学课的操作活动，我们要树立好一个观念"操作活动数学化"来加大操作活动中的思维含量，达到动手操作与动脑思考相结合的目的。例如，在一年级的学生学习进位加法时，教师都会让学生操作。如9+4，教师会引导学生用学具摆一摆，如左边9根小棒，从右边拿1根过来，合在一起就是10根小棒，这时右边还有3根小棒，计算的结果就是13根小棒。但这种操作是欠缺的，学生只有操作过程而没有动脑的过程。那如何让学生在操作中动脑呢？这就需要让学生在操作过程中伴随着数学语言。左边摆 9 根小棒，右边摆 4 根小棒，从右边拿 1 根小棒与左边的 9 根合在一起，就凑成了 10 根，右边还剩 3 根，9 和 1 组成 10，10 再加 3 等于 13。这样让学生把操作过程说出来，其实就是让学生动脑思考凑 10 的过程。当教师在教 9+5、9+6 等算式时，可以让学生先思考操作过程，把过程说出来再操作验证，这才做到了动手操作与动脑思考相结合。

3. 让学生在活动中成长

让学生在活动中成长，就是课堂上教师提出问题，但不把结论与结果传授给学生，而是让学生带着问题走进生活，让学生走出去，走向大自然、走向社会，让学生在现实生活中寻找答案。如三年级学生在课堂上学习了数字编码，因课堂时间与空间的局限性，学生对编码的认识还是不足的，这时候教师可以设计综合实践活动，让学生走进生活，了解更多的编码。问题驱动："在生活中，我们经常见到一些像电话号码、门牌号码、身份证号码、车牌号码、邮政编码……这样用数字编成的号码。这些数字编码背后有着哪些特殊的含义呢？你可以请教爸爸妈妈，或查找资料，揭秘一串串数字编码。你还可以自己设计一个数字编码，让家人猜猜其背后隐藏的信息。"通过开展这样的探究活动真正做到学以致用。

4. 帮助学生学会"反思"

如何促进学生的深度学习？其关键是引导学生展开高阶思维，反思则是高阶思维的重要一环。作为一种事后思维，反思不是简单的回忆和回顾，而是返回去的再思、三思，是对自己已有行动、已有知识和已有思考的反复思考。从这里可看出，深度学习必然是反思性学习。例如，在教学"搭配的学问"时，让学生将搭配的思维过程用画图的形式呈现出来并思考，这样搭配，方法是否正确？是否已把各种搭配方式展示出来了？在教学"长方形和正方形的认识"时，在学生认识完长方形和正方形之后，可以让学生思考："长方形与正方形的关系到底是什么？"在教学"梯形的认识"时，教师可以故意对学生说"有一组对边平行的图形叫梯形",然后让学生根据这个定义去辨认梯形。于是学生结合自己的经验纷纷质疑,学生最终发现原来对梯形的定义还未完整,图形有多种,五边形也会出现有一组对边平行的,还有的学生还会产生疑问:难道平行四边形没有一组对边平行吗?学生通过思考,会修正原来的定义:只有一组对边平行的四边形才是梯形。

四、培养习惯

著名的教育家叶圣陶曾说过:什么是教育?简单一句话,就是养成良好的习惯。培养习惯既有像课前做好准备、课堂集中精神等共性习惯,也有像语文学科积累、表达和数学学科严谨、精细等具有学科个性的习惯。数学课堂需要培养学生养成以下几种习惯:一是良好的审题习惯;二是良好的计算习惯;三是改正错题习惯,当天的错题要当天改正;四是独立思考的习惯。

如何培养学生良好的审题习惯呢?可以这样做:一是抓认识。在教学中通过一些具体题目,具体的问题对比训练,让学生感受到题目中几个字或一字之差所带来的变化,感悟到数学语言字字千钧的分量,让学生理解咬文嚼字的重要性。二是抓读书。教学中要有意识训练和指导学生带着咬文嚼字的心态去读课本中每段文字。要一字不漏地看准每个概念、每种方法、每个结论,逐渐地让学生养成习惯。三是抓学生信息收集能力。学生信息收集能力表现在收集信息的准确性。学生收集信息准确,只靠眼睛看是不够的。要求一字不差地看完一句话很多学生都能做得到,但这并不叫审题,只能叫看题。审题要具备两方面要求,第一要看得准,第二要想得到。在训练的时候除了让学生看准、想到外还可以用笔圈起重点及易错地方。例如:"甲数除以乙数商 5 余 3",学生能读出这句话就说明他看准题了,审题就是要求在看准的时候能想到"甲比乙的 5 倍还多 3"。四是抓表达。训练学生用准确的数学语言表达自己的想法。

如何培养学生良好的计算习惯？一是想办法让学生对计算产生浓厚的兴趣。可以结合每天的教学内容，让学生练习一些口算，同时注重训练形式的多样化，如用游戏、竞赛等方式训练；用卡片、小黑板视算、听算；限时口算；自编计算题；等等。二是培养学生认真审题的习惯。在平时的教学中指导学生做作业时，首先注意让学生多读几遍题，养成习惯；其次在引导学生做计算题时，提醒学生不应拿起笔来就下手算，也要先审题，弄清这道题应该先算什么、后算什么、有没有简便的计算方法，然后再动笔算。三是培养学生估算和验算的习惯。在计算教学中先让学生结合具体情境进行估算，这种情境必须是学生日常生活或学习中遇到过的，学生具有一定的经验，结合这种生活或学习中经常出现的情境，使学生体会到有时需要进行计算精确值，有时则只需要估算出大致的结果就可以了。四是培养学生规范书写的习惯。在学生最初开始写字做题时就要求养成认真书写的习惯，课堂作业、家庭作业或练习本都要如此，书写的认真避免了很多计算中的失误，提高了计算的准确性。五是培养学生及时检查的习惯。

如何培养学生及时改正错误的习惯？"错题"告诉我们学生学习的障碍，呈现了学生学习中还没有掌握的问题，暴露了学生需要针对性弥补的知识或能力。这个障碍如果不及时扫清，会造成学生学习中不懂的问题积压起来，从而影响后期的学习。要学生养成改错的习惯，教师一是要学会分析学生作业中出错的原因，是学生的认知问题，还是教学方法不够科学系统，是讲课的步骤思路不清晰，还是不能把握重点难点，或是作业要求不规范等问题。学生方面的原因也要了解清楚，是学生听课不认真，还是学生对于学习的知识不理解、知识没有巩固。另外解题的步骤不规范，审题失误，解题不认真也是造成出错的重要原因。二是培养学生纠错的学习习惯。我们知道：现在的学生多数是作业试卷下发后，一看了之，而不是立即提笔更正。究其原因，其一学生不懂得如何订正，其二偷懒不想订正，其三老师不检查没必要订正，其四觉得没有啥意思不去订正。由此可见，学生没有纠错的习惯，纠错能力相对缺乏。为了让学生纠错，可以让学生建立"分类错题集"，让学生摘抄作业或测验中的错题，在摘抄中，对自己的错误分类，同类错误集中在一起。

如何培养学生独立思考的习惯？学生能不能独立思考，会不会独立思考，这与教师教学方式有很大的关系。如果教师能把课堂交还给学生，让学生自己动脑，独立思考，一起分享解决思路，肯定能把学生独立思考能力培养出来。学生会不会独立思考，还与教师的耐心有关。课堂上教师需花更多的时间，在学生举手自行回答问题的过程中，不要急着给出答案，如果学生有问题没有办法解决，可以让其他同学帮助一起来解决。学生会不会独立思考还需要教师有过硬的教学设计能力。教师要善于创设问题情境，把学生带入生活场景当中，能够帮助学生在日常生活当中运用数学知识，用实际的数学知识解决基本问题，做到"举一反三"。

五、塑造品格

有这么一个故事，一位诺贝尔奖获得者接受记者采访时，记者问："您在哪所大学学到了您认为最重要的东西？"诺贝尔奖获得者平静地回答："在幼儿园。"记者很惊奇继续问："您在幼儿园学到了什么呢？"这位诺贝尔奖获得者说："幼儿园的老师教导我们，把自己的东西分一半给小伙伴；不是自己的东西不要拿；东西要放整齐；饭前便后要洗手；要诚实，不撒谎；打扰了别人要道歉；做错了事要改正；大自然很美，要仔细观察大自然。"这位诺贝尔奖获得者的答记者问告诉我们：良好的品行和习惯是一个人事业成功的基本条件，小时候受到的教育对人的终身发展作用非常大。[1]

---

[1]　参见黄解放：《当今学校人才培育缺少什么》，《人民教育》2011年第2期。

如何发挥数学学科优势来塑造起学生的品格？严格、系统的数学思考能帮助学生形成独特的数学文化素质。教育心理学家指出：严格、系统的数学思考不但可以培养学生根据规则进行逻辑推理的能力，使他们养成正直诚实、客观公正而又坚定不移的为人品格，形成严密而精确的思维习惯，而且还可以培养他们迅速把握事物主要关系的能力。有了这种能力，人们能洞察事物本质，把握问题全局，明辨是非、快速反应、灵活应变，从而提高对不断变化的世界的适应能力。严格、系统的数学思考还能养成一种独立思考、勇于批判、求异质疑的精神。例如数学计算教学，数学运算包括根据法则进行的精确计算、心算和估算、运用运算定律计算等。① 运算是按顺序的，运算是有法则的，学生在计算中能长期地依照运算的顺序、运算的法则可以训练学生的推理技能，可以形成按一定程序进行操作的技能，这两种技能的形成，会给学生带来一种良好的品质，那就是规则意识。学生经过长期的数学规则训练以后，做其他事情也会有这样的思维，这慢慢就会形成按规则办事的素养和习惯。心算和估算需要学生对计算进行通盘的考虑，长期以这种思维方式去思考问题，可以培养学生全面把握问题情境，觉察事物本质的能力。如何上计算教学课呢？第一，是培养好学生的口算能力，每节数学课前 5 分钟，可以出几道口算题来训练学生的口算能力，每天晚上可以让学生练习两三道计算题，教师设计好每天的计算题让学生选择最优的方法来计算，以达到训练学生的运算能力与推理能力。第二，计算教学必须要重视算理，教学中不仅要引导学生明白"怎么算"，还要让学生明白"为什么这样算"。第三，计算教学必须让学生形成良好的计算习惯：要求学生在计算时首先养成观察数学算式的习惯，先看看算式中各数的特征；再想想哪种算法最优化；每次计算完毕还要通过估算来检查一下所计算的结果是否有偏差；良好的计算习惯还包括工整书写、格式规范等。第四，通过

---

① 参见曹才翰、章建跃：《数学教育心理学》，北京师范大学出版社，2006 年版，第 33 页。

开展各类计算活动来提高学生对计算的兴趣，同时也通过这些活动来培养学生计算的准确性与速度。第五，让学生在日常生活中养成用估算解决问题的习惯，如购物时估一估总价，如去旅行时估一估行程、估一估费用等。

数学不仅是"研究数量关系与空间形式的科学，更是一种广泛意义上的特殊"工具"，是一种思维方式、交流的语言，是一种理性精神、文化的传承。所学的数学知识都可作为思维发展的载体。通过这些载体，学会如何发现问题、分析问题、解决问题，特别是看问题的角度，以及在问题解决中的反思、矫正、调整、改进的意识及能力、品格的培养，这是数学学习的根本价值所在。作为一名数学教师，要致力于为学生叩开数学之门，给他们一双善于发现数学的眼睛，引导他们循着好奇的目光，去观察、去感受、去发现、去思考，把他们培养成做真人、懂自律、会自省、有毅力、负责任的新时代好少年。

第二节　基于问题驱动深度学习课堂教学对教师的要求

一、教师观念的转变

（一）教师要从"学科教学"转向"学科育人"

"学科"通常有两种含义：一是指人类知识的分支或一定的科学领域；二是指教学科目或教学内容的基本单位。[①] 任何一个知识体系都是建立在人类活动已产生的经验上，通过对经验的积累和消化形成了认识，认识通过思考、归纳、理解、抽象而上升为知识，知识在经过运用并得到验证后进一步发展到科学层面上形成知识体系，而知识体系在不断发展和演进，根据知识体系的共同

---

① 参见冯建军：《构建立德树人的系统化落实机制》，《国家教育行政学院学报》2019 年第 4 期。

特征进行划分就形成了学科。

以知识为本的学科教学，是一种窄化的教学思维。它是以教师讲、学生听为主的灌输式教学方式，师生之间强制性的学习、管理的特征非常明显。教学被认为是教知识，让学生"学到"知识，不顾及学生为什么要"学会"，怎样才能"学会"。以知识为本的学科教学更多的是关注知识的学习与能力的培养，也就是关注点在于双基教学。

所谓学科育人，就是以学科知识为载体，以育人为目标，挖掘学科的德育内涵和人格养成的价值，培养学生的学科核心素养。① 学科育人是在更加宽泛、更加充满活力、更加富有生活体验和生命体验范畴内的教育活动，让学生的学习方式、学习范围、学习内容等方面，更加符合学生的年龄特点和认知规律。学科育人不仅囊括了学科教学，还大大超越学科教学的范畴和标准，将"死知识"变成了"活记忆"，学习方式更优化，学习方法更多样，学生参与更积极主动。学科育人在关注知识与能力的同时，更关注学生的情感、态度、价值观。

为什么要从学科教学走向学科育人？

学科教学是从学生的外在表现来理解并进行教学活动，很少甚至无法触及学生的内部生活，教学任务的完成只能"强制"，这样的教学活动，往往会通过繁琐地练习、机械地作业来完成教学任务，单一的学习方式，统一的规格要求，过重的课业负担，难以触动学生的心灵。学科育人，不仅是学科教学的应有之义，更是学科教学的核心任务。这种教学活动是学生的一种精神活动，学生的学习行为和学习方式，都是由学习的精神形态决定的，这种教学活动能深入学生的心灵，直接或间接地影响到学生内在的精神生活。

如何从学科教学走向学科育人？

---

① 参见冯建军：《夯实学科育人的根基》，《现代教学》2019 年第 12 期。

学科育人是一个系统，要围绕立德树人建立学科体系、教学体系，促进两者的整合，实现学科育人各环节的统一。

1. 学科知识体系的构建

学科是教学内容的来源。学科的功能不只是使学生认识世界，获得学科的知识，还要促进学生智力的发展、思维品质的培养、道德和人格的形成，指向学生个体精神发展的全部，使学科完成从"知识本位"到"育人本位"的转换，发挥学科的育人价值。学科体系的建设，可从学科知识体系、学科思想、学科实践三个层面进行思考。对于学科知识体系的构建，需要教师研读课标、研读教材，教师要深入研究数学各章节，甚至是不同教材之间的知识联系，对教材整体把握，深度理解教材，对知识点做好构建，在设计教学时，应先确定主题，明确学习目标，抓住核心概念，找准发力点。首先在单元内部打通，关联到核心；接着在单元之间打通，构建大单元；最后在大单元之间打通，有效迁移。将碎片化的知识系统化、整体化、结构化，通过迁移举一反三、融会贯通。对于学科思想的建设，只有充分调动学生的主动性和能动性，让学生由被动学到主动学，再到自主学习，学生形成自主学习的内动力，才能达到事半功倍先学后教的教学效果。对于学科实践的建设，需要学科有一套完整的备课体系。

2. 教学体系的构建

学科教育要通过学科教学来完成，学科教学是实现学科育人的"最后一公里"。在教学中，教师要将课程目标具体化为每一节课的教学目标，依据学生的实际情况和教学情境，将教材内容转化为教学内容，并围绕学科核心素养、学业质量标准的要求，评价每节课的目标达成度。各学科可以结合学科的性质，以学生为主体，采取深度学习、主题学习、综合学习等不同的学习方式。[1]

---

[1]　参见冯建军：《构建立德树人的系统化落实机制》，《国家教育行政学院学报》2019 年第 4 期。

（1）以核心素养为导向，强化数学学科育人功能。确立核心素养在数学教学中的核心地位，使数学教学的一切要素、资源、环节、流程、活动都围绕核心素养组织和展开，并最终指向核心素养的生成和发展。具体包括三个方面：一是要把核心素养作为数学教学的出发点，让核心素养成为实施数学教学的"GPS"，引导我们对数学教学进行全要素、全过程和全方位监视；二是要把核心素养作为数学教学的落脚点，让核心素养成为检验教学效果的根本标准，通过具体的数学教学活动去落实核心素养；三是要把核心素养作为数学教学的着力点，让核心素养成为数学教学的指路明灯，引导我们改变传统数学教学中把教学的力量都用在知识点的掌握和解题技能的训练上，把时间和精力投放在核心素养的培育上。

（2）重视单元整体教学。数学教学要改变过于注重以课时为单位的教学设计。推进单元整体教学设计，体现数学知识之间的内在逻辑关系，以及这些内容与核心素养表现的关联。单元整体教学设计要整体分析数学内容本质和学生认知规律，合理整合教学内容，重视数学内容与核心素养表现的相互关联；重视数学的整体性、逻辑的连贯性、思想的一致性、方法的普适性和思维的系统性，并将它们作为统领单元整体教学的灵魂，充分体现单元教学设计的整体观与价值观。

（3）加强社会实践教育，扩展学科教育的空间。课堂是学科教育的主渠道，但要看到课堂的局限性。教育不能把学生束缚于书本之中，禁锢在课堂之中，"纸上得来终觉浅，绝知此事要躬行"。课堂的间接知识，要经过实践验证，通过实践运用，使"知"转化为"行"。学科教学要以课堂学习为基础，但又要超越课堂的局限，利用综合实践活动、社会实践活动和研学旅行等，扩展学科教育的空间，让实践活动成为重要的学习方式，使学科知识学习与实践活动相结合，与学生生活相连接，让学生的知识能力、态度情感与价值观在实践中得到锻炼和升华，为他们走向社会奠定牢固的基础。

（4）发挥学业评价育人导向作用。数学学业质量评价的核心价值是促进学生核心素养的发展，核心素养的实际达成是以数学核心知识为载体、以数学思想方法为依托、以数学关键能力为特征的综合体现。教学中要充分发挥学业评价育人导向，丰富评价方式，可以通过课堂观察了解学生的学习过程、学习态度和学习策略，从作业中了解学生基础知识和基本技能的掌握情况，从探究活动中了解学生独立思考的习惯和合作交流的意识，从成长记录中了解学生的发展变化，如表3-1。

表3-1　新兴县惠能小学数学学科一年级综合评价单

	一级指标	二级指标	评价形式	评价结果	权重
过程性评价	课堂表现	学习态度	课堂观察		10%
		学习习惯			
		小组合作			
	作业情况	基础性作业	作业观察		20%
		拓展性作业			
		跨学科作业			
	阶段能力	计算能力	检查比赛		20%
		操作能力	操作演示		
终结性评价	数学素养	数感、符号意识	游戏闯关		50%
		运算能力	游戏闯关		
		量感、几何直观、空间观念	游戏闯关		
		推理意识、模型意识	游戏闯关		
		数据意识	游戏闯关		
		应用意识、创新意识	游戏闯关		
综合评价	等级评价				
	描述性评价				

（二）从关注"教师教什么"到关注"学生学会什么"

教师在上课时总是希望多教会学生一些知识，但是知识的传递和物质的传递是不同的，实体物质在传递中不变形、不变质，而教师将头脑中的观念、知识、经验传递给学生，传递过程中会发生一系列转变，学生会将其跟原有的经验相整合，重新理解、建构知识。因此，在知识传递的过程中，教师一定要知道什么时候说、怎么说、说多少，明确如何做最有利于学生吸收和转化知识。教师讲多少、讲到什么程度取决于学生需要什么。数学课和其他课程有不同之处，数学知识的学习不是从课堂开始的，而是从学生日常生活经历中就开始的。如"妈妈买了 10 个苹果，吃了 3 个，还剩几个？"这是一年级的数学知识，可学生在家里早就有了这样的生活经验。因此，在课堂上，不应该让学生关注教师要做什么，而是教师要不断地观察、推测、判断学生能干什么，了解学生会做什么、能做到什么程度，还有哪些需要教师帮忙，这是上好数学课的关键。在了解学生的知识背景和发展需要的前提下，教师要给学生创设任务情境，让学生做应该做、能做的事，在学生做的过程中，教师提供与情境、任务相结合的、能被学生使用并促进学生发展的知识[①]。具体做法如下：

一是丰富展示的形式。课堂展示中，有个人独立展示，也有多人或整个学习小组集中展示。我们常用的展示形式有两种：口头展示（概念的形成、现象的描述等）；书面展示（定理的证明，推理、探究的过程，题例的解答）。

二是深化展示的效果。课堂展示对于展示者而言，无疑是一个难得的语言表达和获得成功体验的机会，但教师仅仅实现了这个目标是远远不够的。一方面，展示不能是照本宣科的讲述，或者"对着剧本的表演"；另一方面，对于被展示者而言，充其量也不过是像在听一个"小老师"在教学。因此，我们

---

① 参见王云峰：《从关注教师教什么到关注学生需要什么》，《北京教育（普教版）》2019 年第 2 期。

提出，展示必须与质疑、补充、点评等配套使用。对于展示者而言，展示是一个宣讲学习成果的平台，更是一个在回应质疑、接受点评中不断修正、完善的过程；对于被展示者而言，展示是一个倾听、汲取的途径，更是一个归纳、比较、联想、质疑、评价和训练批判性思维的过程。这样的课堂展示，才能算是互动交往的深度学习过程。

三是拓宽展示的平台。一节课就是 40 分钟的时间，哪怕是老师都不讲，也没有多少学生能有机会展示。因此，我们组建起学生学习的共同体，建立学习小组，"大班化"教育转为"分组教育"，不仅创设更多学生展示的平台，而且把学生水平差异视为教育资源，采用"让学生教学生，学生帮学生"的方式合作学习，结伴成长。

（三）教师从"教教材"转变为"用教材"

如何才能合理地使用教材？一是打破教材原有的顺序，根据教学的实际情况和学生的认知情况重新组合。二是对教材中原有的例题，不要完全照搬，要有自己的思考，要明确例题在这节课中的作用，要想清楚是要突破哪个问题，还要弄清例题之间内在的联系。

如"厘米、米认识"是人教版小学数学二年级上册内容，属"度量"大单元的内容，涉及量感、空间观念、推理意识、转化思想等数学核心素养和思想方法。本单元的教学内容分 4 个层次：一是认识统一长度单位的必要性（例1），教材简要介绍了长度单位产生的过程，并通过实际操作让学生体会统一长度单位的必要性；二是认识长度单位厘米和米，用厘米和米进行测量（例2至例5），教材通过比画、比较、实际测量等多种操作活动帮助学生建立厘米和米的长度表象，积累测量长度的活动经验；三是认识线段（例6与例7），教材用直观、描述的方式来说明线段特征，让学生从"直的""可测量"的角度来感知、认识线段；四是解决问题（例8），教材利用长度单位的表象，引领学生以熟悉的长度为标准判断物体的长度。为更好地发挥教材的育人功能，我们可以把教学内容打乱重组。第一课时：发现身体上的"长度"。通过大禹治水的故事，向学生讲述古人在没有测量工具时"以身为度"的智慧。接着指导学生探索发现藏在自己身体上的"长度"，如拳头一周的长度、手腕一周的长度、手掌长、脚掌长、头长、一拃长、一步长、身高等。最后再向学生介绍秦始皇统一度量衡以尺寸为单位的故事，说明统一单位长度的重要性，为第二节课认识米与厘米做好铺垫。第二课时：认识长度单位厘米和米，用厘米和米进行测量。本节课教师先让学生建立起1厘米与1米的概念，接着教师指导小组分工合作，先估一估身体上这些"长度"有多长，然后动手测量，再选择米、厘米等合适的单位记录数据。本节课在学生测量过程及记录测量结果的过程中，引导学生认识线段。第三、四课时：开展测量活动。活动一，用身体上的尺子作为测量工具，开展实际的测量活动。如用自己的步长作单位，测量教室、操场的长度，用自己的一拃作单位，测量教室黑板的长度，本活动重在培养学生的兴趣，并体会统一度量单位的必要性。活动二，用测量工具测量，开展实际的测量活动，学生可以用米尺、卷尺测量教室、学校、家里的物品或各类功能室场的长度，通过本活动让学生针对真实情境选择合适的度量单位进行度量，并能进行不同单位的换算。通过一系列的测量活动，培养学生的量感、抽象意识和应用意识。

要用好教材，还应该要用好教材中的情境。教材中的情境对学生来说始终是新颖的。要让课程实施走向个性化，不是一味地摒弃教材，而是利用好情境，将教材用出经验、用出创意。例如"不规则物体的体积"一课中，让学生经历教材的实验情境时，可以先让学生估一估，然后再测，这样设计可以唤醒估算经验。也可以取体积规则的土豆（这里的规则是预先切好的）测量其重量，再测量出完整一个土豆的重量，再根据完整土豆重量与体积规则土豆重量之间的倍数关系，计算出完整土豆的体积。这样出色的创意测量，把倍数关系联系了起来，也把重量与体积联系了起来，渗透了同一物体质量与体积间的比例关系，还能够融合科学学科中的比重知识。

二、教师课堂组织原则

一个成功的教师不仅善于进行师生对话，而且善于营造课堂气氛，激发学生在同伴面前的好胜心和荣誉感，鼓励学生之间相互帮助、相互欣赏。在整个课堂教学过程中，教师展现的是完整的人格，他的语调、眼神、手势、板书、着装乃至整个姿态和风度，都影响着课堂教学的效果。对教师课堂组织原则有四方面的要求：一是学识吸引；二是常规规范；三是情绪感染；四是赏识调动。

（一）教师要有丰富的学识

四百多年前，英国思想家培根就有句名言"知识就是力量"。什么是"知识"呢？知识一面是"知"，另一面是"识"。数学教学不仅限于知识传授的"知"，即学生习得知识不仅停留在"贮存"阶段；而且要转化为学生个人的"识"，即转化为个人的认识、感悟与见解，形成能力，生成智慧。"知"是教学的基础，"识"才是教学的灵魂。如果"教知识"仅停留在"知"的层面上，学生知识的习得就只是某种"信息"的堆积，没有能力去及时"处理"，数学教学就成为缺少灵魂的教学。[①] 学识吸引，就是要求教师要有广泛的兴趣爱好和学习习惯，加强多方面的知识储备，努力成为站在学科专业知识前沿的人，能熟练掌握学科的知识体系，了解最新的学术动态。教师要做到学识吸引，首先就是自身视野要开阔，阅读、思考、感悟要成为教师常态，读经典学

---

① 参见邵丽云：《追寻学生智慧成长、素养提升的数学教学》，《山东教育》2019 年第 Z3 期。

会做人，读教育专著丰盈思想，读专业书籍提升教学技能。教师多读读文学、历史、哲学、教育学、心理学、社会学科等方面的书，在打开自己视野的同时，也打开了学生智慧的视野，授课时就可以拓宽文本的深度和广度，给学生渗透交叉学科的知识。养成勤钻研、多听课，善于积累教学经验的习惯，不断地更新知识，提升自己的教育教学水平，只有这样，才能做到学识吸引。

（二）教师必须建立起自己的课堂常规

教师要建立和贯彻稳定的课堂常规，提高师生的默契程度，使教师的一个眼神、一个手势对应学生一连串的学习行为，提高课堂教学的流畅性。课堂常规的建立是一个长时间坚持的过程，好的常规要从上课那一刻就开始做起。例如，课前准备要做好，学习用品放桌上，铃声一响即回座位，班长组织好，等待老师来上课。又如上下课，重礼仪。上课时，起立问好不能少；下课了，起立道再见讲礼貌。课堂上我们还得要让学生养成专心听、勤思考、乐回答，不搞小动作、不说闲话好习惯。对于学生的思考、表达、倾听都要在课堂上一一形成良好的习惯。如会思考，边看书本边圈画重点，边听边理解。会讨论，懂得在讨论问题时的规则，在敢于表达见解时懂得尊重他人。教师对于讨论的规则给学生说清楚并形成习惯，如讨论问题，人人发言，围绕主题，有序说话，别人发言要耐心倾听，不同意见听后举手补充。倾听习惯的培养：老师讲解，专心倾听，善做笔记。同学发言，用心倾听，边听边想，不抢话、不插话，不取笑他人发言。在让学生形成口头表达时先要进行条理组织，必要时要写写表达的内容，在表达的时候语言要清晰。又如，写字时，头正身直足安，眼离书本一尺，胸离桌边一拳，手离笔尖一寸。只有把这些常规规范了，课堂教学才能保证质量。

（三）教师在课堂上是情感丰富的

教师要带着感情进课堂，一方面是用抑扬顿挫、富有感染力的语言语调去诠释教材的情感因素，另一方面是用丰富的面部表情和体态语言去与学生交流互动。认知心理学家维果茨基认为，所有的学习都发生在社会环境中，换句话说学习发生在关系中，而关系的质量是学生高质量学习的关键因素。教师的情绪会给学生的情绪带来很大影响，教师的情绪积极课堂上的气氛就活跃，教师的情绪消极课堂气氛就低沉。教师是学生的表率，是楷模。一举手一投足，学生都看在眼里，记在心里受到感染。当你走进教室，面带微笑，就会给学生带来丝丝暖意，学生就会兴致盎然，对老师的教学就会产生兴趣，也就乐意学习，有了这种默契配合，何愁课堂教学效率不高，教学任务完成不了呢？课堂上学生的笑是一种愉悦，也是一种对知识理解的表露。如果教师能根据自身特长或学生实际，适当在上课前或者中段增加一两分钟的小游戏、小故事、小幽默等环节内容，这些看似跟教学内容相关度不高的环节，不但能引起学生的兴趣，调整学生的学习状态，还能让学生对老师所上的课充满期待，会让学生爱上数学课堂，更会让学生自然而然地爱上学习。好的教师不仅能提升学生的学业水平，更能扮演人生导师的角色，帮助学生发现自我、完善人格，确定目标，建立自信。教师在教学活动中恰如其分的、比较幽默的语言，常常会引发学生的笑声，往往会比正面讲述更有吸引力，会使学生一辈子都忘不了。学生在这种良好的情绪感染下，更能激发对数学的学习兴趣。

（四）教师在课堂上要懂得赏识学生

真诚地赏识学生的点滴进步，宽容学生的失误，让每一个学生都感受关注，享受成功。每个孩子都渴望成为好孩子，就像每棵庄稼都渴望成长。教师的赞美，可以使学生在学校教育中如沐春风，可以使学生获得积极向上的精神力量，可以使学生在学校生活中感受到幸福，而幸福的人往往与成功有缘。赞美，激励好的行为习惯，是鼓励学生最简单有效的手段，在教育中必不可少。"自信"是人们做好一切事情的基础。"自信"是学生学好数学最基本的心理条件。一些小学生往往惧怕学习数学，因此教师在教学中应要引导其对学好数学充满自信。如何让学生充满自信，这需要教师给学生更多的肯定与赞美，但数学教学中赞美要有一定的方法：一是赞美认真踏实，做题仔细的学生。这样的学生在日常教学中并不突出，他们学习认真、听课仔细，却缺少思维的灵活性，缺少举一反三的能力，因此在成绩上并没有很大的进步。作为教师可以赞美这类学生认真仔细，并进行思维灵活性的引导，鼓励这类学生多做变型题或者一道题采用多种解法，实现赞美和引导的完美结合，使得学生取得进步。二是赞美勤奋努力，取得进步的学生。教师要贴近学生、主动了解学生才能发现学生的点滴进步和闪光点。这类学生稳中求进，在日常学习中勤奋好学，思维具有一定的灵活性，总是在一次次测试中使得老师眼前一亮。赞美学生的稳中有进，使得学生产生对学习的兴趣和持续动力。三是赞美创新思维，思路新颖的学生。在数学的教学中，经常会出现学生不同于常规的解法，也许学生提出的解题方法不是最简单，但是学生思路新颖就值得老师的赞美。新课标鼓励培养学生的数学思维，培养学生的学习能力，学生的创新力正是我们在教学中求之不得的。赞美学生的创新，能鼓励学生在成长中不丢失创造力。

三、教师需具备的素养

对于学生来说，学科学习的目标不能仅仅停留在知识的获取、技能的提高上，而要发展高级核心素养。深度学习是能帮助学生形成正确的价值观、积极的内在学习动机和阳光进取的学习态度。对每一名教师而言，要帮助学生在迁移所学、创造性地解决问题的思路和方法上有所进步，这就需要教师至少要具备以下几种素养。

（一）创新素养

创新素养是什么？创新素养是指人在先天遗传素质基础上通过后天环境影响和教育所获得的在创新活动中必备的基本心理品质与特征。创新素养，体现在突破现有的思维模式，提出区别于传统思路、具有独特见解的思维模式，体现为能够从不同的角度看待问题、发现问题和解决问题的能力，体现为一种由此及彼、举一反三的能力。这种能力的释放，需要使用者突破固有环境，发挥自己的创造意识，不断捕捉和处理新的信息，尝试新的方法、元素、路径，而最终呈现让人眼前一亮的成果。

如何提升教师的创新素养？

1. 解放思想是创新的有力保障

解放思想，就是要求教师有良好的心理素质及良好的教学心态。一个有良好心态的教师他是富有爱心、责任心、耐心和细心的，他是乐观向上、热情开朗、有亲和力的，他是善于自我调节情绪，保持平和心态的，他是勤奋学习、不断进取的，他是衣着整洁得体、语言规范健康、举止文明礼貌的。因为一个情绪不稳定、容易波动或者极度紧张、心态不健康的老师，是不可能引导学生进行深度学习的，也不可能发挥出较强的创新能力。解放思想，还包括团队合作精神。创新需要不同专业人才的分工合作，让团队中每个人能够发挥自己的优势，完成自己最为熟悉的部分，然后彼此借鉴互补，这样才能够达到事半功倍的效果。解放思想还需教师不要有固化的思想，需要教师正视当前教育环境、学校环境、教师现状、学生现状等等实际情况，正视当前的问题，去思考问题寻求对策。回顾近十年的课改，往往会发现盲目跟从热点似乎成了主流。许多学校的老师缺乏对本校、本人实际情况的思考，盲目跟风，结果身心疲累又效果不大。任何经验都不可以复制，课改绝对不是对某个模式的搬迁，也不是对某个热点的追捧，而是结合本校本人实际情况，一步一个脚印做好当下的工作。解放思想就是要我们懂得教育规律，尊重教育规律，敬畏教育规律，不浮躁、不功利、不折腾，静心做教育，用心做教育。只有把这些做好了，才会有创新。

2. 实践探索是创新的重要基础

创新素养是创新人才的必备品格和关键能力，主要是创新精神和创新能力。创新能力是创新的智慧特征，包括创新思维能力和创新实践能力两个方面。既有智慧的大脑，又有灵巧的双手，知行合一。创新能力是创新的操作系统，在创新活动的每时每刻都会起作用。教师要具备创新素养必须要通过实践探索。教师应要紧扣学科特点，充分挖掘学科内在的育人价值，从培养学生核心素养出发，研究课程，开发课程。如何突出理性思维、数学应用、数学探究、数学文化的引领作用？如何紧密联系生活实际，让学生在真实的问题情境中去提升关键能力？如何把数学课堂教学打造成塑造学生"做真人、敢质疑、懂自律、负责任、会自省、有毅力"这些优秀品质的主阵地？教师要运用自身对教学科研的体会去引领和推动课堂实践。当课堂与教育理论和学科教学论结合，当课堂从教学设计变为儿童成长设计的课堂，师生的生命才会鲜亮蓬勃，创新能力才得以形成。

（二）课程素养

课程是什么？博比特认为："人们（成人）从事事务所需的能力、态度、习惯、鉴赏力和知识形式将会显现出来而成为课程目标。这些课程目标将是众多的、明确的、详尽的。因此课程是儿童及青年获得这些目标所必须具有的一系列经验。"博比特的课程本质观以准备完美的成人生活为出发点，课程的内涵既包括儿童在社会生活中所获得的未经过指导的经验，也包括儿童在学校教育中所获得的受到指导的经验，这两方面紧密联系。但是博比特认为，学校教育的课程目标应该着眼于那些在社会生活中无法自然获得，而必须经由学校教育才能获得的经验，这就需要对这两种经验进行比较分析，才能获得课程目标。课程目标是课程开发的基本依据。纵观整个教育发展史，课程的内涵有很多种说法。波斯纳认为课程是要求所有学生都完成的一系列的知识和技能；课程是用来指导课堂教学的材料；课程是学生必须完成的一系列的学习经历；课程是学校所计划的所有学生的经验，不管是学术的、运动的、情感的，还是社会的经验。施良方认为课程即教学科目，课程即有计划的教学活动，课程即预期的学习结果，课程即学习经验，课程即社会文化的再生产，课程即社会改造。

　　课程是教育思想、教育目标和教育内容的主要载体，也是发展学生核心素养的重要保障。课程的内涵主要是指从目标到教学再到评价的完整系统，教学是课程的其中一个环节。教师具备课程素养需要强调从学生的角度出发，关注"需要培养怎样的学生？""通过学习什么来达到这样的学习目标？""如何判断学生学习到什么程度并进行反思调整？"等基本问题。它需要教师依据学生的表现和学习结果，对目标和内容进行反思与完善。

（三）研究素养

　　教师需要"在需要的状态下学习，在研究的状态下工作，在创新的状态下发展"的专业成长的途径。动力不足是困扰教师专业发展的首要问题。"在需要的状态下学习"的原因有三方面：教师应当拥有专业发展的自主权、教师应该对专业发展进行自我管理、教师需要自觉的学习。"在研究的状态下工作"是需要教师成为研究者，这是教师专业化发展的必然趋势。教师由课程的执行者变成创造者、设计者，必须由"知识的搬运工"变成"充满实践智慧的研究人员"。"在创新的状态下发展"是需要教师无论是在教学还是学生管理上，都要做实做细做到位，在专业实践中持续不断进步。

（四）整合技术的学科教学知识能力

整合技术的学科教学知识能力（TPACK）。TPACK 是 Technological Pedagogical Content Knowledge 的英文缩写，包含三个核心要素，即技术知识（TK）、学科内容知识（CK）、教学法知识（PK）。第一，教师需深入了解、认真学习信息技术，不断提高自身信息技术理论水平和应用能力。从最基本的信息检索工具、信息交流工具，到教学过程中最常用的多媒体教学工具，再到思维导图、网络学习空间等知识管理工具，教师必须循序渐进，熟练掌握并在教学中有效运用。第二，教师需在学科教学过程中有效应用信息技术提升教学效果和效率。事实上，处于这一阶段的教师已基本掌握信息技术及其应用，需要将重心放在促进信息技术与学科教学的整合上，有效应用信息技术提升教学效果和教学效率。第三，教师需在学科教学中应用信息技术促进教学方式方法的变革与创新。在这一阶段，教师必须将技术知识、学科内容知识、教学法知识融会贯通，着力提升整合技术的学科教学知识。[1]

---

[1] 胡钦太、刘丽清、张彦：《教育信息化 2.0 时代教师信息素养提升路径》，《中小学数字化教学》2019 年第 11 期。

第四章

小学数学问题驱动深度学习的实施策略

第一节　基于问题驱动的深度学习与小组合作

合作、交流是人类社会生存至今的重要动力，合作共赢的理念可以给社会与个人带来更好的发展，我们这个社会需要懂合作、会合作的人。实施以小组合作学习为主渠道的课堂教学，探索小组合作学习与学生素质发展的相关性，是一项实践意义深远的举措，深度学习的有效开展，离不开合作学习。所以培养学生在课堂中如何团结协助，如何通过有效的合作学习，形成与人沟通的能力，是课堂教学的一项重大任务。

一、什么是小组合作学习

合作学习始于 20 世纪 70 年代，是指以异质小组为基本形式，以教学中的人际合作和互动为基本特征，以小组集体成绩为评价依据的一种教学策略体系。小组合作学习是小学数学教学中主要的学习方式，这种学习方式需要教师为学生创造宽松愉悦的学习环境，这种学习方式会促使每个学生都有发表意见和都有动手操作的机会，在小组合作学习中，每一位学生都是课堂的主人和学习的主人。小组合作学习，让学生在合作交流中掌握知识应用，发展思维能力，提升解决问题能力，提高人际交往能力。小组合作学习让学生从浅层的学习走向深度的学习。

　　并不是所有的学习内容都适合小组合作学习。学生完全可以依赖自己的能力解决的基础性知识就让学生独自来解决，就不需要开展合作学习。什么内容才适合开展合作学习呢？可以归纳为以下几种情况：一是方法、结果容易出现思维障碍而无法排除或者意见分歧较大的内容需要合作学习；二是方法不确定、答案不唯一的开放性的内容需要合作学习；三是个人无法完成的复杂内容需要合作学习；四是活动类以及互动的教学内容需要合作学习；五是重难点知识需要合作学习；六是学生或者老师提出的有探讨价值的问题需要合作学习；七是进行知识总结或者探索知识规律时需要合作学习。

二、小组合作学习的意义

（一）开展小组合作学习是转变学习方式的需要

从课堂学习来看，开展小组合作学习主要基于两个方面的考虑。

1. 面向全体学生的需要

传统的课堂教学，学生因学业基础、口语表达、反应速度、性格表现等方面的差异，容易出现优秀生垄断课堂的局面，课堂中往往优秀生是"主角"，后进生成了"配角"，甚至是"群众演员"或"观众"。把一个班的学生分成若干个小组，相当于把一个大班分割成若干个"小班"，学生表达、展示的机会一定会增加；同时，通过小组的明确分工，能够实现组内展示锻炼的"机会均等"和"机会限制"，使人人都能成为课堂的主人。

2. 把学生差异看作是教育资源，提升交往互动效果的需要

从小组合作的组织形式来看，一个个学习小组就是一个个共同体，组员们共同成长；在小组合作学习活动中，每一个小组成员围绕着同一主题开展讨

论、研究，组员之间相互交流与分享，这一种合作方式能让优秀的学生有更广阔的施展才能的空间，能让中等生有机会锻炼，能让后进生及时得到优秀的学生帮助，从而激励学生的积极性，进一步提高他们的学习能力，达到人人进步，实现"大班教育小班化"。

（二）开展小组合作学习是丰富成长方式的需要

从整个教育过程看，学习小组是学生全面成长的重要方式。小组内成员的物理距离拉近，心理更感亲近，组员之间的交往相处会产生超出学习以外的效果，如学习全过程的相互督促、生活上的互帮互助、思想上的相互交流、行为习惯上的相互影响、与人交往技能的形成等，从这个意义上说，合作小组成为学生结伴成长、共同进步的载体。

通过小组活动，培养学生团队意识与合作精神，形成良好的班风学风。通过打造小组文化，增加小组凝聚力，培养学生自觉能力与自律习惯，促进班级自主管理。通过建立小组评价机制，促进小组与小组之间竞争，实现班级管理的目标。

三、小组合作实施策略

（一）组建学习小组

1. 建组原则

根据"互补互助、协调和谐"的原则，组建小组时可考虑小组成员性别、性格特征、学业成绩、能力特长、学习适应性乃至社会家庭背景等方面合理搭配。组建小组主要采用异质组，辅助于同质组与自由组。异质组开展学习是目前课堂教学中采取的主要合作方式。每一个小组通常由一名优等生、两名中等生和一名学困生组成，这样分组力争各组实力相当、搭配得当，从而保证各小组之间公平地开展各项活动。学生之间因经验不同，因对问题理解的角度不同，在知识水平之间会存在较大的差异，这些差异在合作学习中是非常宝贵的资源。

小组合作另一种分组方式，就是同质学习小组。在学习过程中，可根据问题的难易程度，按照学生知识水平、能力水平、个性倾向，把同一层次的学生组成一组。这一种分组方式是针对问题难易程度不同来分的，这种分法可方便优秀等次的学生有更多的思维碰撞，有更大的创造空间。

小组合作学习，还可以让学生自由组合学习小组。因为在小组合作学习中，我们常会发现当合作伙伴固定时，由于学生的稳定性较差，再加上兴趣爱好的不同，时间一长就会产生厌倦感，会影响合作学习的效果。让对某一问题有兴趣的、观点一致的学生组成学习小组，或兴趣爱好相同的学生组成合作小组，或好伙伴组成一组，更利于学生的个性发展。

2. 组长的培养

小组长选定很重要，小组长是小组的带头人，是小组的榜样，更是合作学习活动中的领导者和组织者，所以要让学习自觉、有组织能力、责任心强、有合作意识、表现欲望强烈的学生来担任小组长。小组长是每个学习小团体中的"领头雁"，要在小组中承担统筹分配、协调管理的工作，这要求小组长在组织组员学习的过程中，对任务目标具有很强的执行力，能够运用规范、简练的语言来组织小组学习。当老师要求小组进行讨论学习时，组长要明确任务的重点、根据组员情况排好讨论的先后顺序。选出组长后，必须要对组长进行培养，如培养组长学会合理分工，学会组织有序交流，学会鼓励组员大胆发言，等等。教师要结合小组具体情况，指导好小组长工作，把小组长培养成得力助手，还可以通过实践来培养小组长。小组长能力提高的第一步，就是要引导小组长学会"知人用人，合理分配"，在小组合作时做到人人设岗位，人人有事做。只有大家都动起来了，组员才没有时间做其他无关学习的事情。当在合作时遇到意见不统一的时候，由组长来决定，这样既可以树立组长的威信，又能提高课堂自主的效率。

3. 明确目标

通常小组长是由老师选定或由组内同学推举产生的，而其他成员不做固定，会通过角色轮换，尽量让学生能够体验每个角色的职责。每个角色必须要经过一定的时间岗位锻炼后再轮换，当所有人都体验过各种角色后，合作能力就会有更大的提升，这样就保证了所有学生参与合作的可能性，也能提升小组合作的效率。当小组角色明确后，各成员都应该有明确的合作学习目标，更要有具体的、动态的职责要求。"合作学习目标"是小组成员共同努力的方向，可以以口号、合作公约等形式呈现。"具体"是指组内各角色知道要干什么和怎么干；"动态"是指一段时间后进行角色轮换，让每个学生机会均等。

4. 建立规矩

"没有规矩，不成方圆。"小组设立好之后，必须确立详细的组规，规范交流时的纪律、发言时的用语和倾听时的习惯等，让学生在小组合作学习过程中有规可循，从而逐步形成合作学习的习惯。如规定了两个"一"，即"一个声音""一分钟"。"一个声音"是要求小组合作学习要在小组长的组织下进行，轮流发言，注意倾听，要将他人的观点与自己的见解进行比较、分析、补充、质疑。"一分钟"，则要求在小组交流或全班展示时，要提前组织语言，发言要做到简明扼要、有条理，尽量不要超过一分钟，以此规范学生精炼用语，争取有更多学生参与讨论。

（二）建设小组文化

组建起小组后，可召开主题班会，让各小组通过讨论，研讨出本小组文化特色。

1. 亮出角色身份

小组成员共同讨论确定一个响亮的、积极向上的组名和口号，有条件的可以创建组徽。

2. 制订小组公约

教师提供合作学习公约参考样板，各小组依据小组实际修改完善。合作学习公约可以动态修改，由小组长带领依据实际情况添加修改，直至完善。

3. 制作展示园地

各班可以在橱窗下设置各小组展示园地，包含小组成员合影、风采展示、评价结果等。

（三）培养学生团队意识与小组合作技能

1. 培养学生团队意识

一是在平时教学中向学生渗透互助、合作、取长补短的意识。二是通过以小组为单位开展比赛，增强小组凝聚力，让所有学生，特别是让一些在小组学习中语言表达能力较弱、没有自信、不积极参与、难以在组内真正找到自己"价值"的学生，通过参加比赛找到自己的价值。三是创造一些活动，让全体组员共同完成，如共同养育一盆植物、共同制作一件作品等。

2. 培养小组合作技能

（1）自主学习能力的培养。要引导学生养成五个好习惯：自主学习的习惯、先看书后做题的习惯、循序渐进地完成学案的习惯、注重纠错反思的习惯、及时整理学案的习惯。

（2）小组合作学习技能的培养。要引导学生学会表达自己的观点，教师重点要对不会表达的学生有意识进行示范指导，教师在平时的教学中，要走到每个小组旁，通过鼓励或点拨等方式，激发学生参与合作学习的欲望，让学生有敢讲、敢表现的勇气，更要为一些基础较差、思维能力弱、不善言谈的学生创造更多的机会,让他们有机会说、有机会展示、有机会体验成功。

(四)制定评价方案

在评价方案制定时,建议实施小组捆绑评价制度,这种捆绑评价就是把一个小组变成一个学习共同体,让学生明白"组荣我荣、组衰我耻"的道理,促进组内的凝聚力和组间的竞争力。制定方案时可遵循以下原则:一是学习过程评价与学习结果评价相结合,这两种评价方式中以学习过程的评价为重。比如,师生可根据本节课表现评出"最佳表现奖""共同进步奖""集体智慧奖"等等。这样,使小组合作学习更积极向上,学习效果更好。二是对小组集体的评价与对小组成员个人的评价相结合,侧重于对小组集体的评价。这样做,能增加组内的凝聚力,让每个组员都意识到个人的目标实现需要依托集体的力量,这才能更有效地培养学生团结协作的精神。为小组树立榜样,激发组内相互学习,从而调动起每位学生参与的积极性。三是教师评价与自我评价相结合。小组评价除了教师评价以外,还要制定组员之间相互评价方案,组内评价一般以小组公约为依据,以此促进大家共同遵守公约、共同进步。

四、小组合作方式

(一)小组合作形式

1. 头脑风暴

在教师的引导下,通过组间的挑战,互问互答、深度探讨。如在教学面积单位时,当教师引导学生通过画出 1 平方厘米的正方形,让学生感知其大小后,可以设计一道讨论题:"生活中有哪些物体的表面大小接近 1 平方厘米呢?"让学生进行头脑风暴。

2. 现场辩论

在教师的组织下，以一些拿不准答案的问题，让组与组之间进行辩论。如二年级教学四则运算顺序时，教师出示例题：跷跷板乐园有 3 座跷跷板，每架跷跷板上坐着 4 个小朋友，还有 7 个小朋友排队等待，跷跷板乐园一共有多少人？教师引导学生列出算式 7+3×4，接着让学生尝试算一算。计算完毕教师展示了两种算法：

$$7+3×4 \qquad\qquad 7+3×4$$
$$=7+12 \qquad\qquad =10×4$$
$$=19 \qquad\qquad =40$$

这时候教师可以组织学生进行现场辩论：谁算得对？为什么？

3. 知识竞赛

在教师的指导下，可以把学习的内容变成知识竞赛，小组之间进行抢答。这种方式在数学课堂教学中最常见，在迁移应用环节，也可以把练习的内容变成知识竞赛的形式，在"学校数学节"中也常常用这种方式开展活动。

4. 角色演绎

在教师的组织下，用其他的艺术形式展示出来。这是低年级常用的教学方式，例如学习"认识人民币"后教师可以组织学生进行购物，让一些学生做售货员，一些学生做顾客，通过"售货员"与"顾客"的互动进一步认识人民币。

5. 记者采访

在教师的引导下，运用新闻采访的方式让题目的讲解生动化，让孩子们身临其境。

6. 擂台 PK

可以是擂主展示独学、对学、群学的收获，其他同学攻擂，也可以补充、提问、质疑、PK……以记分的方式对攻守双方进行评价。

（二）数学课堂教学中小组合作形式及内容

表 4-1　小组合作内容及形式

	合作形式		内容
检查	①结对互检；②组长检查；③一人读答案其余核对修改或提出异议		平时的练习、小组讨论的结果
讨论	①自由发言（各抒己见）；②轮流发言（围绕一个中心问题，逐个发言）；③一帮一讨论式（有些学生不理解，但教师无法逐个指导，可让会的教不会的）		内容决定形式
动手操作	独立操作、小组合作完成		
汇报	①一人作代表发言，其他补充；②轮流回答；③上讲台展示；④在座位回答；⑤分角色朗读；⑥分角色表演		汇报时，老师该做什么？追问、点评、拓展、提升规律、评价
比赛	①组内比；②组与组比		
互帮互学	已掌握的同学帮未掌握的同学		

五、学生小组成长共同体建设案例

　　小组合作学习是推进问题研究课堂教学模式的主要手段，2014 年起在开展问题研究课堂教学模式的同时，也开展小组合作学习，并进行学生小组成长共同体的建设。在推行小组合作学习中以小组建设为重点，实现"全班教学小组化"：一是组织的建构，分组按照组间同质、组内异质的基本原则，综合考虑性别的平衡、性格的互补等多种因素，确保组间的静态平衡与组内的动态平衡；二是机制的建立，培训合作技能，培训好组长，编撰小组学习方法顺口溜，建立组内互助合作机制和组间竞争激励机制；三是文化的建设，引导小组自拟组名，自创口号，自订合作公约，鼓励小组形成自己独特的、稳定的文化符号，千方百计地增强小组的凝聚力和组员的身份认同，创造不同层次学生的发展环境。整个推行过程也遇到了很大的困难，特别是实验初期，面临问题较多，在实验团队的努力下，经过长达三年的探索，取得了很大的成效，在推进过程从教师观念的转变，到课堂教学中全面推广走向习惯、关注文化、尊重差异，几年的实验，建构生命成长共同体，引领学生朝着自己的方向走上自我发展之路。

资料一：

小组成长共同体建设实施方案

（一）总体目标

1. 建立学习小组，让学生结伴成长、相互促进

通过组建学习小组，打造学习共同体，拉近小组内各成员之间心灵的距离。让小组成员在学习过程中相互帮助、相互促进，在课余生活中互帮互助、相互交流，在日常行为习惯上相互影响、取长补短。

2. 发挥小组管理效应，促进良好班风学风建设

通过小组活动，培养学生团队意识与合作精神，形成良好的班风学风。通过打造小组文化，增加小组凝聚力，培养学生自觉能力和自律习惯，促进班级自主管理。通过建立小组评价机制，促进小组与小组之间竞争，实现班级管理目标。

3. 开展合作学习，让每一个学生都成课堂主人

小组合作学习，让优秀学生才能尽展，中等学生得到锻炼，后进学生得到帮助，激发了每个层次学生的积极性；同时，通过小组明确分工，促进学生思考，获得均等展示机会，让每个学生都成为自己的 CEO。

（二）具体措施

1. 建立小组

建立小组时应尽量保证该小组内的学生各具特色，能够取长补短。也就是说，小组成员是异质的、互补的。小组成立后，还要明确组长和组员的权利和义务。开始阶段要定期召开组长会议，培养组长的组织协调能力，让组长们取长补短、相得益彰。

小组组建遵行以下原则：

（1）均衡配置原则。每个小组学习能力、学业成绩、课外实践能力要均衡，同时各小组中男女生搭配的比例也尽可能做到均衡。

（2）充分尊重原则。在保证基本均衡的前提下，教师在分组时应充分考虑学生的意愿，不要把有矛盾的学生硬编排到一起。对于后进的学生，最好能把其编排在对其持欢迎态度的小组，因为当小组的其他成员都对其友好时，会转变其学习的态度。

（3）适时调整原则。学习小组确定后，是可变的，在必要时要进行调整。调整后，注意指导好调整的小组做好新小组组建的各项程序。如组名的更换，组规、组训的制定，组内目标的制定等。

（4）"同组异质，异组同质"原则。根据学生各自不同的学业成绩、心理特征、性格特点、兴趣爱好、学习能力、家庭情况等方面组成学习能力相当的学习小组。

（5）"指定组长，双向选择"原则。在老师指定好各组的组长之后，让组长和组员之间进行双向选择，缩短学习小组内学生间的"磨合期"，便于小组管理。

2. 小组交流方式

（1）个人对个人。每个学生由于学习能力和学习态度的差异，课前预习的效果也会存在差异。围绕预习目标，由组长组织组内成员交流课前预习的成果，这样便可以缩小小组内成员之间的差异，让学困生有所收获，让优生迸发思维的火花。

（2）组对组。自主学习的课堂需要师生、生生之间积极主动地互动与交流，需要他们相互启发、相互补充、相互质疑，需要他们彼此支持、彼此提醒、彼此促进。为了使小组交流有实效，刚开始时，可让每个组轮流到讲台上交流，其他组观摩，然后师生共同点评，使课堂上的小组交流更实在、更高效。慢慢地，每个组就会掌握交流的方法。

（三）小组汇报形式

小组汇报是交流的关键。课堂教学中，教师引导学生发现问题、提出问题后，把其变成驱动任务交给学生，然后组织学生以小组为单位开展合作探究。通过小组合作的形式能发挥每个学生的潜能，凝聚集体智慧，有效解决问题。当小组合作了一定的时间后，教师要有组织、有目的地选择小组汇报其研究的成果。小组汇报过程其实是一次集体交流、互相分享、互相质疑、互相评价的过程，这个阶段教师要根据小组汇报及其他小组的质疑问难适时进行点拨，通过师生的对话、生生的对话梳理方法和归纳总结。在这一环节中，要共同探讨以下问题。

1. 小组汇报的参与度

要求全组参与集体汇报，积极相互支持、配合的小组能获得积分奖励。要注意避免汇报变成小组内优生或善于表现的学生的个别展示，又要避免小组内个别"特殊学生"成为小组汇报的旁观者。要使全体学生主动参与到小组汇报中，并用不同的方式来调动"特殊学生"积极参与。

2. 小组汇报的针对性

小组汇报的内容要围绕预习提纲展开，承担共同任务中个人的分工与职责，有针对性地对每个问题进行汇报交流，汇报要突出重点、攻破难点。

3. 小组汇报的互动性

要实现组与组之间、教师与小组间的互动，通过补充和提升使课堂形成讨论、质疑、争论的良好氛围。不仅需要汇报小组的学生在汇报时大胆、大声、大方地表达，实现学生之间的有效沟通，同时也需要其他小组认真倾听、深入思考、积极质疑，更需要教师进行适当点拨和引导。比如当小组汇报松散、不到位时，教师进行及时点拨、追问，对共同活动的成效进行评估，寻求提高其有效性的途径；当学生的回答游离于关键点之外时，教师要进行积极的引导。

资料二：

小组合作学习初期的问题清单

在开展小组合作的初期，实验团队面临着很多问题，为了解决好小组合作初期出现的问题，实验团队通过调研、访谈等形式到各个班级中收集问题汇总如下。

（一）"小组合作学习"成为课堂教学的"摆设"

许多小组的合作学习是简单化、形式化的。小组合作就成了核对导学案中问题的答案，小组汇报变成了读出或写出导学案中预设的问题答案。

（二）教师问题设计能力不强

所设计的问题没有思考性、启发性和探索性，一节课中一些无关重要的问题也拿来讲论。这种合作的随意性和盲目性，会让有些学生借机讨论与课堂学习无关的内容。

（三）小组合作学习时无明确的分工

讨论时，往往是优秀生霸占话语权；内向的学生不愿意说、不敢说、无机会说；学困生成了旁听者。

（四）预习单、探究单、检测单设计存在问题较大

一是预习单难度大，内容指向不够明确，导致学生作业时间过长，完成较吃力，中下成绩的学生更是难以完成；二是预习单使用不当；三是探究单中问题的设计不够精炼，内容多、难度大，问题的指向不够明确，课堂上学生难以回答，教师授课计划进度缓慢，未能按计划完成教学内容，本来一个课时可以完成的教学任务变成了两个课时，收不到预期的效果；四是检测单内容多，难度大，设计的问题欠梯度，层次不明确，往往不能在课堂上完成达标检测；堂上检测单因在课堂上完成不了，则变成了学生的课外作业，从而增加了作业量，加重了学生的负担，同时教师未能及时了解学生对知识的掌握程度。

（五）小组合作学习的时间不够

问题抛出后就组织学生讨论，学生思考时间不足；学生讨论后还没有结果，教师就结束讨论；小组汇报时，一汇报完就进入下一个问题，没有让其他学生提建议，也没有让其他小组评点，汇报时间不足。

针对上述出现的问题，实验团队通过论坛的方式开设了有针对性的研讨专题，让教师们各抒己见，共同探讨，积极解决问题。

资料三：

"如何解决小组合作学习中存在的问题" 专题研讨记录

研讨主题一：如何避免小组合作学习形式化

教师发言整理1：造成小组合作学习形式化的重要原因是课堂没有产生能激发学生解题欲望的真实问题。小组合作学习本质就是解决每个学生在学习中出现的真实问题。真实问题的产生有两种情况：一是合作之前每个学生独立学习中所遇到的问题、产生的困惑，这类问题必会激发其强烈的求知欲。二是合作之间教师有目的地引发学生的认知冲突，激起学生的疑惑，这种问题是给学生预设的，其实也就是一节课中要解决的重难点问题，老师在备课时应设计好问题，设计好引出问题的情境。小组合作学习应该是围绕问题的解决来进行的。并不是所有的问题都适合小组合作学习。因此，选择合适的学习内容是保证小组合作学习有效性的前提。问题要有价值，使学生感兴趣，问题要有开放性，难度要适中，要有层次性、探索性。我想我们的课堂如果能让学生解决真实的问题，那么小组合作学习就不会流于形式了。

教师发言整理2：小组合作学习形式化的原因是小组讨论缺乏学生独立思考的时间。要在合作之前让学生有足够的时间独立思考，形成自己的想法，切不可提出问题后就让学生讨论。很多老师的公开课，免不了一个模式：提出问题—思考没几秒—小组讨论，这是自主学习的大忌，有合作学习的形式，没有合作学习的实质。合作学习离不开交流，而交流的基础是小组成员有各自独特的想法，而这就需要独立思考，不以学生的独立思考为基础的合作学习往往是低效甚至无效的。

教师发言整理3：避免小组合作学习形式化，要做好两件事。一是小组长的重点培养，二是明确小组成员间的分工协作。小组长是一个小组学习活动的组织者，选好组长，直接关系小组学习活动的效率和成败，要对小组长进行重点培训。培训内容主要是策划如何开展好本小组合作学习活动，如何管理小组，等等。各个组员的任务也要明确，例如副组长协助组长搞好本组工作，主要由后进生承担，其主要目的是增强学困生的学习信心；记录员负责记录本组的意见和观点，汇报员负责代表小组进行合作成果汇报。为了给后进生创造表现机会，小组内定期进行一次角色转换，或由小组长根据合作内容的难度，随时进行调整，让每个成员都能从不同位置上得到体验、锻炼与提高。

教师发言整理4：避免小组合作学习形式化，就是巧建小组，健全讨论制度。在构建合作小组时，可以是6人一个小组，也可以是4人一个小组，先让他们自由组合，然后根据学生的性别、性格特点、学习能力等做出和谐调整，这样分组既尊重了学生，又使组员间起到优势互补、相互促进的作用。定下小组后，要为各小组做分工，实行责任到人，组长、副组长、记录员，还有汇报员，都要清楚自己的任务。他们的任务不是固定不变的，可采取轮换制，可每一个月轮换一次，主要是让每个学生对各工作任务都了解、都会做，为小组讨论打下坚实的基础。

研讨主题二：如何培养学生合作意识与合作技能

教师发言整理1：培养小组的团队意识，首先得让学生明白合作学习在一个人成长过程中是一种不可或缺的素质与能力。可利用故事向学生渗透互助、合作、取长补短的意识。每次接到新的班级，可以用以下三个故事唤醒学生的合作意识。故事一：盲人提灯。漆黑的夜晚，盲人打着灯在路上，那一盏点亮的灯看似为别人而点，实则也是让路人不会撞到自己。通过这个故事，让学生明白帮助别人就是帮助自己。故事二：天堂和地狱的区别。同是面对一桌美食，地狱的人什么都吃不到，都快饿扁了，因为他们不懂合作，都是自己顾自己；而天堂的人却吃得欢、吃得饱，那是因为他们懂得合作。通过这个故事让学生明白，合作才会有更好的收获。故事三：完美的西游记团队。师徒四人当中就算本领强大的孙悟空也无法独自完成取经的任务，只有四人间相互取长补短才能取得真经。通过这个故事让学生明白：一个团队要同舟共济才能到达胜利的彼岸。

教师发言整理2：团队意识培养最好就是多开展一些小组全体参加的活动。例如各种各样的比赛、共同完成一件作品等。有一小部分的学生在小组合作学习中语言表达能力较弱，没有自信，不积极参与，难以在组内真正找到自己的"价值"。所以以小组为单位开展比赛是增强小组凝聚力最有效的方法。每周可利用文体课、活动课、大课间等，让学生开展各种各样的比赛。还可以要求每个小组在教室的生态角，养育一盆植物，组内各自分配工作，照顾好植物的生长，并在一定的时期内记录好其生长的情况。平时布置一些小组可以一起参加的作业，例如共同制作一件作品。

教师发言整理3：第一，出示小组合作学习的具体操作方法。在学生还没形成合作学习习惯的这段时间里，每一个合作学习的环节，都要出示小组合作学习的具体操作方法。第二，注意培养学生的发言习惯。告诉学生发言时要注意用词，如"我们小组认为……""他的意见我不同意，我觉得……""他说得很好，把……说清楚了，不过我还有补充……"，平时的课堂，要求学生每一次发言都要使用相应的用语。这样，就会使学生逐渐养成良好的发言习惯。第三，引导学生学会倾听。一是认真听每位同学的发言，眼睛看着对方，认真思辨，不插嘴；二是听别人的发言要点；三是听后要做思考，并作出判断，提出自己的见解。如果别人发言谁不认真倾听，就要小组扣分；如果全组认真倾听，就加分。这样通过奖惩的办法逐渐培养学生良好的倾听习惯。

研讨主题三：如何有效指导学生开展"自主探索、合作交流"

教师发言整理1：有效指导学生开展"自主探索、合作交流"，就是要巧设问题，激发讨论欲望。数学来源于生活，可选择学生感兴趣的事物，让问题更接近生活。例如：在教学"长方体和正方体体积"时，先出示我们学校门口近似于长方体的一块石头，问学生："怎样算这块石头的体积？老师把它切开行吗？"同学们哈哈大笑地说："不行。"接着问："你们有什么好办法帮老师算出这块石头的体积呢？"这时同学们纷纷争议着，有的说把石头放到水中，有的说只要量出它的长宽高就行了，有的说只要知道长方体的体积公式就可以求出来了，等等，他们争议得非常激烈，抓住了这个机会，抛出下面的问题让学生讨论："你有什么办法求出这块石头的体积？"老师设计讨论问题时，除了深入备课以外，更重要的应该从学生角度出发，讨论的问题是学生熟悉的、感兴趣的，这样才能让每一个学生真正参与到讨论当中。

教师发言整理2：在开展小组合作学习时往往会看到一种很烦恼的现象，当你站在讲台上评讲习题或小组汇报时，部分学生在开小差、交头接耳、低头搞小动作、思绪分散、无心听讲，而教师又无暇顾及。这种现象的对策是：挑选一名小助手站在黑板边上，对各小组的倾听做评价，及时奖励认真倾听的小组，或对未认真倾听的小组及时提醒，以此督促其他小组仿效改正。这样，有了小助手的帮忙，教师就有更多的精力去倾听学生的发言，并及时点拨，促进师生、生生之间的互动，促进学生养成认真倾听的习惯。

教师发言整理3：开展小组合作学习，都希望能发挥好小组互助作用。怎样做才是最有效呢？以互检作业为例。学生做习题时，各类的错题有时很难让老师一一去检查纠正，会花费太多时间，使教学效率难以提高。有些学生甚至在老师批改评讲后都没有及时改正。出现这样的情况，是基于学生学习态度不端正，或者受学习能力局限。经常如此会造成学生知识面断层，也令学生无法养成良好的学习习惯，成绩无法得到提高。针对这种情况，培养小组互助纠错能力很有必要，可以尝试采取以下措施，让学生形成习惯：一是老师评讲完作业后，组员在小组内进行互检，发现错题漏题给同学提醒改正，对于学习困难的同学让组内优秀的同学对其个别辅导。二是各组员检查完毕，再由小组长进行跟踪检查，把改正的情况进行汇报。刚开始时，老师可能要多花点儿时间培养学生的互助能力，当学生形成习惯以后就可以由小组长组织组员利用课余时间检查了，不用老师花时间一一检查。三是在小组成员相互检查督促下，组员都能认真把错题改正。

研讨主题四：如何评价小组合作学习

教师发言整理1：能否用好评价机制是关系到合作学习成效高低甚至成败的关键。可采用学生自评、互评、小组评、教师评、家长评等多元的评价方式，对学生的评价应该是多样的、立体的、互动的、多向的。学习过程评价与学习结果评价相结合，侧重于学习过程的评价。比如，师生可根据本节课表现评出"最佳表现奖""共同进步奖""集体智慧奖"等等。这样，使小组合作学习更积极向上，学习效果更好。对小组集体的评价与对小组成员个人的评价相结合，侧重于对小组集体的评价，使小组成员认识到合作小组是一个学习共同体，个人目标的实现，必须依托集体目标的实现，以此培养学生团结协作的精神，以及合作学习的能力。教师评价与自我评价相结合，在小组评价时，对个人合作学习的积极性、独创性等也要给予恰当的评价，这样可以在小组内树立榜样，激发组内竞争，调动每位成员参与的积极性。[①]

教师发言整理2：把全班同学按照"组外同质、组内异质"的原则4人分为一个学习小组，按学习能力依次分为①、②、③、④号。①号在4人学习小组中学习能力相对较强，为4人小组的学习组长，在小组合作学习中组织小组学习和纪律；②号学习能力较好，为组长助理兼合作学习时的记录员，③、④号学习能力相对较弱，为本组的主要发言人。在进行小组合作学习时，④号先在组内发言，若回答不全面不正确，③号补充，若还有问题，②号补充，依此类推，直至问题在本组得到全面解决。在学习过程中，①号和②号负责教会本组的每个队员。在全班交流时，若④号学生代表小组发言，且正确无误，可为本小组得到4分的积分。如果是③号发言，那么就相应得3分，以此类推。为了得到最多的积分，一般小组都会积极帮助④号同学，推荐④号来发言。这样进行"小组捆绑评价"，学困生有专人帮，锻炼机会多，进步很快，有效发挥了小组合作学习的作用。

教师发言整理3：每个小组设立一个记分本（第一页是记录小组的分数，往后是小组各成员的分数），记分员负责记录。（有的班级也会根据自己班的情况设计不同的积分登记卡）对于那些表现较好的小组和个人，要大力表扬，奖励一定的分数，每加一分，就打一个"√"。各小组或个人分数积累满6行，都可以到老师处抽取一份奖品。奖品的选择也是有心思的，开学时，教师向学生做以下调查：你最希望老师奖励你什么？请用小纸条写给老师。老师筛选可取的放进抽奖箱。奖品既是学生自己选的，又通过抽奖的方式使每次的奖品具有不确定性，使学生充满了期待，从而增强吸引力。通过"积分抽奖"的评价方式，促进了组与组之间的竞争，也调动了学生积极性，使他们乐于参

[①]　参见娄萌：《小组合作学习在综合英语教学中的运用》，《黔西南民族师范高等专科学校学报》2006年第4期。

与小组合作学习。

教师发言整理4：小组合作学习评价分为两部分，一是组间评价，二是组内评价。组间评价：在课堂上，以小组为单位开展合作学习时，小组各成员表现积极的，奖1分；以小组为单位的汇报展示表现出色的，奖1分；当别人在发言时，小组内各成员都能做到认真听讲的，奖1分，反之则要扣掉1分；对其他小组的发言有补充的，而且有一定价值的，奖1分。这样的评价每天统计一次，在第二天的早上进行总结公布，评出明星小组，加以表扬；对较落后的小组要小组内自查原因，争取在当天要有出色的表现，争取进步。一个月后，根据各小组得分进行排队，对表现优秀的小组给予奖励。组内评价：设计一个组内成员评价表，分发言次数、奖扣分和合作几栏，发言次数记录的是组内成员代表小组发言和个人发言的次数，这个也可以作为课堂口语积极分子的评选依据。奖分和扣分分别记录的是在课堂上小组内成员表扬或者批评时的实时奖分或扣分；合作这一栏在周末时由小组长组织小组成员根据各人在课堂上参与合作探究时的表现，做出评价：分好、中、差三等。这个表格按周进行统计，小组内评出最优秀组员，也可以通过这个表格，可以看到组内哪个同学对小组的贡献还不够多，以便总结改进。

资料四：小组合作学习研究成果一

表4-2　数学科小组合作形式与合作内容

小组合作主要形式		小组合作内容
检查	1. 结对相互检查 2. 轮换检查 3. 一人读答案，其余核对、修改、提出异议 4. 交组长检查	1. 检查"预习导航"复旧引新部分答案是否正确，自主学习内容是否完成 2. 检查每天作业、检测单的完成情况，是否能把当天错题用红笔改正 3. 课堂中练习时解答方法是否正确 4. 作业及试卷评讲后是否找出错因、改正错误
合作探究	1. 创设环境（师）—指导方向（师）—动手实践（生）—反思交流（生与生、生与师） 2. 创设环境（师）—指导方向（师）—尝试练习（生）—反思交流（生与生、生与师）	1. 利用学具（中低年级）、画图（高年级）理解算理 2. 利用学具（中低年级）、画图（高年级）理解方法 3. 利用实物、图片（画图）感知、概括图形特征 4. 实践操作推导图形公式 5. 借助实例理解概念 6. 借助实例分析解题思路 7. 借助实例归纳法则、定律 8. 借助实例寻找规律
讨论	1. 自由发言式 （组内成员各抒己见） 2. 轮流发言式 （围绕一个中心问题，逐个发言） 3. 一帮一讨论式 （有些题目一部分学生不一定理解，但教师又无法做逐个指导，可以采用此方式）	1. 新旧知识衔接时可组织讨论，让知识正迁移较好的同学帮助学习困难的同学 2. 学生不易理解、不易想到的知识点可组织讨论 3. 课堂练习出现普遍性错误时可组织讨论 4. 复习、巩固阶段总结方法时可组织讨论 5. 动手操作、探究问题时可组织讨论 6. 一题多解的题目可组织讨论

（续表）

小组合作主要形式		小组合作内容
汇报	1. 一人总发言，组员补充 2. 轮流发言 3. 登台展示与座位上展示	对讨论、合作探究结果作登台演示，口述方法，画图讲解，算法展示，错题评点
游戏竞赛	结对互测、组间评比	1. 听算、口算卡片互相抽问、抽背书本概念、公式、出题考对方等 2. 组间各种评比

资料五：小组合作学习研究成果二

表 4-3　数学科存在问题及解决策略

存在问题		解决策略
项目	具体情况	
三单处理	1. 课堂上评了"预习导航"就没了时间讲新课 2. 开展小组讨论所用时间多了，一节课时间不够用了，更谈不上有时间做检测单了	1. 按要求设计"预习导航"，课前 5 分钟定为预习交流。此环节主要是核对"预习导航"第一大题答案，并组织学生交流第三大题预习自我评价，引导说出预习中不理解的问题，带着问题学习新课，对于自主学习部分则不在课堂上交流，可课前检查完成情况 2. 理清备课思路，分析教材，确定本节课需落实的知识点，分析哪些是学生能自己学会，哪些需教师帮助解决，根据分析结果合理设计教学活动，对学生已掌握内容不应做重复讲解 3. 有些课时内容比较简单的或学生可以自学完成的，则建议课堂上让学生根据"预习导航"先自学，再交流展示

（续表）

存在问题		解决策略
项目	具体情况	
合作意识	1. 小组合作仅停留在"议论"层面 2. 讨论、交流时让优生尽占，其他同学仿佛事不关己，一人答案代表全组答案 3. 讨论交流时小组成员间缺少相互质疑，相互补充	1. 建设好小组学习共同体，定好一帮一结对组合，各成员合理分工、职责明确 2. 教师在评价小组合作学习时要将全组参与作为重点，检查小组合作学习情况时要将小组所有成员达标作为重要标准 3. 对小组交流时发言方式做培训，交流时可采用"A-A-A-A-A-A、A-B-A-B-A-B、A-B-C-A-B-C"等形式，每人一题轮流汇报；也可以定为一个中心发言人，其他人补充
合作任务	学生不知合作时干什么，怎么干，更不清楚合作时应注意什么，重点研究什么	1. 教师设计合作任务时指向要明确，表达要清楚 2. 探究前教师须先做说明或先做示范操作，再让学生合作探究
合作内容时机	1. 问题太易，打开课本就有答案或问题模棱两可，学生不知从何下手 2. 课堂上一有问题就开展讨论，次数较多，导致时间不够	1. 设计问题要具体，要有挑战性、多向性、综合性，能反映学生一定思维倾向 2. 探究时提问设计一定要促使学生产生想要向别人交流想法的动机 3. 讨论内容要有利于学生之间互学、互助、互评 4. 备课时，要分清哪些内容要合作探究，哪些内容不能进行合作学习。探究任务在什么时间安排，如何引入，需要多长时间在备课时要好好规划 5. 一节课学生间可做多次短暂交流，但合作探究活动一般只安排一次 6. 简单的、学生能独立完成的、无探究价值的内容不应设计探究活动

第二节　基于问题驱动的项目式学习

深度学习让学生的成长从提高"解答试题的能力"转向提高"解决问题的能力",进而转向提高"做事的能力",所以教学要改变从前"去问题化"的模式,实现解决问题的教学、生成问题的教学。学生提出问题、理解问题、解决问题并产生新问题的过程,就是知识获取的过程。具体知识作为解决问题的工具被探索、被发现的过程,就是实现深度学习的过程。实现深度学习两个关键点就是"问题的驱动"与"学生的实践"。

一、什么是项目式学习

项目式学习的英文是 Project Based Learning(简称 PBL),简单来说就是通过做项目来开展教和学的活动。很多人将 PBL 视为一种教学模式,也有人认为 PBL 是一种思维方式(此时翻译成 Problem Based Learning 似乎更加合理)。PBL 教学模式最早的时候运用在医学教育里,后来逐渐延展到职业教育和中小学教育,它的目的是让学习者能根据真实世界中的真实问题去获取信息、协同他人并解决问题,在这个过程中逐渐掌握终身学习的能力。

学校开展项目式学习就是在学科系统知识学习的基础上,综合运用所掌握的多学科知识进行自主学习的一种综合性、活动性的教育实践形态。它强调教师要围绕真实的问题设计一系列的探究活动,让学生综合运用学科核心概念、跨学科概念和学科实践解决问题。它需要以对学生有意义且重要的问题为线索来组织和推进教学活动,可以说,驱动性问题是项目式学习开展的核心和灵魂①。北京师范大学郭华教授认为项目式学习是学校教育不可或缺的部分，虽然所占份额不多，但没有它，学校教育就不是完全的、健全的。项目式学习基于学科又超越学科，它能够帮助学生理解不同学科的独特价值，以及学科间的相互联系，也能够实现学科教学难以实现的帮助学生关注当下社会生活、融入现实生活的任务。

（一）项目式学习的特点

1. 以学生学习为中心

在项目式学习中，不论是学习目标的制定、学习计划的执行，还是学习经验的总结与分享，都强调学生的主动参与性，教师更多的是扮演指导者的角色，学生发挥着主导作用，学生是学习的主体，是项目的参与者和责任人，而不是被动接受知识的对象。只有更深刻地理解内容，学生才能够把所学的知识记得更牢固。因此项目的设计一定要注重学生的实践活动，让学生在实践中体验知识的应用和价值，培养具体的实践和办事能力。同时该项目必须要有趣味性，让学生感觉到该项目是好玩或有意思的。因此选取的主题及过程的设计一定是学生喜欢的，要能够唤起学生的学习热情，能最大限度地激发学生潜能和兴趣。同时在项目设计时要注重引发学生多向思维，促进学生个性化学习，让每个学生都能从项目中找到发挥自己特长的落脚点。项目式学习不是从知识到知识，而是从问题到能力，知识在这个过程中只发挥一种媒介作用。在进行项目化教学前，学生必须有来自自身生活与社会生活的真实问题，与教师、同伴一起通过查阅资料、思想碰撞等方式来解决问题。在整个项目开展的过程中，教师要引导学生发现问题、提出问题、分析问题，并根据问题自主进行资料收集、整理、研究等工作，最后在团队中进行讨论。让他们在提出问题、解决问

---

① 高潇怡、喻娅妮：《关注项目式学习中的驱动性问题》，《中国教师》2020年第7期。

题以及寻找答案的过程中，获取知识、有效运用知识。

2. 以实际问题为导向

项目式学习是通过项目问题来引发学生对学科知识的探究和学习，这就需要教师将抽象的、深奥的、概念化的本质问题转化为具体的、有趣的、情境性的驱动性问题，让学习变得可触摸，以此吸引学生的注意，引发学生的内部动力，从而驱动学生积极并主动地投入项目化学习活动中。驱动性问题是指围绕项目主题设计的、契合学科课程标准的具有凝炼意义的问题，它能够激发学生的兴趣，直指某个科目或领域的核心内容；它能够解决现实生活中的所遇到的问题，这个问题是与课程标准的内容保持一致的；它必须让学生的动手实践与知识学习结合起来，它能引发学生自主探究的欲望。一个好的驱动性问题能营造一种由求知欲驱动的学习氛围，鼓励学生积极地寻找问题的解决方案，然后就是有计划地开展探究，并记录和理解数据，收集证据和辩论观点，构建和共享学习成果，实现深度学习。驱动性问题是有意义的、情境化的问题，能够将学生置于真实世界的情境中，让他们探究现实生活中所遇到的问题，搭建学科知识与实际生活的桥梁，促进学生有意义学习的发生。[①] 真实情境包含现实生活中的真实情境、拟似真实情境以及学科中的真实情境，在项目式学习中所强调的是解决问题期间运用真实的思维方式学到真实的知识和能力，而不囿于所设计的驱动性问题是现实的还是虚拟的，过去的还是将来的。

3. 以发展学生素养为目的

"知识"与"素养"的不同之处在于前者是人类认知的结果，表现为概念、命题、原理等，进入大脑后以特定的知识结构而存在；后者是人们利用前者去解决问题表现出做事的能力。所以，要发展学生核心素养，必须让学生有解决问题和做事的机会，不能只是听讲和做笔记。以项目式学习方式开展的学

---

① 高潇怡、喻娅妮：《关注项目式学习中的驱动性问题》，《中国教师》2020 年第 7 期。

习是综合的、跨学科的，真实的问题往往会涉及多个学科的知识，这就要求学生围绕某一学习任务或主题，综合运用相关学科的知识和技能去解决问题。要完成某一个"项目"，学生需要调动认知、动作、情感等多方面的参与，需要进行多种学习活动，包括观察、收集信息、记忆、讨论设计、制作、汇报等，单一的学习手段和方法是不能解决问题的。由此，借助项目式学习，分散的知识得以整合，知识、技能、情感态度等各领域得以打通，学生综合素养的提升就有了机会。

（二）项目式学习的要素

一个高质量的项目式学习应该具备哪些要素？

国际权威的 PBL 研究机构巴克教育研究院（Buck Institute for Education, BIE）于 2015 年提出了 PBL 设计的"黄金标准"（Gold Standard PBL）供教师在践行项目式学习时进行对照。"PBL 黄金标准"由两部分组成：学生的学习目标（Student Learning Goals）与核心的项目设计要素（Essential Project Design Elements）。"学生的学习目标"是 PBL 设计的核心，一个精心设计的 PBL 项目应以学生成功的学习与生活经历做好准备为宗旨，具体包含了关键知识及其理解（如学科重要的知识内容、概念与应用），以及关键成功技能（如批判思考、与人合作、自我管理等能力）。"学生的学习目标"是教师在开展 PBL 设计时的出发点与最终执行效果的落脚点。"核心的项目设计要素"反映了为使学生的学习和参与最大化所应该具备的基本构成要素，根据 BIE 的理论总结与实践经验，PBL 应包含七个核心要素：第一，有挑战性的问题；第二，持续性的探究性；第三，真实性；第四，学生的发言和选择；第五，反思；第六，评价和反馈；第七，公开展示的作品。

北京师范大学桑国元教授认为项目式学习活动的靶心目标就是核心素养，即项目式学习要培养学生的核心素养能力。为实现这个目标，开展高质量 PBL

应具备六大要素：问题驱动、持续探究、学生参与、学科融合、产品导向、评价引领。在小学阶段开展项目式学习，可以以这六个要素作为依据。

1. 问题驱动

项目式学习不仅为任务驱动，更重要的是问题驱动。项目式学习中要引导学生解决一个核心问题，在这个核心问题下又会划分出很多子问题。例如："设计出行方案"，外出旅行，是每个孩子都经历过的事情，可以让孩子选择一次喜欢的旅行，设计出行方案。问题驱动下的项目设计如下：

驱动任务（核心问题）：外出旅行，设计一份出行方案。

子问题一：在平时假期里，你最想到哪儿玩？

子问题二：外出旅游我们应该考虑哪些问题？

子问题三：如何制定一张行程策划表？

设计出行方案是任务，如何把这个任务做好，就是通过问题来驱动，先让学生思考想去哪儿玩，激发查找相关信息的欲望。在学生有了一个目的地后，再让学生思考外出旅游时需要注意的问题，然后通过一张行程策划表来展示本次项目学习的成果。

2. 持续探究

项目式学习的核心驱动问题，是层次非常丰富的，像剥洋葱皮一样，每剥掉一层，又能看到新的问题。这些问题既不是通过搜索引擎可以找到答案的，也不是通过教师的知识讲授可以解决的，而是可以深入探究的问题，即使项目结束后，也可以持续探究。

例如：组织学生探讨"如何发出高品质的豆芽？"实验的过程中，我们会看到有些学生发出的豆芽又细又小，但有些学生发出的豆芽饱满好看，这样可以让学生继续探究。"豆芽长得细小的原因是什么？""豆芽长得饱满的原因是什么？""如何才能发出高品质的豆芽？"通过上面三个子任务让学生持续探究下去。

3. 学生参与

项目式学习应该以学生为中心，整个项目设计的过程应该从学生视角出发，以学生探究为主。真正的项目式学习，从选题、分组、探究、调研、制作产品、成果展示等全程都由学生自主完成。虽然全程是以学生为中心，但老师的角色也很重要，因为老师是一位从知识的单向传递者到学习活动的推进者。如帮助学校设计一个小菜园。整个过程，需要学生调查学校地形及闲置地的情况，这不是老师帮忙，而是让学生去访谈校长、总务主任等，然后确定学校闲置之地。接着学生还要绘制平面图，要规划种什么菜，还要考虑成本及后期的管理。这个过程是学生全程参与的，但整个过程，老师需要一步步地推进。

4. 学科融合

项目式学习教学所涉及的问题主要是现实世界中具有开放性的问题，问题解决过程中需将现实问题转化为数学问题。解决数学问题要引导学生提出合理假设、预测结果、选择合理的数学方法，对用数学模型表达条件与结果之间的关系有清晰的认识，并利用真实情境检验模型、修正模型，形成物化成果，包括项目产品、小论文或研究报告等。真实性是项目式学习的一个显著特征。做一件事情，解决一个问题，往往需要多门学科知识的参与。项目式学习倡导学科融合和综合性学习与研究，就是要打破学科之间的界限，倡导跨界思维和综合实践，让学生在学习中广泛涉猎各学科知识，通过不同的学科视角和思维，展开对未知领域的探索，丰富自己的认知经验和实践能力[①]。

例如，设计一份完善的出行方案，是结合学生感兴趣的旅游为主题切入真实情境，用真实的驱动性问题激发学生的学习兴趣，项目可设计为"行程策划师""经费预算师""海报设计师"三个主要活动。每个活动都不是孤立的一个学科完成的，它需要用到语文、数学、美术、科学、综合实践这些学科

---

① 陆启威：《项目式学习亟须厘清的几个问题》，《江苏教育研究》2019 年第 32 期。

知识。

5. 产品导向

产品导向是指要做一个作品出来。这是项目式学习又一个特色，一定要有公开展示的作品呈现出来。这个环节意义非凡，首先，项目式学习指向一个产品或是成果的呈现；其次，可以促进孩子的高水平发挥，激发孩子的潜能；再次，作品的公开展示，可以提高项目的影响力，让项目更有意义，让学生体验到做项目的价值。公开展示的形式是多种多样的，可以是肢体类展示，包括音乐演奏、戏剧或小品、实验、游戏、舞蹈等；可以是口头类展示，包括辩论、演示文稿、演讲、诗歌或者网络研讨会等；可以是视觉类展示，包括网站、海报、视频、概念图等；还可以是书面类展示，包括报告、简报、宣传手册、剧本等。采用什么展示方式，要根据不同的项目不同的活动来决定。

6. 评价引领

项目式学习的评价是多元的，它并不像传统的考试那样，用一张试卷来考查学生学得怎么样。项目式学习是用多种方式结合进行评价的。例如形成性评价与终结性评价相结合；教师评价与学生评价相结合；学生自评与他人评价相结合。还有的是教师评价、家长评价、参观者评价相结合。参观者评价，指的是当学生展示其项目研究成果时，团队之外的人对其的评价。

二、开展项目式学习的意义

（一）新课改深化之需

2019 年 6 月，中共中央、国务院颁发了《关于深化教育教学改革全面提高义务教育质量的意见》，该意见明确指出要强化课堂主阵地作用，切实提高课堂教学质量。课堂教学要优化教学方式，坚持教学相长，在平时的教学时要用到启发式、互动式、探究式教学，并要求探索基于学科的课程综合化教学，也就是要开展研究型、项目式、合作式学习，意见中明确提出了项目式学习是课程综合化教学的一重要途径。

（二）教与学方式变革之需

2022 年 4 月，教育部颁发的《义务教育数学课程标准》在教学建议中指出改变单一讲授式教学方式，注重启发、探究、参与、互动等方式，探索大单元教学，积极开展跨学科主题式学习和项目式学习等综合性教学活动。项目式学习教学以用数学方法解决现实问题为主，其目标是引导学生发现解决现实问题的关键要素，用数学的思维分析要素之间的关系并发现规律，培养模型观念，经历发现、提出、分析、解决问题的过程，培养应用意识和创新意识。在项目式学习中，学生参与度更高、学习态度更积极、学习效果更佳，有助于培养自主学习的能力。项目式学习以解决问题为核心，学生在构思方案、自主探究、做出决策以寻求问题解决的过程中，决策、创造、系统推理分析等高阶思维能力会得到充分锻炼，有助于锻炼高阶思维能力，项目式学习有助于培养团队协作能力和沟通能力。

（三）核心素养时代之需

2016 年 9 月 13 日上午，中国学生发展核心素养研究成果发布会在北京师范大学举行，中国学生发展核心素养明确指出我们需要以培养"全面发展的人"为核心，分别从文化基础、自主发展、社会参与三个层面，提出人文底蕴、科学精神、学会学习、健康生活、责任担当、实践创新六个指标体系。核心素养的提出，体现了对人的综合能力培养的重视，"全面发展的人"处于核心位置，核心素养是学生全面发展的一种体现，为教学实践活动的开展提供了正确方向，提倡教师转变教学观念，将学生综合素质视为培养重点。核心素养的提出，让我们清楚地意识到学习不再是把生硬的知识装进学生的脑袋里，而更应该在持续地发现问题和解决问题中，探索未知、认识世界。通过项目式学习，教学可以在课时不变的情况下，提升教育价值；通过项目式学习可以启发学生把自己看作学习者、合作者、领导者，培养科学精神及责任担当的精神；通过项目式学习能助力学生学习、生活和职业发展，直面生活和世界的挑战，能培养实践创新能力；通过项目式学习还可以带领学生掌握学科知识，培养批判性思考、问题解决能力；等等。

三、如何设计项目式学习

（一）目标定位

项目式学习指向活动，通过活动（实践），学习新知识，学会新思维，习得新能力，项目式学习不只是玩一个项目，而是用项目的形式来承载学习，其本质还是学习，所以每一个项目学习必须要有清晰的目标。[①] 项目式学习目标以学科课程标准和 21 世纪技能为依据来制定，以确保学生深入开展有意义的学习。高质量项目的核心是教授学生重要的知识和技能，这些知识和技能主要源于课程标准中的学业内容和重要概念。课程标准规定了学生需要知道和掌握的知识。在为项目选择目标时，教师要甄选出那些重要的、有意义的标准。这些标准必须是学科的重要概念和原则，如迁移能力、故事吸引力、冲突与合作等。教师还应以发展学生批判性思维、解决问题能力、协作和沟通能力为目的来设计项目。在小学阶段，教师可重点训练和评估两种技能——沟通和协作能力。小学阶段的沟通能力的目标包括挑选适合同伴和观众，以及情境的内容；懂得把自己所想用语言表达出来；要敢于发表自己的独立见解，养成乐于参与

---

① 陆启威：《项目式学习亟须厘清的几个问题》，《江苏教育研究》2019 年第 32 期。

讨论、有针对性地表达观点的习惯。可进行一分钟演讲、即兴表演、讲故事比赛、复述例题、新闻"联播"、趣闻"中转"、主题宣传等，并在上述活动中懂得创建提高内容传递效果的媒体和视觉辅助；并能根据观众的反应和理解，适当进行演示调整；适当回应问题。小学阶段的协作目标主要有：负责自己工作的质量和及时性，运用好反馈；接受小组工作的共同责任，帮助提高其他成员的工作质量和理解能力；使用或鼓励使用策略来促进讨论和决策；通过确定项目的优先级、创建时间表、组织资源和监控进度来管理项目；尊重其他小组成员的想法、意见、能力、价值观和感受；与不同的小组成员良好合作；提高小组的凝聚力。[①]

项目式学习的目标定位，就是要确定学习的目的和方向，做到有的放矢。同时，对学生的学习和发展程度，也就是平常所说的学生发展指标，做一个科学的界定。设定目标时，要做到基本合理，既不能过度拔高，也不能低估学生发展的可能。项目式学习的目标主要定位在三个方面：一是引导学生学习综合性知识，也就是学生在项目式学习和研究过程中，学到的是综合性知识，包括不同学科知识或同一学科前后不同阶段知识的融合和贯通；二是发展学生能力，要求突出学生创新思维和实践能力的培养；三是发展学生的品格，即通过项目式学习培养学生团结协作、质疑问难、勇于探索的精神。[②]

（二）确定主题

项目式学习的项目从哪里来呢？很显然，项目应该从学生的生活中来。项目式学习就是要让学生在真实的情境中解决真实的问题，因此，选择和确立学习的项目，必须立足于学生的生活。项目式学习所研究的问题是现实世界中存在真实的问题，真实的情境、真实的问题，要有情感和思维上的真实性，也就

---

① 参见付燕：《小学项目式学习课程设计的六大策略》，《四川教育》2021 年第 12 期。
② 参见陆启威：《项目式学习亟须厘清的几个问题》，《江苏教育研究》2019 年第 32 期。

是说，这里的情境要建立起学生和学科能力的关系，建立学生学科能力与生活感知相联系的语言桥梁，引发学生真实的学科思维。好的项目式学习主题主要来自以下几方面。

1. 好的项目式学习主题从课标来

数学课程标准在"综合实践"部分，第三学段有营养午餐、生命之源两个项目学习主题。营养午餐要求学生调查了解人体每日营养需求，几类主要食物的营养成分，感受合理膳食的重要性；调查学校餐厅或家庭一周的午餐食谱的营养构成情况，提出建议；开展独立活动，设计一周合理的营养午餐食谱；形成重视调查研究、合理设计规划的科学态度。

2. 好的项目式学习主题从教材来

学生的学习首先是一项系统工程，学校课程无疑是学生最重要的，也是最典型的学习内容。选择学习项目，需要关注学生在校学习的课程，选取与课程相关的内容进行设计；同时，项目内容又不是学校课程内容的简单重组和整合，而是对接学生的社会实践和生活，使学生的学习具有生活的新鲜元素，并在生活中进行学习内容的深化和延伸，使学生的学习更丰富多元，更立体深刻。如学生在二年级上学期学习了"认识时间"这个单元后，为了让学生进一步认识时间，同时为以后学习时、分、秒的认识及相关计算打下基础，可以设计项目式学习"时间是怎样过的"，结合"认识时间"这一内容，通过"调查、收集寒假里一天的生活安排""在钟面上拨一拨、说一说不同时间干什么事情""制作时间卡"等任务，引导学生用"认识时间"解决实际问题，从而有利于学生在项目活动中更好地掌握"认识时间"的知识和应用。

3. 好的项目式学习主题从生活中来

好的项目式学习主题来源于家庭、学校、社会，来源于真实的生活世界。老师要善于从学生的日常生活出发，可以从学生周围环境和生活世界里寻找那些典型的素材，也可以从学生的交流及对话中，捕捉他们特别感兴趣的话题和内容，通过对接学生的学习能力，进行项目的选择和设计①。如我国的传统节日春节到来了，可以以春节为主题开展"开开心心过大年，快快乐乐做准备"项目式学习。如设计以下的方案。

　　同学们，快过年了，开心吧？每年，为了让一家人开开心心地过好年，父母都会花上大量的时间做准备。同学们，今年过年你家的准备工作，希望你能参与其中，与父母一起做好过年的各项准备工作。

　　（1）过年前，家家户户需要搞清洁大扫除，请你参与其中，做力所能及的事。

　　（2）过年前，你所住的小区或村子需要搞清洁卫生，请你积极加入小志愿者行列，做力所能及的事。

　　（3）过年前，家家户户办年货，请你参与其中，帮助父母规划花费。

　　（4）过年前，不少家庭都有逛花街的习惯，请你跟着家长，学会货比三家，购买到喜欢的物品。

　　（5）过年了，不少家庭会包裹蒸粽，请观察怎样捆粽更扎实，并思考为什么这样捆更扎实？

　　（6）除夕，家家户户贴春联，请你与父母一起购春联，并了解春联的含义。

上述方案有许多个点都可以设计为项目式学习，在开展项目式学习时可以让学生通过查阅资料、访谈家人，实践操作等方式完成，通过这一系列的活动提升学生的综合研究能力。

又如小学生对十字路口的红绿灯都比较熟悉，但对于红、绿、黄灯为什么能够交替亮起却很难理解，也非常愿意去弄明白，这些我们都可以设计为项目

---

① 陆启威：《项目式学习亟须厘清的几个问题》，《江苏教育研究》2019 年第 32 期。

式学习。

4. 好的项目式学习主题从童话故事中来

小学生喜欢童话故事，它生动有趣、想象夸张，塑造了栩栩如生的动物、人物形象；童话故事情节有很强的吸引力，并富有教育意义。引导学生阅读童话故事可提高文学素养，积累知识经验与生活经验，并能启发学生为人处世的道理。可以把阅读童话故事设计成项目式学习主题，让学生把童话故事以各种形式展示出来，用不同的方式表达自己对故事的理解。数学教师在利用阅读童话故事设计项目式学习时，要充分挖掘故事中的数学元素，促进跨学科融合，设计出有数学元素、数学味的项目式学习主题。

5. 好的项目式学习主题从自然现象而来

太阳为什么从东方升起？为什么说"清明前后种瓜点豆"？小学生对大自然的现象是充满好奇心和求知欲的，教师可以以自然现象来设计项目式学习。

6. 好的项目式学习主题从学生非常关注的内容而来

学生对新生事物非常敏感，也很愿意去探讨和研究。因此，选择学习项目时，教师要将触角伸向当下生活的最新领域，关注学生最感兴趣的话题和事物，并与学生一道进行项目的选择和确定。比如，全息影像摄影技术、物联网技术等，是当前非常重要的新技术研究和应用领域，也是学生非常期待尝试去研究的内容，可以选定为学习项目。

当然，所有学习项目的选择，都必须遵循项目式学习的特质和要求，并从学生的个性发展和学习需求出发，充分体现项目式学习的综合性、实践性、挑战性和创新性，发展项目式学习应有的功能和价值。

(三) 设计任务

教师要针对项目主题设计一系列的任务，引导学生进行学习，或探究活动，或完成项目作品。项目任务设计时，难度要适中，要具有一定程度的真实性，要解决的问题应该是复杂的、结构不良的，并且要以课程内容为依托，与课程目标紧密联系的。任务的设计重点是提出"驱动性问题"，它是整个项目式学习的"灵魂"。好的驱动性问题一方面能引发高阶思维，另一方面能提供问题化的组织结构。

1. 如何设计驱动性问题？

一个好的驱动性问题能营造一种由求知欲驱动的学习氛围，鼓励学生积极地寻找问题的解决方案、计划和开展探究、记录和理解数据、收集证据和辩论观点、构建和共享学习成果，实现深度学习。在设计驱动性问题时要注意以下几点：一是项目中的问题情境要具有现实意义，让学生觉得所学的内容是与真实的生活相关联的；二是项目中的问题应具有足够的挑战性，学生需要通过（合作）努力才能解决；三是项目中的问题要具有复杂性，能够分解为一系列相互联系的问题链，以便学生群体间可以相互合作。

案例：如何设计学校小菜园

问题情境：教学楼前有一块空地，学校想把它改造为小菜园种上各种蔬菜，请同学们帮忙设计未来的小菜园。

子问题1：你心目中的小菜园是什么样的？

（1）实地勘查（测量空地的大小，了解土壤情况，了解光照情况）；

（2）知识储备（比的认识，测量方法，蔬菜成长对阳光、土壤的要求）；

（3）勘查报告，设计平面图；

（4）阶段性成果，画出小菜园平面图。

子问题2：如何让别人知道我们的设计？

（1）通过评选优秀作品方式来宣传；

（2）让更多人参与方案修改；

（3）阶段性成果：优化小菜园平面图。

子问题3：怎么才能把方案变成现实？

（1）与校长沟通，与家长沟通，让计划变成现实；

（2）与家长志愿者及学校老师一起行动，把空地改造成菜园。

好的驱动性问题应具备以下特点：一是可行性。问题与生活实际有着密切的联系，在设计时要考虑清楚开展的时间与学生用得上的生活资源。二是融合性。融合性体现在驱动问题必须是数学学习的核心内容或者是数学学科中某一主题的核心内容，这个核心内容并不是单一应用数学知识解决，它需要用到其他学科知识融合解决。三是开放性。驱动问题的开放性就是学生在解决问题时会出现多种情况，即意味着学生的可用路径、实施的方案、问题解决的答案是多元化的。只有设计开放性的问题，才能更好地激发学生探索的欲望，学生研究成果才会是多样的。四是挑战性。有挑战性能让学生跃跃欲试，从而激起学生求知欲，保持探究的持久性。五是一致性，即驱动问题要与课程标准的内容保持一致。项目式学习目的是优化学生的学习方式，其所选择的内容必须以课程标准作导向。六是具有个人价值或社会价值。

驱动性问题设计要理解学科大概念或是关键知识与能力，将学科本质问题转化成具有知识建构、素养形成交织功能的、具备引导学生持续探究潜质的挑战性问题，其设计方法如下。

方法一：把教材内容提炼为驱动性问题。如"小数初步认识"这一单元，教材内容有三部分：一是小数初步认识；二是小数大小比较；三是小数加减法。我们可以把这三部分内容进行整合，抽取其共同特征设计驱动性问题，引领学生开展项目式学习。又如"估一估学校图书馆书架上剩下的图书数量，为图书管理员提供下一轮书籍购买提建议"学生运用估算解决问题的学习，被无痕地融入对书籍数量的整理和分析过程当中。这一类驱动性问题引导学生逐渐从书本上脱离迈向真实的生活实际应用。

方法二：从学生日常的问题或者自己的问题出发，把它们转化成驱动性问题。如新年新气象，每逢新年，我们都要清扫装饰家，你想怎样装饰自己的家，使它有"年味"？设计这个问题就会引发学生思考：什么叫年味？年味背后会蕴藏着什么？不同的文化、地域和国家，对年味的理解都不一样，引入不同阅读的资料，学生也会产生不一样的理解。

方法三：将本质问题通过某种特定情境设计与学生经验建立联系。根据学生不同的年龄特点、生活环境、生活习惯等，设计一定的情境来呈现本质问题，从而驱动学生在具体的情境中思考探究。如学校准备举行一年一度的图书漂流活动，可以把其设计为项目式学习："如何为本届图书漂流活动做一份宣传手册，扩大图书漂流活动的影响力"。

方法四：将事实性问题或程序性问题转化为概念性问题。从一个可辩论的问题或一个有趣的话题凝炼成驱动性问题。这类驱动性问题集中在具体的问题或主题或者一般性的哲学问题上，其产品通常是一篇文章、多媒体或口头陈述，表达学生对问题的回答。这种驱动性问题最常用于高年级学生。例如，"我们应对学校草地常常出现红蚂蚁窝可以做些什么？""故事中动物的行为和思想是否和真实动物是一样的？""成为好朋友是什么意思？""我们祖辈年轻时的生活是什么样的？"此类驱动性问题可以源自学生自己的问题或相互之间的争论所产生的问题，但是还需要教师进行选择、优化和凝炼，以使问题适合于开展项目式学习。

方法五：通过为学生提供一个现实的角色来进行问题设计。这一类问题主要是为了说明要创建的产品、要完成的任务或要解决的问题。这类驱动性问题的模型是：我们作为—（角色），如何能—（做任务/建产品），用于—（目的和观众)？教师和学生可以借助该模型，通过回答下面的问题来获取驱动性问题："现实世界中是谁在做这个工作；这种角色的人创建了什么产品、采取了什么行动；产品或行动的目的是什么……"这种驱动问题对于低年级学生和认为扮演现实世界角色十分有趣的高年级学生，都十分奏效。这是向学生展示成人世界的工作和职业、展示待人接物和处事方式[①]。

2. 如何设计学习支架？

学习支架是教师设计的、能够帮助学生有意义地解决问题或有效完成任务的各类支持。在项目式学习中，任何一个学生都可能基于问题及任务调控自己的学习，并通过对自己感兴趣的问题进行深入研究分析，成为这个领域的"专家"，成为知识的搜寻者、整理者和创生者。为更好地支持学生学习和实践，教师会在项目的各个阶段使用支持学生"如何探究""如何像专家一样实践"的学习支架和工具。使用学习支架，其目的是展示真实情境（问题）、激发学生兴趣，指明重要任务、提供必要资源，提供学习指导（如概念解释、认知策略），模仿专家解决问题的过程（如调查、分析、提炼等）。为了学习支架的使用更好地帮助学生学习，设计学习支架前，教师需要思考：分析使用学习支架的具体目的；学习支架的使用要指向核心目标，以及帮助学生获得核心内容，并支持技能的养成。

项目式学习流程可概括为项目启动阶段、项目实施阶段、成果展示与总结反思阶段三大阶段。以项目式学习的流程（要素）为主线，基于不同阶段的支架功能，将学习支架分为以下五种。

（1）情境型学习支架。情境型学习支架是在驱动性问题提出之时，为学生提供一个来源于真实生活或者设计一个具有现实意义的学习情境，如一个故事、一段背景素材等。在项目启动阶段，可以给学生创设一个真实的情境，情

---

① 付燕：《小学项目式学习课程设计的六大策略》，《四川教育》2021 年第 12 期。

境来自学生生活，目的是增强学习内容的吸引力，明确问题探究的方向，帮助学生获得真实感受，激发学生学习兴趣和社会责任感。情境型学习支架包含各种可能问题发现的契机，引导学生通过新旧知识的联系促进知识迁移和提升解决问题的能力。对于学科项目而言，情境型学习支架可以有效联结国家课程的教材内容。

（2）策略型学习支架。策略型学习支架是根据任务要求及学生特征，选择最有效的方式或途径，如提供范例、实验操作、角色扮演和教学解释等多种策略型学习支架，帮助学生顺利完成学习任务，以达到最优的学习成效。在学生观察、采访、实验、制作等实践环节中，教师提供相应的操作规程，以保障操作的科学性和安全性，从而提高学生的学习质量和学习效率。一般以手册或指南的形式呈现，起到导行导知作用。教师还可以通过图形、表格等搭建框架、梳理内容，引导学生将知识系统化、序列化和可视化，提高学生全面分析、比较归纳等能力。

（3）资源型学习支架。资源型学习支架是指为学生提供各种支持学习的相关资源，以及资源获取的途径、方法和工具等，以便当学生面对海量学习资源时能够有效获取所需资源。在项目实施阶段，学生会面临资源缺乏、无法继续的情况，因此，为支持学生完成学习任务、实现目标，教师可给学生提供解决问题的学习资源或进行导航，其中包括相关的网络地址、参考书目、文献索引，以及其他多种媒体资源，从而减少学生查找资源的盲目性。

（4）交流型学习支架。交流型学习支架是为教师和学生、学生之间、学生与其他人员交互提供的支持，包括同步或异步的交互工具、信息交流和共享的平台等，促进相互之间的资源分享、思想碰撞和成果共享。在整个项目式学习阶段，师生、生生间离不开交流和分享。因此，教师可提供交流型学习支架，为学生提供交流的主题和机会，指导学生交流的方法、技巧等，使学生知道如何与他人进行交流学习，认识到与他人交互协作学习的重要性。同步交互学习工具：微信、QQ 等；异步交互学习工具：E-mail 等；交流共享平台：腾讯会议室等。

（5）评价型学习支架。评价型学习支架是指为学生或教师提供评价量规、评价工具，以检验学生自身的学习成效、改进学习状况。在此过程中，教师也可通过相关评价量规和工具进行教学诊断、反思和改进。在整个项目式学习阶段，无论是过程还是结果，教师都需要为学生提供自评或互评的方法和机会，目的是让学生明确各个阶段处于哪种状态，离目标还有多远，最终目标是否实现，从而调控小组和个人的学习进程，维持学习动机，感知学习目标，促进反思。

3. 如何规划项目式学习教学方案？

项目式学习教学方案通常涉及时间、形成性评价、组织、文件和工具、重要内容、展示和作品等要素，它是项目式学习顺利开展的基础。规划教学方案具体指：为团队合作、技能训练、同伴反馈、形成性评估、督促与练习等预留足够的时间；确定何时让学生个体或团队开展探究，何时由教师进行授课；设计和准备重要的文件、工具、量规和手册；安排培训、实地访问、实地考察、校外专家咨询或者邀请专家到校讲座；安排促进概念理解的课堂研讨会、练习和测试等；分析成果展示流程并将整个过程分解成若干步骤，确定各个步骤中哪些要教，哪些需要练习，哪些需要改进，并为学生安排练习时间；确定并告知学生每个展示作品的具体要求，设定最后提交日期，安排编辑和修改时间①。

四、项目实施步骤

一是产生主题。师生共同构思项目产生探究主题。

---

① 付燕：《小学项目式学习课程设计的六大策略》，《四川教育》2021 年第 12 期。

二是形成小组。学生自主组合，形成项目学习小组。

三是明确任务。选择探究主题，明确探究任务。

四是制定计划。师生共同制定主题探究计划。

五是开展探究。小组分工合作收集资料，开展主题探究。

六是分析制作。小组共同分析、总结资料。

七是成果展示。预定展示作品的时间，作品展示的形式，进行成果展示。

八是多元评价。教师、学生、家长对该项目进行评价。

九是反思促进。项目组根据评价进行反思提升。

如学校以"解决放学时校门口堵车现象"为主题开展项目式学习。

第一步，学生明确要解决的问题是什么。教师可组织学生放学时到校门口观察放学现状，并向师生、家长调查，整理信息，最终确定要解决的问题是"如何解决放学时校门口堵车现象"。

第二步，学生讨论项目实施过程中的困难或障碍。经过讨论分析后，学生们发现问题有两个：一是家长意识问题，家长们为了方便或尽快接上小孩，都希望能把车开到校门口附近停放；二是对家长的车辆停放缺少人员指挥。

第三步，学生寻找解决困难的措施。学生基于现实困难，提出多种措施：向家长宣传文明停车意识、规划人员指挥交通问题等等。

第四步，学生结合实际情况，着手制定向家长宣传文明停车意识的各种方案，及组织人员指挥交通的方案。经过头脑风暴、交流讨论、互相提意见，学生们综合各组方案优缺点，决策出一系列的宣传方法与招募家长志愿者方法。

第五步，学生行动，向家长宣传交通意识、文明停车行为，学生行动，发动家长参与志愿服务工作。

第六步，根据各时间段家长的车流量统计，合理安排人员进行交通指挥。

五、项目式学习资料

案例一：去购物

内容：三年级数学下册"小数初步认识"综合实践活动。

导语：你到过商场购物吗？你喜欢哪个商场？哪儿的商品多呢？你知道那些商品的价格吗？你会判断那些商品是贵还是便宜吗？五一假期，请你带上任务单，与爸爸妈妈一起走进商场，来一次愉快的购物吧！（温馨提示：为了能出色完成购物任务，请先自学课本 91 页~100 页）

具体活动：

活动一：我会读写商品的价格。选择你想买的商品（3 个），说一说它们的价格分别是多少？拍照保存，并录个小视频介绍商品的价格。

活动二：我会比较商品的价格。选择不同品牌的同一种商品（3 个），比较它们的价格。记得拍照保存，并录个小视频分享一下你是如何比较它们的价格的。

活动三：我会计算商品的价格。算一算你买的商品（3 个），一共需要多少钱？可以和我们分享你是怎么算出总价格的吗？（小视频记录）

活动四：谈谈我的购物感受。参加本次购物你有什么收获呢？与大家分享一下吧！（也可以录个视频简单说说哦！）

案例二：给学校绘制平面图

导语：不知不觉，我们在美丽的校园已经生活了将近三年了，如果有朋友来我们学校参观你会怎么介绍它呢？你还记得指南针的方向是怎样规定的吗？你会绘制我们学校的平面图吗？你能根据学校平面图说说从你教室出发到食堂吃饭，应该怎么走吗？请同学们带着问题一起完成我们的数学实践作业吧！

任务完成指南：

1. 四人小组，可以请教家长或老师，观察学校的布局图，一起绘制学校平面图（养成用尺子和铅笔作图的好习惯哦）。

2. 根据学校平面图说说：从你所在的教室出发到食堂吃饭，应该怎么走呢？画出具体路线图。

3. 你是小导游，可以介绍学校每个功能楼位于学校的哪个位置吗？可以介绍学校最具特色的景点吗？（请写下来或录个小视频介绍一下）

4. 把学校平面图、路线图以及导游介绍词等整理在 A4 纸上，并给它们打扮成美丽的手抄报《我们美丽的校园》。

案例三：清明主题数学科项目式学习

导语：清明有着"花落草齐生，莺飞蝶双戏"的春色美景，有着"况是清明好天气，不妨游衍莫忘归"的游玩之兴，也有着"不思量，自难忘"的追思之情。清明既是节气，又是中华民族纪念祖先、拜谒先烈的传统节日。在这个气清景明的节气中，学校以清明为主题开展实践活动，并推出一系列课程。希望同学们在课程的学习中、在生活的实践中去体会清明最美的意义——爱与珍惜，爱祖国、爱家乡、爱亲人、爱大自然，珍惜生命、珍惜美好的生活。

春寻 "数" 叶

——一年级实践活动记录表

在这个神奇的大自然中，春天就像一个魔术师，除了把它的美藏在各色各样的花朵里，还藏在叶子里。让我们一起走进大自然，去寻找树叶中的奥秘。

收集整理：我一共收集了（　　　）种树叶，按树叶的种类记在统计表（表 4-4）上。

表4-4 树叶分类统计表

树叶名称					
数量					

观察思考：树叶有什么不同？

我发现：（　　　　　　　　　　　）

查阅资料：借助书籍、报刊或网络查找关于树叶的相关知识，把收集到的树叶名称填写在统计表（表4-5）中。

表4-5 单复叶统计

单叶	复叶

在查阅资料时我发现：树叶还可以根据（　　　　）分类。

飞鸢探春

——二年级实践活动记录表

吹面不寒的杨柳风，撩拨着手上的纸鸢。在这个万物复苏的时节，温暖的阳光和春风滋润着每一个人，让我们一起去看、去闻、去摸、去欣赏和拥抱春天与大自然，感受春天的气息。让我们带着纸鸢与春天来个约会吧。

【了解纸鸢】纸鸢，又称为风筝。请你借助书籍、报刊或网络等，查阅纸鸢的相关信息。

1. 了解纸鸢的历史。

2. 了解纸鸢为什么会飞。

3. 收集有关纸鸢的古诗。

【诗画纸鸢】绝美的诗句再配上精美的图画，一定是美的享受。请你利用收集到的关于纸鸢的古诗，根据你对古诗内容的理解，制作一幅精美的诗配画作品。

【设计纸鸢】结合数学知识，说说你的发现：一般纸鸢的外形都是（　　　）图形。请你简单画出纸鸢的设计稿，并标出对称轴。

【手绘纸鸢】

1. 准备空白纸鸢和材料。

2. 用画笔或水彩笔描绘图案。

生命的长度

——三年级实践活动记录表

亲爱的同学们：你知道每种动植物经历了什么样的进化演变吗？它们的寿命有多长？请你查阅相关的资料，收集相关的知识，分类与整理，再用学过的数学方式表达出来。

【了解生命】建立4人小组，通过网上查找资料，其中两人负责了解8种动物（包括人）的平均寿命，另外两人负责了解8种植物的平均寿命。

【绘制生命图】4人合作请把收集到的动植物平均寿命按照长短排序，以生动的图案、鲜明的线条一起完成动植物寿命图吧！

【感悟生命】请统计收集到的数据，4人合作整理在复式统计表上，绘制一份复式统计表。看到这份统计表，你们有什么发现和感想吗？

生命的长度

——四年级实践活动记录表

古诗有云："春蚕到死丝方尽，蜡炬成灰泪始干。"蚕的一生经历出生、生长发育、繁殖、死亡，它的平均寿命只有 56 天。不同动物在生长过程中的形态、变化、繁殖方式各不相同，寿命的长短也不相同。你们知道其他动物的平均寿命吗？让我们一起来研究各种小动物的平均寿命吧！

具体做法：

1. 研究收集小动物的平均寿命，并把数据记录到统计表（表 4-6）中（调查 5~10 种动物平均寿命）。

表 4-6　动物平均寿命统计表

动物种类	宠物鼠	猫	狗
平均寿命/年	2	10	10

2. 在信息技术课和老师的指导下，生成条形统计图。

3. 做好统计图，自行打印好统计图（用 A4 纸制作）。利用美术课，画出自己喜欢的图案，美化条形统计图；用卡纸托底再上交。

了解二十四节气

——五六年级实践活动记录表

【了解清明节气】

通过书籍、网上查阅资料，了解清明节的具体时间，二十四节气的分布及间隔时间。收集清明节气的谚语。

【制二十四节气表】

根据查阅资料，用 A4 纸制作二十四节气表，重点讲解清明节的具体时间和相应特征。

【我能巧运用】

从二十四节气表中，发现数学信息，设计一道实际生活中的问题并解决它。

案例四：跨学科项目学习设计方案

课程名称：蔬菜成长记。

主题类型：学科 STEM 项目式案例。

涉及学科：科学、数学、语文、美术、信息技术、劳动教育。

方案设计人员：盘水杰、孙佳杰、刘行乐、洪晓敏、陈栎多、黎思思。

项目简介：

（一）课程设计背景。

依托开展劳动教育，促进五育融合，发挥出劳动教育的综合育人价值。

（二）课程构思来源。

开辟菜地，研究蔬菜的生长与泥土、阳光、空气及水的关系；通过技术、工程等干预产量并进行相关的测量与计算。

（三）课程主要活动。

种植蔬菜，观察蔬菜生长规律，通过发现、小组讨论、动手试试、探究、拓展和评价，积累数量、测量、空间、协作、规划等经验。

（四）成果产出。

研究报告，蔬菜生长记录册，观察日记，以种植为题材的美术作品。

驱动问题：

围绕"学科 STEM 项目式案例"主题下的蔬菜成长记课程，主要解决以下三个问题：

（一）从自然科学角度。

观察植物从播种到收获全过程的变化，研究并记录每个阶段植物所需的环境条件。

（二）从技术工程角度。

如何通过利用光照、营养、温室大棚、土壤改良等手段提高蔬菜产量。

（三）从数学角度。

研究种植密度对单颗菜重量的影响，研究蔬菜收益与投入的关系。

学习目标：

（一）从真实生活和发展需要出发，从生活情境中发现问题，转化为课程主题，通过探究、服务、制作、体验等方式，提升综合素质。

（二）通过跨学科教学，培养学生发现问题、分析问题、判断问题、解决问题的能力，培养动手能力、合作意识、创新精神。

1. 科学维度。

小组合理分工，种植蔬菜及观察蔬菜的生长规律，并记录各项观测数据。

2. 工程、技术维度。

了解干预光合作用、土地改良等方法。

3. 数学维度。

测量株距和测量蔬菜记录各项试验数据及进行相关计算。

4. 语文美术维度。

通过种植蔬菜、观察蔬菜，亲近自然、探索自然，激发对生命、对大自然的热爱之情。

课程评价设计：

（一）全员评价。

开设劳动护照、劳动活动手册，通过护照、手册实现自评、互评、家长评、教师评等多元评价模式。

（二）全程评价。

各班成果汇报以班级为单位，组织观察日记、手抄报、成果摄影等形式，学校统一评选，对优秀作品进行展示；并根据各班组织的情况，学校每学期评选劳动实践先进班集体若干个。

（三）终结性评价。

各班根据各小组活动参与情况评选出优秀活动小组若干，每班评选出种植小能手5人，观察小能手5人，护植小能手5人，技术小能手5人。每学期各班推选活动参与过程中表现较为突出的5名同学获得少先队红领巾奖章"劳动章"，并担任学校智慧农场宣传员。

项目安排：

（一）阶段一：动手播种。

1. 活动目标。

（1）亲身经历蔬菜种植活动，了解种子萌发需要的条件，学会开辟菜地。

（2）挑选两块田地作为试验组，整地时加入草木灰、鸡粪作为底肥，改良土壤。其他操作与普通菜的一致。

（3）动手播种，并观察描述种子萌发的过程。知道蔬菜的生命是从种子开始。

（4）通过劳动教育，体验劳动的艰辛和快乐，学会珍惜农民的劳动果实。

2. 活动内容。

（1）开辟菜地。体验拔草—翻地—施肥—晒土—整地作畦等。

（2）在整地时，试验田以鸡粪、草木灰作为底肥，再覆盖泥土自然发酵，改良土壤，使其肥沃，探究蔬菜种植需要哪些营养。

（3）为确保种子出苗快而整齐、幼苗健壮、无病虫害，播种前，精选种子，消毒并浸种催芽。

（4）两种播种法：一是直接在菜地，以点播法种植蔬菜。二是在一次性水杯里播种。了解蔬菜生长需要的条件，体验小种子发芽需要吸收水分和肥料、阳光的神奇过程，掌握蔬菜生长基本规律的科学常识。

3. 实施要求。

（1）各班以学习小组为单位准备手套、锄头、铁铲、手推车等种植工具，鸡粪、草木灰等材料。

（2）认识蔬菜，收集有关种植蔬菜的资料，小组讨论研究哪种蔬菜容易种植，哪种蔬菜生长期短，当令蔬菜有哪些，播种技术又包括哪几个方面。

（3）购买时令蔬菜种子。写蔬菜种植日记。

4. 时间安排。

9月6日—10月8日科学课堂、综合实践课、劳动课。

5. 预期成果。

（1）蔬菜园无杂草、均匀分畦、畦面平整、土块松软。

（2）学生完成小组合作清单。

（3）蔬菜种植日记。

（4）劳动活动手册。

（二）阶段二：管理幼苗。

1. 活动目标。

（1）苗期管理包括控水、控温、控光、控肥、间苗、分苗等多项工作。

（2）观察并记录幼苗生长的过程。感受蔬菜的茎和叶的变化规律，并记录各项观察数据。

2. 活动内容。

（1）播种后，每日检查出苗情况：一是水杯播种法，将已出苗的水杯放置在有阳光照射的地方。保证幼苗获得足够的阳光。二是苗床播种法，已出苗的每天早、晚浇适量水，并勤拔草和松土。

（2）持续观察菠菜、香菜、生菜等蔬菜种子萌发及幼苗生长的过程，知道茎和叶等器官都会发生相应的变化。

（3）当观察发现秧苗过于密集时，应及时进行间苗或分苗。

（4）观察并记录土壤改良试验田和普通试验田幼苗的长势。

3. 实施要求。

（1）各班以学习小组为单位填写蔬菜生长记录册。

（2）及时浇水、拔草、松土。

（3）写观察日记。

4．时间安排。

10 月 11 日—10 月 25 日科学课堂、综合实践课、劳动课。

5．预期成果。

（1）幼苗长势喜人、发芽率高、整齐度达到预期效果。

（2）学生观察到相关数据，认真记录蔬菜生长手册。

（3）蔬菜种植观察日记。

（4）劳动活动手册。

（三）阶段三：研究长势。

1．活动目标。

（1）了解蔬菜的种植和管理过程。

（2）养成持续观察和记录蔬菜生长变化的习惯。

（3）探究蔬菜种植密度对单棵菜重量的影响。

（4）探究蔬菜间距对单棵菜的茎的周长影响。

（5）探究如何通过利用光照、营养、温室大棚、土壤改良等手段提高蔬菜产量。

2．活动内容。

（1）实验 1：菠菜种植，对比研究间苗与不间苗对单棵菠菜重量和高矮的影响。

（2）实验 2：移栽菊花菜种植，教师先正确、细致地示范种植方法，然后让学生动手移栽，分别移栽间距 5 厘米与 15 厘米，对比研究间距对单棵菊花菜的茎周长。

（3）实验 3：小白菜种植，对比研究施肥与不施肥对小白菜每平方米产量的影响。

（4）实验 4：韭黄菜和蒜苗种植，通过黑色大棚，改变光照强度，对比研究光照对它们的长势的影响，以此探索蒜苗和蒜黄、韭菜和韭黄等蔬菜的生长环境需求。

（5）坚持每日对蔬菜进行养护、观察，亲身探索除草、浇水、施肥、除虫等环节，记录蔬菜完整的生长周期。

（6）选择傍晚合理浇水，保持土壤湿润，但要避免出现积水现象。待幼苗长出 1~2 片真叶后，开始每周施肥。

3．实施要求。

（1）各班以学习小组为单位填写蔬菜生长记录册。

（2）及时浇水、拔草、松土。

（3）准备尺子、大棚建造材料、肥料。

（4）写观察日记。

（5）蔬菜园写生。

（6）蔬菜园摄影。

4．时间安排。

10 月 26 日至期末的科学课堂、综合实践课、劳动课。

5．预期成果。

（1）各组实验蔬菜按正常规律生长，学生通过对比观察、探究、交流、记录获得蔬菜生长的科学知识。

（2）学生观察到相关数据，认真记录蔬菜生长手册。

（3）蔬菜种植观察日记。

（4）蔬菜写生画。

（5）蔬菜摄影作品。

（四）阶段四：采摘与售卖。

1．活动目标。

（1）挑选合适的蔬菜采摘。

（2）灵活运用数学中的知识解决蔬菜销售中的各种问题。

（3）把蔬菜销售款捐赠扶贫，培养学生乐善好施的优良传统美德。

2. 活动内容。

（1）亲身实践采摘方法，用手轻抚菜根，谨防连土拔起，从外围开始采摘，以免踩到蔬菜，浪费劳动果实。

（2）采摘的蔬菜进行清洗、包装、售卖。

（3）统计销售款，捐赠扶贫。

（4）各班根据各小组活动参与情况评选出优秀活动小组若干，每班评选出种植小能手5人，观察小能手5人，护植小能手5人，技术小能手5人。每学期各班推选活动参与过程中表现较为突出的5名同学获得省少先队红领巾奖章"劳动章"，并担任学校智慧农场宣传员。

3. 实施要求。

（1）填写蔬菜生长记录册。

（2）准备采摘用的篮子等工具。

（3）蔬菜清洗、包装、售卖。

（4）蔬菜种植日记。

4. 时间安排。

采摘：本学期期末科学课堂、综合实践课、劳动课；售卖：放学时间。

5. 预期成果。

（1）蔬菜丰收。

（2）学生能正确、有序采摘蔬菜。

（3）学生认真地清洗、包装、售卖。

（4）正确统计销售款。

（5）蔬菜种植日记。

第五章

小学数学问题驱动深度学习的教学设计

第一节　研读教材与学情分析

一、研读教材

（一）什么是教材？

教材是教学内容的重要载体。教材中蕴含着教学目标、教学内容、教学方式、教学思想和教学方法等，它是课程标准理念和知识的载体。教材反映的是一个国家的核心价值观和主流意识，是一个国家优秀传统文化传承发展的重要载体，也是教师用来沟通学生和学生学习的载体。好的教材有利于学生探索，能拓宽学生的视野；有利于学生发现问题、提出疑问，能为学生积累更丰富的经验。教师在教学中应该积极开发各种教学资源，创造性地使用教材，成为课程的建设者，设计出符合学生认知规律与身心成长的教学过程。教材是教师进行有效教学活动的主要依据，是学生开展学习活动的基础，是教师的教与学生的学双边活动的媒体。数学教材是学生学习数学的基本素材，它为学生的学习提供了信息资源与基本内容，是学生开展数学活动的基本线索。

传统教材观，认为教材是法定知识的载体，教材的功能主要是对教学的内容、方式及其达成的目标进行硬性规范，让师生接受预设、权威化的学科知识。

杜威认为教材有两种作用：从内容组织上来看，教材需做到儿童心理经验与学科逻辑经验的统一；从教材功能上来看，教材要转化成儿童的生活经验，并促进儿童成长。杜威经验自然主义教材观强调以儿童为中心，并非常注重儿童经验的作用。

布鲁纳和奥苏伯尔所主张的结构主义教材观认为：教材在内容选取上应重视学科的基本概念和原理；从教材的功能上来说，教材应是儿童知识结构的建立和智能的发展。

建构主义则认为：教材内容的安排应注意学生学习知识的境遇性、生成性、建构性，学生建构知识就必须要通过自主探究来获取，而教材的功能则是促进学生的意义建构，为建构知识提供材料和引导。

教材是什么？教材是传承文化的重要载体；数学教材是传承数学文化的重要载体。数学教材具有唤起学习欲望、提示学习信息、揭示学习方法、巩固学习质量、开展因材施教等功能。

（二）为什么要研读教材

研读教材就是用探究教学事物、规律、现象的途径、方法来阅读理解教材。为什么要研读教材呢？

1. 从教材编写原则来看

教材的编写在内容结构上是关注核心素养的整体性，在内容的组织上是关注核心素养发展的一致性，在内容的要求上是关注核心素养发展的阶段性。研读教材能清楚构建教学内容之间的内在联系与逻辑关系，能清楚了解到整个小学阶段教学内容的主线，能精准地把握学段中每个主题的内容要求和学业要求。这样才能在做教学设计时有一个明确的方向，并能精准把握教学内容的度，不会出现低年级的老师教了高年级的内容这种教学越位现象。

2. 从教师专业素养提升方面来看

教师要提升专业知识，研读教材是重要途径。研读教材能提升教师的专业知识。《小学教师专业标准（试行）》指出：研读教材是中小学教师的一项基本功。作为教师，必须了解更多的学科知识，掌握所任教的学科的知识体系，了解该学科所蕴含的基本思想与方法。教师要自觉了解所任教学科与社会实践、与学生活动、与其他学科之间的联系，以便适应小学综合性教学要求。每本教材都是编写者集体智慧的结晶，教材内容结构与编排顺序是经过反复推敲与斟酌的，每张图每个表格都是经过精心设计与加工的[①]。教师对教材的理解是理解课程、合理设计和操作实施课程的关键环节。教师只有读懂了教材，才能灵活运用教材；只有读懂教材，才能有效提高课堂教学效率；只有读懂教材，才能设计出激发学生兴趣、增强学生学好数学信心的教学流程。

（三）研读教材的视角

1. 学科知识视角

教材是学科知识的重要载体，它决定着教师教什么与学生学什么。从学科知识的角度分析教材，可从以下三方面进行。

（1）明确教材知识的类型。知识可分为明确知识与默会知识，什么是明确知识？它所对应的是"是什么""为什么"，主要是事实和原理的知识。什么是默会知识？默会知识体现为"怎么想""怎么做"，默会知识实质是理解力、领悟力。知识还可分为陈述性知识与程序性知识。什么是陈述性知识？关于事物及其关系的知识都是陈述性知识，陈述性知识也就是解决"是什么"的问题，包括事实、规则、事件等。什么是程序性知识？程序性知识对应的是"怎么办"，它是指向行为与操作步骤的。

---

① 吴立宝、王光明、王富英：《教材分析的几个视角》，《教育理论与实践》2016 年第 23 期。

数学知识从内容的形式特点来看，可分为代数、几何、统计与概率等，数学知识包括数学的概念和数学的原理（包括性质、法则、公式、公理、定理等）、数学活动经验、数学技能、数学思想方法等。其中数学的概念与原理及数学技能是教学中学科知识的骨架，数学活动经验与数学思想方法是教学中学科知识的灵魂[①]。不同的知识类型，所采用的教学策略是不同的，教师在解读教材时，要分清哪些是属于数学概念，哪些是数学法则。例如，教师研读三角形的面积计算公式这一教学内容，这节课就涉及了数学概念与数学公式。第一个是"三角形的面积"概念属陈述性知识。什么是三角形的面积？其关键的属性是什么？这些都是解决"是什么"的问题。第二个就是"三角形的面积计算公式"，它还是陈述性知识，它所解决的同样也是"是什么"的问题，三角形的面积公式是"底乘高除以二"，那什么是程序性知识呢？学生应用三角形的面积计算公式去解决问题时，就是程序性知识了。不同的数学知识，学生认知的方法也不同，故采用的教学方法也要不同。

（2）把握学科知识结构。学科知识结构是指教材为学生提供的完整的数学知识体系，它是数学概念、数学原理、数学方法与数学思想组织构成的一个结构体系。教师研读教材，就是要理清教材所蕴含的知识结构体系，包括知识特点、内在逻辑、层次关系，教师要从整体、全局的视野来看待教材。

如对"数与代数"领域中"数量关系"的解读。在小学阶段，"数与代数"的领域有两个主题，分别是"数与运算"和"数量关系"。这两个主题在每个学段之间都会构成相对系统的知识结构。在这个知识结构中，两个主题的内容是相互关联的，在编排上由浅入深，层层递进呈螺旋上升状态。其中"数量关系"这一主题主要是用符号（包括数）或含有符号的式子表达数量之

---

① 刘悦红、王光明：《在数学教学中应帮助学生建立数学模型》，《小学数学教育》2012年第3期。

间的关系或规律。在小学阶段需要掌握的两大数量关系："加法模型"和"乘法模型"，学生通过什么方式来构建这两大模型呢？那就要让学生经历在具体情境中运用数学关系解决问题的过程，来感悟这两个数量关系模型的意义，通过学习这两种模型，提高发现问题、提出问题、分析问题、解决问题的能力，形成模型意识和初步的应用意识。

在第一学段，课标对数量关系的要求有两点：一是在简单的生活情境中，让学生运用数和数的运算知识来解决问题，用数学语言来解释结果所表示的实际意义，形成初步的应用意识；二是思考与探索用数、用符号来表达变化规律。教材中每个学期的教学内容是什么？每个教学内容所编写的知识点有哪些？每个知识点又是以什么方式来呈现？这些都需要教师进行整体的研读，从宏观上把握不同学段、不同年级的教材学科结构。

（3）跨学科认识学科知识。各学科的教材其知识内容之间不是孤立存在的，而是相互勾连、相互联系的[①]。教师在研究教材的时候不能只看到教材的内容，还需要纵向考虑其他学科内容与其之间的前后联系，教师站在跨学科的角度，以跨学科的视角，打通学科与学科之间的纵横联系，避免学科知识的孤立。

如"认识时间"内容，在人教版教材中分别安排在一年级、二年级和三年级：一年级主要引导学生认识整点，对分与秒不做认识要求；二年级是对时与分的认识；三年级则是对时分秒、年月日的认识。对于认识时间这个知识结构不仅仅是在数学教材中体现，在《道德与法治》中，就有合理安排时间这个内容；在语文课文中，在古词诗教学中都有许多与时间有关的教学内容；在美术教学中对钟面的描画及制作都是相关的教学内容。故教师除了了解本学科的知识外，更要了解其他学科与之相关联的知识，打通知识之间的纵横联系，

---

① 吴立宝、王光明、王富英：《教材分析的几个视角》，《教育理论与实践》2016年第8期。

促进各学科知识的融合，达到育人的效果。

2. 学生视角

立足学生视角来研读教材，更能全面系统地了解及思考学生已有的认知情况。以学生视角来分析教材就是运用学生的思维方式，困学生之困，惑学生之惑，及时了解学生的学习障碍，暴露学生的思维盲点，目的是为学生接下来的学习探路，有效寻求突破思维障碍的方法手段，只有这样才能在教学设计时做到心中有数，合理确定教学重难点。

（1）学生的兴趣点在哪里？教师在研读教材时，要分析哪些题目、哪些图片、哪些对话、哪些情境是学生感兴趣的，哪些是学生不感兴趣的，等等，这些都要进行分析。在教材中会有很多的情境故事，因为教材是全国统一编写的，在情境故事选择方面可能有些是本地域学生熟悉的，有些则是学生并不熟悉的，学生对不熟悉的知识有时候并不感兴趣，这些情况在研读的时候要善于分析，以便在教学中优化问题情境。教师从学生的视角来分析教材时，要善于从平时的课堂中发现学生对教材中的哪些内容比较感兴趣，哪些内容可激发积极性。

（2）学生认知盲点在哪里？当学生真正投入学习活动时，他会自觉克服困难，自觉解决在学习中出现的矛盾。在这个学习过程中，学生难以理解的内容，学生感到困惑的内容就是教学的难点。从学生的角度去考虑，能清楚学生困惑在哪里，进而采取有效的策略，突破难点达成目标。例如六年级上册，学生在认识负数时，对支出与收入这一对相反的量用正负数来表示是很容易理解的，但对 0 既不是正数也不是负数是很难理解的。教师在研读教材时就要注意到这些问题。

在数学教材中，会留有留白，这些都是学生看不见的知识点与能力点，它隐藏着解题的策略与方法，教师在研读教材时要把这些隐藏着的知识点、能力点、策略方法挖掘出来，让学生经历"再创造"的过程，帮助学生形成较好的知识网络或方法网络，提高思维的难度，增加教学的密度。

3. 数学文化视角

数学给人们提供了多种认识世界的方式。当人们认识与探索世界时，数学提供了观察方式；当人们理解与解释现实世界时，数学提供了思考方式；当人们描述与交流现实世界时，数学提供了表达方式。所以说数学是人类的一种文化，是以内容、思想、方法和语言组成的一种文化，它是现代文明的重要组成部分。每一个数学知识的产生都会蕴含着丰富的内涵与文化价值。学生学习数学，就是通过学习数学的概念和原理、数学技能、数学思想方法来传承发展这种文化。

什么是数学文化？数学之史、数学之美、数学之用，数学教育，数学与各种文化的关系，数学发展中的人文部分都是数学文化。数学发展史，让学生了解数学发展的同时，对数学知识的本质也能更了解。了解数学史，就是了解数学成果在人类文明发展中的作用，能增强学生的爱国情怀与民族自豪感。所以在数学教学中，要注重对学生进行数学文化的熏陶，让学生从中感受数学的魅力，帮助学生形成审美素养。了解数学之用，能体悟数学的应用价值，能有效培养学生的创新精神与创造能力。教师在研读教材时应重视读懂每个知识点产生的来龙去脉，了解其产生的背景及发展历史与应用价值。只有这样才能发挥数学学科育人功能，把数学文化中有意义、有价值的东西融入数学学科教材中，培养有理想、有本领、有担当的时代新人。

(四) 研读教材的策略

1. 结构化策略

有一个成语，叫"纲举目张"，是说撒网的时候，举起网上的大绳，所有网眼就都张开了，用以比喻抓住主要环节以带动其余，或抓住要领则条理分明。数学知识浩如烟海，如何才能学好呢？那就是要"纲举目张"了，只有抓住要领理解梗概，才能"纲举目张"。结构化就是把教材中的那些繁杂的知识点梳理清楚，有组织地串联下来，逻辑展开、框架填充和精细化表达，构建知识体系。结构化策略分三个层次：一是宏观把握教材结构；二是中观把握内容主线；三是微观把握教材知识点。

（1）宏观把握教材结构。小学阶段数学课程内容由数与代数、图形与几何、统计与概率、综合与实践四个学习领域组成。数与代数、图形与几何、统计与概率以数学核心内容和基本思想为主线循序渐进，每个学段的主题有所不同。综合与实践以培养学生综合运用所学知识和方法，解决实际问题的能力为目标，引导学生综合运用数学学科和跨学科的知识与方法解决问题。宏观把握教材结构，就是采用框图形式梳理课程内容，整体理解各领域各主题之间的联系，对小学数学内容做到整体把握，甚至沟通中学的数学内容。

（2）中观把握内容主线。小学数学课程内容设置了如数与运算、数量关系、图形的认识与测量、图形的位置与运动、数据分类、数据收集及整理与表达、随机现象发生的可能性这七条内容主线。这七条内容主线之间有着密切的联系，贯穿于小学数学课程的教学始终。中观把握内容主线，就是把各个知识编织在一起，构成一张知识网，以便更好掌握和驾驭整个小学数学知识体系。

（3）微观把握教材知识点。以各大主题为主线，在这条主线上分布着许许多多的点，这些点就是数学概念、数学原理、数学技能、数学思想方法，对于这些知识点教师要明确其前后联系，掌握其数学本质属性。如果是数学概念，教师要明白这个概念的内涵与外延，要弄清其本质属性，要分清学生获得这个概念的方式方法，还要知道影响学生学习这个概念的各种因素，再思考这个概念教学的策略。

各个主题在不同年级有不同的要求，以整体的视野来解读教材，才能对全套教材有系统的了解。因此，教师在研读教材时，不要把眼光仅仅放在一个点上，不能只关注一节课的教学内容，而是要理解好整个小学阶段教学内容所呈现的序列，把每个主题的编排线索理清，在研读某个课时或某一知识点时，要把它放到整个单元乃至整个学段，甚至整个知识体系来分析解读，读懂该知识点在整个知识体系中所处的位置，读懂该课时在知识体系中的位置，站在更高的认知高度来理解教学，这样才能更精准地确定教学目标，教学才能做到心中有数。

2. 教学程序化策略

每个学科都是应用逻辑，在数学教材中，每个教学内容都隐藏着一条教学逻辑主线。编者把自己想表达的，都浓缩在那一页页的教科书里面。但教材是静态存在的，教师在静态的教材下，要预设到数学课堂教学的动态流程，要思考这节课是如何引出问题、分析问题、探究问题、解决问题的，程序化过程是随处可见的一种思维模式。

（1）化静为动。教学程序化策略，指的是教师在研读教材时，把教材中静态存在的图片、文字、图表等读出动态的效果。拿到教材，每一幅主题图，每一句话都要认真的研读，常常和教材进行对话，都要尝试地问以下问题：例题为什么这样设计？习题为什么这样编排？概念为什么这样引出？不这样设计行不行？换一个主题图好不好？教材呈现的图或话能不能调换位置？

人教版教材编写时每个单元都有一幅主题图，主题图可以看作是现实事物的具体化，主题图是表达知识结构的格式，是描述信息资源的手段。在小学数学教材中的主题图一般在单元或者例题的前面，主要呈现出"知识主题""关联性"以及"信息背景"三个方面。如，二年级下册的"数据收集整理"，主题图所呈现的情境是"选择哪种颜色的校服"，通过小朋友和老师的对话，图片从上往下很自然地勾勒出了"统计"的全过程：使学生经历明确问题—调查对象—调查方法—调查呈现—数据分析等一系列的数据收集整理过程，其中渗透"抽样"的思想。在"数据分析"阶段，"隐藏"了"非随机抽样"是不具备代表性的，最终使学生的思维初步达到"统计水平"。主题图设计不仅突出了"统计"源于生活的需要，而且主题图中的情境起到了很好的串联作用。观察主题图，应该由表及里，可以从观察情境、发现信息和体会教学核心三个角度去思考主题图的用处。

教材很多学习内容都会创设一个问题情境，教师在研读教材时要把这个静态的情境读出动态过程。如，三年级"小数的初步认识"，教材主题图出了四个情境，教师从这几幅图中要读出一个个的小故事，如妈妈在商场购物看到了小数，小明在测量体温时出现了小数，小朋友在测量身高时出现了小数，等等。

（2）重现过程。教材是反映数学知识的应用过程。教材是根据课程的内容设计教学活动的，引导学生运用数学知识解决呈现的问题。教材所设计活动是"问题情境—建立模型—求解验证"的活动过程。问题情境，指的是创设一个学生熟悉的与生活紧密联系的情境；建立模型，指学生通过观察、实践、探索、思考、交流等活动建立起相应的数学模型；求解验证指的是学生运用所建立的模型用数学特有的表达方式去解释一些现象，去解决相关的问题。学生运用"问题情境—建立模型—求解验证"这一过程时，建立认知结构，理解数学知识、掌握数学技能、获得数学活动经验，感悟数学思想方法，形成良好的数学思维习惯和应用意识。[①] 教师在研读教材时，要把这个"问题情境—建立模型—求解验证"的活动过程重现。

下面以人教版数学三年级下册"小数的初步认识"为例，说说解读教材、设计教学活动的过程。

第一，创设有效解决问题的情境。"小数初步认识"的教材有四幅图，这四幅图都是生活中常见的四种现象。分别是妈妈在商场购物时会遇到一种新的数（小数），在文具店里也会看到这种新的数，在体温测量时也会遇到这种新

---

① 刘悦红：《在数学教学中应帮助学生建立数学模型》，《小学数学教育》2012 年第 3 期。

的数，在测量身高时也会遇到这种新的数，这种新的数是什么数？引发学生对小数的初步感知，当学生对这种新数有了初步感知后，教材再揭示："像3.45、0.85、2.60、36.6、1.2 和 1.5 这样的数叫作小数。"接着就教学小数的写法与读法，然后再回到生活中再次感知生活中的小数。

第二，建立数学模型。教材设计了一个问题"1 米 3 分米只用米作单位怎样表示？"在这个问题的引导下，让学生经历问题解决的探究过程，教材是引导学生把小数与十进制分数联系起来，让学生在探索小数与分数的联系中，在初步理解小数的含义中建立认知结构，感悟解题策略，构建数学模型，再运用构建数学模型解决生活中的数学问题，同时培养学生的抽象、概括及创新能力。

第三，感受到解决问题的策略多样化。为了加深学生对小数意义的理解，教材编写了一道练习题，让学生借助元与角的关系，理解 1 角就是 0.1 元，这样可以拓展学生思维，让学生从多角度思考解决问题，形成策略。

第四，课后，教材还设计了相应的练习题，让学生在数学模型的建构中，理解数学模型的价值与作用。

3. 纵横对比策略

什么是纵横对比策略？教材是经过严密选编的系统化的科目知识，然而无论多么优秀的教材，都不可能完全概括该学科领域最为主要的知识，不可能彻底反映该学科的全部结构，更不可能适应任何情境中师生的教与学。因此在研读教材时，教师要对教材进行纵横对比。纵横对比策略就是要求教师在研读教材时，既要根据主题内容理解各知识体系结构特点，理清各知识点的起点在哪里？延伸点在哪里？也要对各个版本教材进行分析，相互取长补短，如使用人教版教材的教师，在备课时除了理解好人教版教材外，至少还应该备有其他的两套教材。

（1）纵向梳理教材，整体把握教材内容。为了准确把握一节课的教学内容在小学数学教学及学习中处于什么地位，该内容的前后各有哪些与之相关的内容，教师需要对教材进行从低段到高段的梳理。例如"分数的认识"的内容，可以做如下梳理。

"分数的认识"在小学分三个阶段进行学习：三年级上册的"分数初步认识"，包括认识几分之一，认识几分之几，分数的简单计算，分数的简单应用。五年级下册"分数的意义和性质"，包括分数的意义（分数的产生、分数的意义、分数与除法的关系），真分数和假分数（带分数、假分数化带分数或整数），约分和通分，分数与小数的互化，分数的加法和减法（同分母分数加减法、异分母分数加减法、分数加减混合运算、运算定律的推广、分数加减法解决问题）。六年级上册"分数乘法与分数除法"，包括理解分数乘法的意义、理解和掌握分数乘法的计算方法，会计算分数与整数、分数、小数的乘法，能运用乘法的运算定律进行一些简便计算，应用分数乘法解决简单的实际问题，理解倒数的意义，掌握求一个数的倒数的方法，体会分数除法的意义，理解并掌握分数除法的计算方法，会进行分数除法计算，会进行分数混合运算，会解决"已知一个数的几分之几是多少，求这个数"的实际问题，会解决"已知比一个数多（少）几分之几的数是多少，求这个数"的实际问题，会解决"已知两个量的和（差），其中一个量是另一个量的几分之几，求这两个量"的实际问题，会利用抽象的"1"解决实际问题。

把知识点梳理出来后，再进行系统的分析，分析其核心知识、核心思想是什么，分析教材提供了哪些直观学具，分析教材提供了什么学习方法，分析教材配套了什么巩固应用的练习题，等等。总之，通过纵向梳理教材，能够准确把握教学内容的核心，帮助教师在进行一课的教学时做到不仅见"树木"还能见"森林"。

（2）横向比较教材。横向比较教材的意图有两个方面：一方面是了解不同教材设计思路，突出教学内容的数学本质；另一方面是准确把握教材的核心思想。横向比较，就是要求教师在研读教材时，要了解清楚所研读的内容在其他版本的教材是以什么方式呈现的。安排的单元、主题图、例题、练习题各有什么相同点和不同点？下面以人教版、北师大版教材中"分数初步认识"为例，说说横向比较教材的方法。

相同之处：引入方式相似。从学生的实践经验出发，以具体分物情境作为切入点，以半个为突破口，突出"平均分"，学生在日常生活中分过月饼，也分过苹果，这些都是生活中常见、常做的事情，学生对如何分已有了经验。教材在编写的时候，注重选取生活的实例，其目的是希望学生能感受到数学与生活的联系，感受到数学就在自己的身边，并通过这些生活实例激发学生借助生活动经验解决实际问题的动机。在编写上，人教版是以分月饼来引入，通过分月饼让学生引出一半，再在这个基础上初步认识 $\frac{1}{2}$、$\frac{1}{4}$。当学生唤醒了已有的生活经验后，教材借助圆、正方形、长方形等图形模型让学生继续认识 $\frac{1}{3}$、$\frac{1}{5}$、$\frac{1}{6}$ 等分数。北师大版本的教材同样也是从学生实际经验出发，采用分苹果的方式，引出"一半"，然后让学生可以借助图形画一画，也可以借助实物分一分，也可以用数字写一写，来表征出一半也就是 $\frac{1}{2}$，这都是借助生活情境初步感知 $\frac{1}{2}$，接着教材同样也是借助不同的图形模型，让学生通过折一折、涂一涂等多种方式来表征出分数。

不同之处：人教版编入"比较简单的分数大小"以此突出分数是一个有大小的分数。北师大版操作更具开放性，不局限于几分之一，分数大小的比较是隐性的。

（五）研读教材的方法

要把教材研读好，除了研读教材还需要研读课标、研读教师用书。用什么方法研读呢？数学教材图文并茂，在研读的时候教师要理解好教材中的每一句话所表达的意思，每幅图所蕴含的数学信息，每一道练习题所对应的策略方法，还要研读出教材的重点是什么，难点在哪里；研读时教师对教材还要有其个人的思考与价值判断。研读教材不仅仅只看教材，还要看课程标准、教师教学用书，课标与教师用书是指导教学的方向标，是教学设计的理论依据，对课标与教师用书解读透，其实就是站在编写者的角度来看教材。教材、教参要看全、看透，从宏观入手，才能细致落实。具体做法：一是读懂编者意图；二是读懂知识的产生背景与文化价值；三是理解好教材中所蕴含的数学策略、数学思想方法。

1. 读懂编者的意图

可以从五个方面来理解编者的意图。

（1）从主题图中理解编者的意图。主题图有何作用？主题图选择了什么生活情境？为什么主题图会选这些生活情境？人教版教材每一单元的开始是主题图，编者把这个单元所涵盖的教学内容通过各种生活情境图、自然景观图等呈现出来，其目的是吸引学生对本单元教学内容的兴趣，让学生初步感知本单元要学习的内容。

（2）通过读例题理解编者意图。教材就是由一个一个例题组成的，例题是教材中最基本的元素，也是学生学习的重要依据。读懂例题，除了要了解例题所蕴含的数学信息与问题外，还要理解好例题呈现形式、例题展示的解题策略、例题中蕴含的数学思想方法。

（3）理解教材中提示语的意思。提示语是教材最具启示性的地方，理解好提示语能更好地把握教学内容的重点。提示语更多的是根据学生认识上的困惑来编写的，一般是指导好学生理解学习的方法，对提示语进行研读能有效突破教学难点。

（4）理解好教材中留白的地方。在看教材时，有些话语往往是出示了一半后面的用省略号来代替，"留白"是人教版教材编写的一大特色。"留白"没有给出答案只是提示了思考的方向，"留白"能带给学生更多的思考。"留白"给教师创造性使用教材留下了很大的空间。"留白"是教学中需要补充的地方，补充什么内容？以什么形式来补充这些内容？这些内容让学生自己独立思考还是要通过启示？这些都需要教师在研读时想清楚。

（5）通过研读练习题理解编者的意图。数学教材在每一个例题组后都编有相应的练习题。练习是学生掌握基础知识与基本技能的重要载体。教师对练习题要用心研读，理解好每个综合练习中每道例题的难易程度。通过对例题研读，教师要弄清楚哪些是对应例题的最基本的练习，哪些是变式题，哪些是要求学生在现实生活中进行探索实践的，哪些是拓展题，等等。

2. 读出知识的产生背景与文化价值

（1）联系日常生活，读出数学的应用价值。研读教材时，应与日常生活联系起来，把教材中原本枯燥抽象的数学材料变成活的、新颖、生动、有趣的小故事，更重要的是理解这些数学知识在生活中的应用，进一步体会数学的无处不在，数学的真实、有用。如在研读"圆的认识"这节课时，既要读出生活、自然现象中处处都有圆，还要读到圆在实际生活中的应用，如车轮为什么是圆的、沙井盖为什么是圆的等等，这些在研读教材时教师都要做思考。

（2）拓展学科领域，读出数学的美学价值。在数学教学中若能把数学与其他学科联系起来挖掘数学的美学价值，才能让学生强烈感受到数学文化的博大精深和数学学科的无限魅力，也能更好地让学生形成良好的数学思维品质。数学是美的，教师挖掘出数学的美学价值，也就是数学美在日常生活中的应用。如对称美在建筑中的运用；如数学当中的黄金分割，它有很高的美学价值，在建筑中处处可见，在美术的构图中处处可见，在"比例"的教学中，教师要研究一下胡夫金字塔、希腊雅典的巴特农神庙、《蒙娜丽莎》等艺术品时的相关数据等。

（3）链接数学史料，读出数学的人文价值。数学经过漫长的人类发展，积淀了一代代劳动人民及数学家的创造和智慧的结晶。教师研读教材，要把教材中出现的数学的研究精神、发明发现的精神挖掘出来。如乘法口诀的产生，古代中国的"除法竖式"和现代的"除法竖式"的演变历程，计量单位的演变过程，等等，教师在研读教材时要深挖这些教学资源。

3. 挖掘教材蕴含的数学思想方法

教师在研读教材时，要把教材中所蕴含的数学思想方法挖掘出来。数学思想方法是以数学知识为载体，对数学知识的进一步抽象概括。数学思想方法是隐性的，它并不像数学知识技能那样显而易见，为此教师在研读教材时要思考清楚，所研读的数学知识里面蕴含着什么数学思想。教师研读教材时，挖掘数学思想通常按照以下三个步骤进行：一是把教材通览一遍，提出问题。二是教师带着这些问题，再去研究数学课程标准及教师用书。在课程标准的教学提示部分都会讲述该教学内容所要形成的数学思想，如第二学段图形的位置与运动中对图形周长的理解，就要求学生在探索的过程中，形成初步的几何直观和推理意识。三是阅读辅助资料，深化认识，挖掘教材中隐含的数学思想方法。

二、学情分析

（一）什么是学情分析

美籍匈牙利数学教育家乔治·波利亚认为：学生想什么比教师讲什么重要千百倍。所以说，要想提升课堂教学质量，要提高课堂教学实效性，教师必须要进行学情分析。只有对学生学习情况进行充分的分析，才能有针性对学生进行教学，才能促进学生发展，才能提升学生的数学学科能力，发展其核心素养。

什么是学情？学情是学生在学习过程中表现出来的能力差异和特点的具体情况，其表现为在某一个单位时间内或某一项学习活动中的学习状态。学情有两方面：一方面是学习这个知识点时学生已有的基础；另一方面是学生在学习该知识点时所需要的及所准备的东西，学情是教学的起点。

学情分析，也叫"学生分析"或"教学对象分析"。进行学情分析的最终目的是有效达成教学目标，最关键是为教师进行教学设计、优化教学过程服务。学情分析最重要的是研究学生现实能力水平、认知方式与实际的需要。学情分析的内容有哪些呢？主要有以下三个方面：其一，分析学生的起点水平和生活经验。学生进入学习前不是一片空白，他们已积累起了生活经验与数学学习经验。进行学情分析时就是要清楚学生已有的知识经验及生活经验是什么。其二，分析学生的学习动机和学习兴趣。把学生学习这个内容的兴趣找出来、学习动机看清楚，这会更利于开展教学活动。其三，分析学生独特的思维方式，每个学生在思考问题时思路是不同的，教师能把不同学生不同的学习风格找出来，这更利于因材施教。

（二）为什么要进行学情分析？

为什么要进行学情分析？因为课堂教学是师生共同参与的，随着课堂教学深入开展，教学活动处于不断变化的动态过程。在这个动态变化的过程中，学生是主体，他们的学习应该是主动参与、积极探索、独立思考的。教师在这个动态变化的过程中，是设计者、引导者、组织者，教学所做的一切都是为学生的学习服务。这种师生关系，决定着教师做教学设计时必须要从学生角度出发，整个教学思路必须要符合学生认知规律、适合学生身心发展的需求。教师在思考"教什么"与"怎样教"时，更需要思考的是学生"学什么""怎样学""学到什么程度"等问题；同时还要考虑学生学习兴趣。所以教学设计前，教师必须要进行学情分析。

数学教学最终目标是发展学生的核心素养。班级授课制，许多东西已是固定的了，如教材内容，所采用的教学手段、教学策略这些是不变的。那影响学生个体学习的是什么呢？就是学生已有的认知水平和知识经验。如何才能让学生在课堂学习中更好理解数学知识，这就要进行学情分析了。

1. 学情分析是做好教学设计的前提

为什么说学情分析是做好教学设计的前提呢？原因有三个：其一，教学目标制定必须以学情分析为依据。制订教学目标时，如果没有学情分析，则所定的目标是"假、大、空"的。要制定教学目标必须要了解学生学习最近发展区，要确定学生学习最近发展区就必须要真正了解学生已有的生活经验、知识基础及学生认知规律与心理特点。其二，要进行教学内容分析前必须要进行学情分析。同一个教学内容，不同的学生其理解情况是不同的，同一个教学内容不同班级学习基础也是不同的，只有对学生学习情况进行充分的了解，才能确定教学内容中哪些是重点，哪些是难点，哪些是学生解题的关键。其三，学情分析是教学策略选择和教学活动设计的落脚点。教学策略的选取必须要依靠学情分析，以什么方式开展教学活动必须是要有针对性的，如果不去了解学生的知识经验，不去了解学生思维方式，教师就会做很多无用的讲解或无用的操作。

2. 学情分析是"因材施教"的重要保证

实践证明只有了解学生、理解学生才能做好教育，才能让学生朝着既定的教学目标前进。要做学生的好老师，老师必须要站在学生的角度来思考问题。每个学生因不同的家庭教育环境，不同的社会、生活、学习经历，都会有着不同的成长方式；而每个年龄阶段学生的心理特点也是不同的，每个学生都会有其个性特点。只有把这些了解清楚，才能更好地实施教学，才能有更好的育人策略，才能让教育更具生命力。

3. 学情分析是教师素养发展的需要

教育的真谛即心灵的对话，诚如雅斯贝尔斯所言："教育的本质意味着：一棵树摇动另一棵树，一朵云推动另一朵云，一个灵魂唤醒另一个灵魂。"我们作为"人类灵魂的工程师"，只有走进学生心灵，读懂学生内心，了解学生需要，赢得学生信任，才能唤醒学生心灵，塑造学生灵魂。

（三）学情分析的原则

1. 全面了解学生需求是读懂学生的基础

当代课堂，并非从未知开始，学生进入学习前已有了一定的知识储备。因此，我们必须在上课前或上课初了解学生的学习起点，诊断学生的学习需求。比如：学生在课前哪些已经会了？哪些是似懂非懂？哪些是一点儿都不懂？学习这个内容，学生已懂得了什么？还缺什么？学习困难障碍在哪里？学生之间的差异在哪里？针对上述问题该采用何种对策方法？上完这节课后，学生的思维应该有哪些方面的增量？

2. 尊重是读懂学生的前提

"蹲下来看孩子"是于永正老师的名言。从这句话中可看出，教师不是高高在上的，教师要放下权威，平等地对待学生、理解学生、尊重学生。要倾听学生的呼声，用平等的眼光看待他们，融入他们的世界，走进他们的心扉。当学生感受到教师和同伴的尊重，就会努力地做好自己以不辜负他人的尊重，就会热情地投入学习中去，积极地表达自己的观点与思考，这样的话，学生的潜力就会得到极大开发，在不断获得肯定与成功的同时，自信心也得到逐步培养。尊重学生就是要尊重学生的个性差异，俗话说：尺有所长，寸有所短。不是每个学生一生下来就很会读书，有些人擅长于语言沟通，有些人擅长于笔墨，有些人擅长于过目不忘……对于那些学困生，在学习上像只"小蜗牛"，众所周知，"小蜗牛"爬得很慢很慢，很多小动物可能会嫌弃，但是我们心里明白："小蜗牛"尽管很慢，但是终有一天会爬到它想去的地方。因此，学会尊重每个学生的发展规律很关键，不能讽刺"小蜗牛"，因为他们只是发展得慢，但是依然很勤劳地朝着目标挪动着。唯有尊重才有可能读懂。

3. "换位思考"是读懂学生的重要手段

换位思考就是要求教师从学生的角度来看学生。当学生做题出错时，我们应该从学生的角度思考做错题的原因，及时给予耐心的指导，指导他们如何解题。例如：一位学生在做下面一道题时把正确的答案否定后写了一个错误的答案出来，原题如下：

有 200 千克蔬菜，运走了 $\frac{4}{7}$，运走了多少千克？

学生第一次列式：$200 \times \frac{4}{7}$，学生列出式子后又用笔删去，再列出另一道算式并计算出结果写上答数：$200 \div \frac{4}{7} = 200 \times \frac{7}{4} = 350$（千克）

$200 \times \frac{4}{7}$ 的列式是对的，但学生却删掉了，认为不对，然后又改为用除法列式计算。为什么学生会出现这种情况呢？如果我们站在学生的立场来分析，就很容易发现问题了，那是因为 200 与分母 7 约分时不是一个整数，而 200 与 4 进行约分时刚好是整数，他认为 $200 \times \frac{4}{7} = \frac{800}{7}$，这个 $\frac{800}{7}$ 不是一个整数，在他的眼中千克应该是整数的，所以他认为用乘法是错的，用除法算出的结果是一个整数，他认为是对的。

（四）学情分析的视角

可以从哪些方面进行学情分析呢？

1. 读懂学生的语言

叶澜教授说："要学会倾听孩子们的每一个问题、每一句话，善于捕捉每一个孩子身上的思维火花。"课堂中教师要学会与学生"对话"，在"对话"中感悟、理解学生的情感、思维和成长中的需要。教师要学会在对话中做到善于倾听，通过倾听学生的话语，倾听学生的内心、倾听学生的想法、倾听学生的表达、倾听学生的做法，在倾听中发现学生的闪光点，发现存在的问题。通过对学生的用心倾听，走进学生的心灵，解读学生的所思所想所为，只有这样，才能让教学更具针对性，也只有这样才能做到因材施教。

2. 读懂学生的思维

从某种程度上说，读懂了学生的错误，也就读懂了学生的思维方式。

3. 读懂学生的经验

"不要以为学生学了，他就会懂。"学生在学习时，往往有一个顺应、同化的过程。课堂上，教师要静下来思考：教学目标距离学生的现有水平有多远？所学的新知，哪些学生已经了解的，学生掌握到什么程度？学习这个知识点，学生已积累了哪些生活经验？学生的这些生活经验是对学生有帮助还是会干扰学生的学习。在新学的知识中，哪处是学生感觉到困惑的？学生的困惑点怎样才能突破？

（五）学情分析的方法

学情分析，每天都在发生，如教师在课堂上提问学生，从学生的回答教师可以判断学生的学习情况；教师每天都在批改作业，从学生的作业情况，教师可以做学情分析；每次测试后，从卷面教师就可做学情分析。然而许多教师做学情分析都是较为碎片化的，不成系统。如何对学生的学情进行全面系统的分析呢？下面介绍几种常见的方法。

1. 谈话法

谈话法，就是以谈话的方式了解情况。教师与学生对话，直接就能听出学生的所想、所思、所准备的行动。谈话法能让教师以最快的速度掌握学生的情况。与学生谈话，要注意以下几个问题：一是要找准时间。谈话的时机是非常重要的，时间找对了，学生容易打开心扉实话实说。二是采取多种方法采集信息。可以在班级里设置几位"信息员"，在跟当事学生谈话之前，先跟他比较熟悉的、玩得比较好的、关系比较亲密的学生谈话，旁敲侧击地了解相关情况。三是谈话要采取多种方式。如果了解的情况足够多，可以直接抛"直线球"，单刀直入地询问；如果信息了解不全或是学生性格比较内向，就要采取"曲线球"的方式，委婉地进行。四是最重要的要确定谈话的目的。就如上一堂课一样，首先要确定好要达到的目的，然后根据目的去进行一系列的活动。目的要清晰可操作。

2. 调查研究法

调查法就是设定一些问题让学生回答，从回答问题的情况来了解学生情况。调查法的关键点是调查提纲的整理，在调查前要定好提纲，想好调查的步骤及调查方法。调查研究采用的方法一般是课堂前测。开展课堂前测，能够很好地了解学生的发展需要和已有经验，了解学生的思维共性和认知差异。如教学五年级的"圆"，学生对平面图形有了初步的认识，已掌握长方形、正方形、平行四边形、三角形、梯形的基本特征。圆的相关知识是在学生认识并掌握直线平面图形的基础上教学的曲线平面图形，是本单元的重要内容。学生们学习圆之前已经知道了些什么？他们学习的起点在哪里？学生学习这部分的难点到底是什么？为了更好地了解学生的情况，在教学圆之前，教师可课堂前测对学生进行调查。

问题如下：

（1）你见过圆吗？

（2）你以前画过圆吗？

（3）如果你画过圆，你是用什么工具画圆的？

（4）你能借用工具画一个圆吗？

（5）你可否听过"半径""直径""圆心角"？

（6）圆的大小是由什么决定的？

（7）圆的位置是由什么决定的？

（8）关于圆你还知道些什么？

（9）你想学会"圆"的哪些知识？

（10）车轮子为什么要做成圆的？做成正方形可以吗？为什么？

课堂前测结束后，要对学生问答情况进行分析，一般从两方面去分析：一方面通过数据分析全班学生学情，也就是看全班对某一个问题回答的正确率如何，这样可以知道班级的整体情况，以方便教学设计。另一方面个案分析个别学生，也就是了解每一个学生，以便在教学过程中做到因材施教。

3. 过程观察法

通过观察了解学生的学习过程、学习态度和学习策略。过程观察法是教师分析学情使用频率最高的方法之一。观察学生可分学习前、学习中、学习后三个阶段。学习前指的是学生在学习新知识之前的准备状态；学习中指的是学生在学习过程中倾听、互动、自主等层面的状态；学习后指的是学生对学习内容的达成状态。观察过程，教师应重点观察学生的学习行为，包括学生思维状态、参与程度、学习时的情绪、与同伴交流时的表现、听课后的效果等等。过程观察首先要规划好观察对象，在小学阶段一个班级一般是 40 人以上，如果无规划，就会变得毫无目的，以达不到观察的效果。其次要确定观察的内容，如观察听课状态或者是观察与同伴交流状态，如，同伴发言，是否有认真倾听的习惯，自己发言是否能积极表达自己的见解。另外要掌握观察方法，通常情况下，可以从学生的发言、目光、面部表情与形体动作中捕捉有价值的信息并进行记录。最后注意形成记录观察情况的习惯。教师还得常常看看记录内容，以便分析学生学习过程的变化情况。

4. 书面材料分析法

根据现有材料进行分析，能更好更全面地了解学生学习情况。诊断性资料指教育者根据某一教育目的，适时地提出某些专题性作业，如口头测试、课内外作业、单元小测试、综合实践作业等，然后对其展示内容进行分析。在小学数学教学中书面材料分析法，更多的是应用于学生的错例分析。小学数学教学几乎是每节课都会有练习，每天都会有作业。每个学生学习掌握情况基本上可以通过作业情况就能体现，通过学生作业正确率可以分析学生对知识掌握情况；从学生错误案例，可以分析学生思维状态。所以教师要形成收集学生错误案例的习惯，把收集到的错例进行归类，分辨出错误属于哪种类型，是属于合理性错误还是不合理性错误，是属于思维性错误还是属于粗心大意的错误。错例分析，可以及时了解每个学生学习情况，以便有针对性地进行辅导，还可以为以后的教学设计提供更多的参考。

案例："角的度量"学情分析报告

（一）调研意图与目标

"角的度量"是人教版小学数学四年级上册第三单元内容，包括线段、直线、射线的认识，用量角器度量角的度数；角的分类；画指定度数的角。本单元是在学生学习了长度单位、角初步认识的基础上进一步认识角的特征和分类，掌握量角、画指定度数的角的方法，为以后学习垂直及三角形分类等知识打下基础。为了了解四年级学生对本单元已有的概念理解和已储备的知识经验的积累情况，了解《义务教育数学课程标准（2022 年版）》对本单元的基本要求，明确教学的起点和目标，在用好教材的基础上，设计出能引发学生探究欲望的驱动问题链，设计贴近学生经验和兴趣的个性化教学活动，特开展本次调研。

（二）调研方法与过程

1. 调研方法

本调研的对象包括两个方面：教材与学生。对于教材的调研主要是基于《义务教育数学课程标准（2022 年版）》、人教版数学教材（二年级上册，四年级上册）以及对应的教师用书等文本的比较和分析，明确"角的度量"单元在本学段的教学目标和教学内容；对于学生的调研方法为：（1）设计"角的度量"主题的开放式问题，选取数学学科综合成绩好、中、差三档各两名学生进行个别访谈，初步确定不同学业层次的学生关于"角的度量"主题的已有概念（包括典型的错误概念）、经验、兴趣点等。（2）设计"角的度量"主题的半开放式问题调查问卷，选择四年级 150 名学生进行问卷调查，相对精准地明确学生关于"角的度量"主题的已有概念、经验、兴趣点等。

2. 调研过程

（1）从单元核心概念、单元目标、呈现例题三个方面对人教版数学二年级"角的初步认识"（见表 5-1）与四年级"角的度量"（见表 5-2）两个单元进行整理并比较。

表 5-1 二年级上册"角的初步认识"教材分析

核心概念	单元目标	例题解读
1. 一个角有一个顶点,有两条边;两条边是直直的,都从顶点出发 2. 角的大小与角两边张开的大小有关,与角两边的长度无关 3. 用三角尺画直角的方法:三角尺的直角边,沿着直角边画是直角(一点、二线、三标记) 4. 所有的直角大小相等	1. 结合生活情景及操作活动,使学生初步认识角,知道角的各部分名称,初步学会用尺画角 2. 结合生活情境及操作活动,使学生初步认识直角、锐角和钝角,会用三角尺判断直角、锐角和钝角 3. 让学生运用角的知识解决简单的问题,继续培养学生解决问题的能力 4. 培养学生初步的观察能力、动手操作能力,尝试从数学的角度去观察周围的世界	例题1:认识角及其各部分的名称、角的大小 本例题从实物中抽象出角,通过指角、找角、做活动角、折角、比角等操作活动认识角的特征 例题2:画角 本例题以两幅动态的图展示了画角的步骤和方法,进一步加强对角的认识 例题3:认识直角 本例题通过让学生观察国旗、椅子、双杆上的角,使学生体会到这些角的大小是一样的 例题4:画直角 本例题通过连续的直观图,呈现用三角尺上的直角画直角的方法,进一步体会直角的特点 例题5:认识锐角和钝角 通过让学生用三角尺上的直角比实物上的角,抽象出锐角、钝角,从分类的角度初步认识锐角与钝角 例题6:解决问题 用一副三角尺拼出一个钝角经历完整的解决问题的过程

表 5-2　四年级上册"角的度量"教材分析

核心概念	单元目标	例题解读
角：从一点引出两条射线所组成的图形 锐角：小于 90°的角 直角：等于 90°的角 钝角：大于 90°而小于 180°的角 平角：一条射线绕它的端点旋转半周，形成的角（等于 180°的角） 周角：一条射线绕它的端点旋转一周，形成的角（等于 360°的角）	1. 理解角的含义，进一步认识直角、锐角和钝角，知道平角和周角，并了解这几种角的大小关系 2. 能用量角器量角的度数，能画指定度数的角，能用三角尺画 30°、45°、60°、90°等特定度数的角 3. 经历量角、画角等操作步骤的整理归纳过程，感受操作技能学习的特点，体会程序性知识学习的过程和意义	1. 角：通过唤醒二年级学习过的角的知识，结合前一课时内容，重新认识角的定义及角的组成、角的表示方法 2. 角的度量：通过比较角的大小的需求，引出角的度量方法 3. 角的分类：通过量角引出三种特定度数的角：直角、平角、周角；再通过角的对比，整理出角的大小关系 4. 画角：通过画一个 60°的角引出画角的方法与步骤

从上述整理内容可看出，二年级是对角的初步感知，画角仅限于借助工具画出一个相应类型的角，对角的大小不做要求，同时对于锐角、直角、钝角的是初步认识，在判断直角、锐角和钝角要求学生借助用三角尺来判断。四年级要求让学生用严谨的数学语言来定义角及各类角，在画角的时候要求学生使用量角器画出精确的角。

"角的度量"是测量教学中难度较大的一个知识点，学生学习这个内容时对角已有了初步的认识，学生平时已看过很多的角，如课桌有角、书本有角等、学生平时对角的大小也有一个初步的感知，但在日常生活中，学生没有这个角比那个角大多少度的经验，对角的度量知之甚少，因为学生在生活中很少有准确测量角的需要，所以对于角的度量这个知识点是抽象的，加再之量角器这个测量工具与之前学生学习的尺子测量工具相比也更难理解，特别是对1°角的理解，都是很抽象的。在学习角的度量时，学生除了学习过长度的度量还学习过面积的度量及计算，也算是对度量知识有一定的了解。如何帮助学生度量角，如何帮助学生建立起角的单位，这些都是为后面表面积与体积的学习做准备。

（2）关于"角的度量"学情调查。

个别访谈：你认识角吗？你会判断锐角、直角、钝角吗？你会画出一个钝角吗？你是怎样画出来的？你知道哪些量角的工具？

问卷调查：

①在测量角的大小时，你会选择哪些工具（见图5-1）？

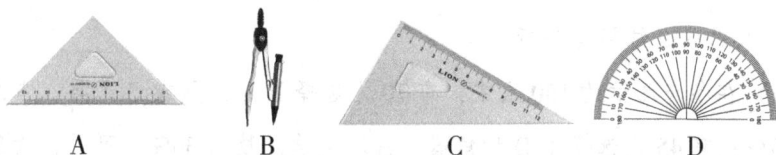

A　　　　　B　　　　　C　　　　　D

图5-1　各种测量工具

②右边的这个角是什么角（见图5-2）？

图5-2

③这个角是多少度？你能用工具把它量出来吗？

（三）调研结果与分析

1. 个别访谈结果与分析

在访谈的 6 个同学中，所有的同学都认识角，并能结合身边熟悉物体举例说出角。对于锐角、直角、钝角的判断，6 个同学中，有 2 个已遗忘了，但经同伴提醒也能准确说出来。对于画钝角，优生与中等生都会，基础薄弱的 1 位同学虽能画出一个角来，但并不是钝角。借助三角尺画直角的方法学生并不常用，学生直接用尺子先画出一条边，再凭感觉画出另一条边。在访谈的 6 个学生中，仅有 1 个同学知道可以用量角器进行量角，但未懂得如何正确用量角器量出角。从访谈的结果看出，学生对二年级角的初步认识还是掌握得比较好的，对锐角、直角、钝角已建立起了很深的印象。用量角器量角是新学习的内容，对于这个内容学生还处于未知阶段，这也说明学生并没有自主预习的习惯。

2. 问卷调查结果与分析

（1）在参与测试的 150 人中，有 70 人选择了 A 工具或 C 工具，占总人数的 46.7%；有 45 人选择了 D 量角器，占测试总人数的 30%。可见，大部分学生对角的认识还停留在二年级用三角尺判断大小这个认知阶段，对如何准确测量出角的度数还处于未知阶段，有 30% 的学生知道量角器这一工具，但仅仅只是停留在知道层面，真正会用量角器来度量角的大小的学生少之又少。

（2）对于问题②，有 135 个学生能判断出是锐角占总人数的 90%，15 个学生判断为直角，占总人数 10%，当教师提醒其用三角尺的直角来比一比后，15 个同学都能正确做出判断。

（3）对于问题③，大部分的同学不知道要求做什么？更不懂得用测量工具进行测量。在前测中，只有 5 个同学能正确测量出这个角的度数。

从前测的数据与结果可看出，学生在学习角的度量时，对使用量角器测量角是不了解的。

所以，在教学中，必须要从上述的学情分析出发，设计一系列直观操作活动，如让学生描出 1°角，熟悉量角器，又如给出操作要求通过小组合作的方式去测量角等，通过这些活动，帮助学生理解好角的度量单位，并梳理与迁移相关的测量知识，从而培养学生量感。

案例：单元整体分析

一年级下册第 1 单元"图形的认识与测量（二）的分析"

一、对课标的解读

（一）本单元要落实的核心素养

本单元要落实的核心素养分别是几何直观、空间观念、应用意识与创新意识。

（二）本单元的核心概念

1. 长方形、正方形、平行四边形、三角形和圆等平面图形的特征。

2. 用相同的正方形、长方形或三角形可以分别拼成更大的正方形、长方形或三角形。

（三）单元目标

1. 使学生直观认识长方形、正方形、平行四边形、三角形和圆等平面图形，能够辨认和区分这些图形。

2. 通过拼、摆、画、折等活动，使学生直观感受所学平面图形的特征。

3. 通过观察、操作，使学生初步感受所学图形之间的关系。

4. 培养学生初步的观察能力、动手操作能力和语言表达能力，同时感受图形与日常生活的密切联系，并学会从数学的角度去观察周围的世界。

二、对教材的解读

（一）对本单元例题分析

例 1：教学 5 种平面图形。本例题借助立体图形以描、画、印、拓等方式画出平面图形，体会"面在体上"；同时通过列表的方式把不同的平面图形归类，并抽象出一般图形，介绍其名称；增加认识平行四边形，为进一步认识其它图形做铺垫。

例2：平面图形的拼组。通过用学过的、同样的平面图形拼成学过的或没有学过的其他平面图形，使学生进一步体会平面图形的特征，初步感受平面图形之间的关系，并为以后的学习积累一些感性经验。

例3：解决问题。让学生运用已有的关于平面图形的知识和活动经验，用七巧板拼指定的图形，使学生继续经历解决问题的一般过程（有序），并通过对七巧板的实际操作解决问题。

（二）本单元的核心问题

1. 要想得到其中一个面（图形），怎么办？

2. 三角形有什么特点？这些图形大小不同、形状不同，怎么都是三角形（平行四边形、长方形）？

3. 说一说用了几个什么样的平面图形拼出了一个新的什么图形，怎样拼？

4. 用一套七巧板拼三角形，看谁拼得多？怎样拼出更多的三角形？

（三）本单元典型习题

1. 对组成美丽图案的不同图形的数量进行分类计数。（见图5-3）

2. 用哪个物体可以画出左栏的图形？请把它圈起来。（见图5-4）

3. 缺了多少块砖？（见图5-5）

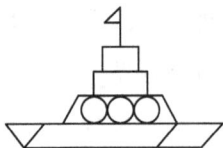

（图5-3）

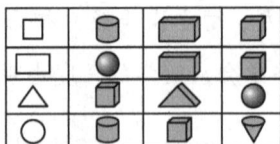

（图5-4）

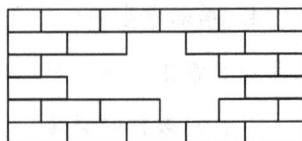

（图5-5）

（四）数学思想方法

1. 观察画图归纳，构建几何直观模型。

2. 动手操作，形成空间观念。

3. 开放性活动设计，引导创新。

三、学情分析

（一）前概念

1. 本单元是正式学习平面图形的开始。

2. 能辨认立体图形并且初步感知了立体图形的特征。

（二）学习困惑

1. 不能明确平面图形和立体图形的联系和区别。

2. 组合图形中，对不同图形的数量进行分类，易数错数量。

（三）易混淆习题

正放置的图形与斜放的图形；补砖时不知隔行对齐，数错。

第二节　如何进行单元整体教学设计

一、单元整体设计概述

（一）单元与课时

单元是结构化学习的单位，它是依据一个中心，把学习的内容按照一定的逻辑组织而成的。小学数学教材一册所编写的单元一般不超过 10 个，这些单元都是同一主题，这些同一主题的教学内容是相对独立并且是自成系统的。单元的主题可以是一个真实的问题、一种生活现象、一个观念、一个关键的能力等。可以说，单元是一组有着紧密联系的教学内容根据学科知识发展的逻辑顺序、根据学生的认知规律，以相关的主题与相应的任务线索串联系起来的教学内容单位。

目前在数学学科对单元主要有两种理解：第一种，现成教材中已有的章节，如小学四年级上册有九个单元，第一单元是"大数的认识"，第五单元是"平行四边形与梯形"。第二种，根据教学内容在结构上重新组合的"大单元"。"大单元"是根据学生的已有知识和学习能力，根据学生的认知规律，打破原有教材的编排顺序、原有的课时安排制约，对原有的教材进行深度剖析，找出相近的知识点或相同的知识点，然后把这些知识点重新编排、重新组合，这样的单元更注重知识的联系性、系统性及整体性，这样的单元是指有效展开的一连串"学习活动的段落"，称"课程单元"。课程单元不是内容单位、学习素材，也不是知识点或知识图谱，而是围绕学科核心素养，对知识、技能、问题、情境、活动、评价等进行组织或结构化，所形成的"一个完整的学习事件"。简而言之，"单元"不是指内容或学习素材单位，而是一个"学习单位"，区别于习惯意义上的学习内容单元。

一个单元根据内容的多少，可分解成若干个课时。课时是单元中的一个片段或者是一个点，课时把单元进行了分割，较为零散。

（二）单元整体教学设计

单元整体教学是基于各主题内容主线和学生学习需求，按照单元、领域进行单元内容的纵横联结，把内容相近、结构相同的或者相类似的课时有机整合、重构，以主题、单元或项目等形式，推进组织教学。单元整体教学过程突出知识建构过程。单元整体教学设计的着眼点是"单元"，关键词是"系统性"，基础是"对单元教学教法进行系统的分析"，依据是"对学生进行学情分析"。

单元教学设计包括：单元教学目标、师生的教与学活动、单元作业、单元评价及教学资源配套等方面，单元教学设计是一项系统性工作，需要教师寻找出统领单元的主题，需要教师站在更高的角度去设计教学过程。一个完整的单元整体教学设计，还包括若干课时的教学设计，这些具有内在联系的若干单元相互作用形成的有机的教学过程，完整体现了知识与技能、过程与方法和情感态度价值观方面的目标，能更有效落实学科核心素养的培养目标。

　　小学数学单元整体教学所强调的整体，不是单元知识之间的简单相加，也不是数学学科单元内容及跨学科内容的简单整合。而是教师基于学生的学习需求和认知发展特点，结合小学数学教材编排结构，以"学习目标"为指引，对学生学习内容进行整体划分与设计的过程。也就是说，小学数学单元整体教学的其中一个重要特征就是能够实现学习内容优化，摒弃纷繁复杂的单一知识教学结构，为学生提供系统的、符合特定学习阶段的学习资源。

　　传统的数学教学中知识点零碎，忽略知识间的关联，限制了学生的思维拓展，学生很难形成完整的知识结构体系，数学观念也就无法建构，不符合当前的课程标准及教学形式。单元视角不仅关注课时与课时之间的联系，关注知识之间的联系，也关注课时与单元之间的联系，即局部和整体的关系，更关注知识之间如何进行组织。着眼整体，考虑一个个知识点是如何被串起来的，形成不同的节点，构成知识体系，能够帮助我们更清晰地了解各个知识点和它们的节点在整个体系中的关系和价值。基于内容结构化的单元整体教学是一个完整的教学设计与实施的框架，它以整体的视角对教学内容进行整体考量，充分考虑知识点之间的联系，经历从局部到整体，再到局部的思考过程，在完整知识载体的基础上形成核心观念，这样的思考有利于教师在遵循数学知识的发生、发展、形成和运用的过程中，关注学生对数学方法和策略的理解与迁移，使学生从"知"到"悟"，从"套用"到"灵活运用"，逐步完善、不断积累。教师要完成单元教学设计，就要从课时视角向单元视角转变，立足数学学科核心素养重新组合教学内容，还要思考学生的认知逻辑障碍，选择合适的教学策略，等等。这是对教师能力和教学思维的极大挑战，能有力推进教师专业发展。

（三）单元整体规划

为了让备课更有实效性，每学期各学科首先要对单元进行学段整体规划，做规划时要明确单元名称、单元性质、形成方式、课时数等。如人教版二年级上册单元整体规划（见表 5-3）。

表 5-3　小学数学二年级上册单元整体规划

序号	单元名称	单元性质	形成方式	内容的前后联系及学习内容			课时数
				前期学习	学习内容	后续学习	
1	长度单位	图形的认识与测量	重构单元	知道物体的长、短，能比较给出的物体的长短	认识厘米及用厘米测量；认识米、厘米和米的关系；初步认识线段，会按要求量和画出线段；填写合适的单位	毫米、分数的认识；线段、直线与射线的认识	5 课时
2	100 以内的加法和减法	数与运算	自然单元	1~20 的认识和加减法；20 以内的进位加与退位减	两位数加两位数；两位数减两位数；解决问题；连加、连减、加减混合计算；解决问题	混合运算；万以内的加法和减法	16 课时
3	角的初步认识	图形的认识与测量	重构单元	认识平行四边形、长方形、正方形、三角形等图形	认识角，清楚角的各部分名称、会用直尺画角；知道并能判断直角、锐角和钝角	用量角器度量角的度数；认识平角和周角；各种角之间的关系；画角的方法	5 课时
4	表内乘法（一）	数与运算数量关系	自然单元	100 以内的同数连加、连减、加减混合	乘法的初步认识；2~6 的乘法口诀；乘加和乘减式题；解决加法和乘法对比的实际问题	除法的初步认识；用 2~9 乘法口诀求商；用除法解决相关的实际问题	13 课时

（续表）

序号	单元名称	单元性质	形成方式	内容的前后联系及学习内容			课时数
				前期学习	学习内容	后续学习	
5	观察物体（一）	图形的认识与测量	自然单元	认识上下、前后、左右，描述其位置关系	辨认从不同位置观察到的一个简单物体的形状与一个简单几何图形的形状；通过一个面的形状推测立体图形	从不同的角度观察几何体的形状，能辨认出不同角度观察到的形状；能判断物体的位置关系	2课时
6	表内乘法（二）	数与运算	自然单元	乘法初步认识；2~6的乘法口诀；乘加和乘减式题；解决加法和乘法对比的实际问题	7、8、9的乘法口诀；用乘法解决求总价的实际问题；综合应用所学加法、减法和乘法的知识解决实际问题	表内除法；多位数乘一位数；除数是一位数的除法；三位数乘两位数；小数乘法；小数除法	12课时
7	认识时间	量与计量	自然单元	认识钟面；认、读、写整时，理解几时，会进行简单的时间计算	认识分；认识几时几分，知道1时＝60分；合理推测时间；用几时几分来分析事件发生的时间	秒的认识；简单的时间计算；24时计时法	5课时
8	数学广角——搭配	问题解决	重构单元	找出图形的排列规律；找出数字的排列规律	简单的排列；简单的组合	简单的搭配；简单的排列；简单的组合	2课时

193

（四）对数学整体性的理解

1. 纵向联系

纵向联系就是从不同认识层次、不同的角度来对同一内容进行比较，寻找出它们之间的一致性与关联性；纵向联系还包括用相类似的过程与思想方法认识不同的内容，寻找出这些不同内容的一致性与联系性。这里的"内容"就是常说的数学的核心内容，作为数学的核心内容具备以下三个特征：一是学科本质一致性；二是思维方式或学习方式都有其共通性；三是教学思路的相似性。数学在同一内容中体现整体性往往是以主题的核心概念为统领，以一个或几个核心概念贯穿整个主题，在不同学段表现的水平不同，但本质特征具有一致性，指向的核心素养也具有一致性。如"分数"这一主题学习，通过梳理会发现它不同学段同一主题内容的整体性与一致性（见表5-4）。

表5-4　小学阶段分数知识学习的梳理

学段	学习主题	学习内容
二年级下册第二单元	表内除法	平均分的含义
三年级上册第八单元	分数的初步认识	认识几分之一；比较几分之一的大小；认识几分之几；比较同分母分数的大小；简单的同分母分数相加减；求一些物体几分之几的简单计算
三年级下册第四单元	小数的初步认识	小数的含义、读法、写法；小数的大小比较；小数加减法
五年级下册第二单元	分数的意义和性质	分数意义、分数的基本性质、分数与除法的关系、约分和通分、真分数和假分数等
五年级下册第六单元	分数的加法和减法	同分母分数加减法；异分母分数加减法；分数加减混合运算；运算定律在分数中的应用；用分数加减法解决简单的问题

（续表）

学段	学习主题	学习内容
六年级上册第一单元	分数乘法	分数乘法的意义；分数乘法的计算方法；运用定律进行计算；应用分数乘法解决问题
六年级上册第三单元	分数除法	分数除法的意义；分数除法计算方法；分数混合运算；解决与分数相关的问题
六年级上册第六单元	百分数（一）	分数的意义；百分数与分数的联系与区别；运用百分数表述生活中的数学现象；小数、分数、百分数的互化；解决与分数相关的问题
六年级下册第二单元	百分数（二）	折扣、成数、税率的含义；会进行相关的计算

从上面可看出，三年级"分数初步认识"是建立在二年级"除法平均分"的基础上的，在五年级"分数与除法的关系"是这一知识点的延续。只有对分数认识了，才能进行分数的四则运算，才能用分数解决相关的实际问题，才能更好地理解百分数及比例尺的意义。再看看分数的基本性质、商不变性质与比的基本性质，这三个基本性质讲的都是同一内容：在分数基本性质里，是分子与分母乘或除以相同的数；在商不变性质中就变成了被除数与除数，同样也是做同一个动作，那就是同时乘或除以相同的数；再看看比的基本性质，把分子分母、被除数除数换了换，变成了比的前项与后项，其行为也是同时乘或除以相同的数，这都是同一主题的内容，这都体现数学的整体性，在数学教学中就是要把这些相关联的内容串联起来，让学生融会贯通。

2．横向联系

横向联系就是整合具有内在联系的不同内容所体现的数学整体性，在同一个自然单元中，各知识点不是孤立存在的，它们之间是相联系的，在同一册教材中，几个单元之间有许多的知识点也是有关联。教师在进行教学设计时将新知纳入更为宽广的背景中，横向联系、多角度构建，形成网状知识结构。横向联系要求教师在教学设计时要关注同一单元中相关联的知识间的联系，或者是本单元数学核心知识与其他单元数学核心知识之间的区别与内在关联。

例如，人教版五年级上册第六单元"多边形的面积"一节，"多边形的面积"单元学习目标有四个：第一个单元目标是通过动手操作、试验观察等方法，探索并掌握平行四边形、三角形和梯形的面积计算公式，掌握"转化"的数学思想方法，培养推理能力；第二个单元目标是运用所学的面积计算公式计算各种图形的面积，并解决现实生活中一些简单的面积计算问题；第三个单元目标是能判断组合图形是由哪些规则的平面图形组成的，懂得把组合图形拆分成规则图形再计算面积。下面是这个单元教材对每个图形探索的编排（见表5-5）。

表5-5　多边形的面积知识点梳理

核心问题	探索平行四边形的面积	探索三角形的面积	探索梯形的面积	探索组合图形的面积
知识点一	用数方格的办法，数出所给出图形的面积	把三角形转化成已学过的平面图形，再推导出三角形的面积	把梯形转化成学习过的图形（正方形、长方形、平行四边形）	认识组合图形（可分割成已学过的平面图形）
知识点二	用割补方法，探索平行四边形的面积计算公式	探索三角形的面积计算公式（转化为平行四边形面积的一半）	探索梯形的面积计算公式	探索组合图形的面积计算方法
知识点三	解决与平行四边形面积相关的实际问题	解决与三角形面积相关的实际问题	解决与梯形面积相关的实际问题	解决实际问题

从上面所列出的学习环节可看出，平行四边形、三角形、梯形、组合图形，它们的知识点之间是相互关联的。推导三角形的面积计算公式，可以把两个完全一样的三角形拼成一个平行四边形，然后让学生明白三角形的面积就是所拼成的平行四边形面积的一半，所以在计算三角形的面积时用底乘高的积再除以2。在推导梯形的面积计算公式，同样也可以转化成平行四边形的面积，而组合图形则是由所学过的平面图形组合而来，在计算组合图形时，关键是看出这个组合图形是由哪些规则图形组成的，而这些规则的图形就是平行四边形、长方形、正方形、三角形、梯形，要计算组合图形的面积就需要用到上述规则图形的面积的计算公式。在自然单元中，每个知识点之间都是相互联系的，这就是横向联系的知识整体性。又如，在学习"角的度量"中，可以将量角器和刻度尺进行横向"求同"对比，观察发现它们都有起点、标准刻度、终点。在教学"体积单位"时，可以将体积单位与长度单位、面积单位进行横向对比，探究发现，计量时三者都是先确定标准单位，再计量出有几个这样的标准单位，这些是单元与单元之间的知识横向联系。

3. 综合贯通

不同领域之间的融合所体现的整体性主要有两方面：一是几何与代数之间的融合，二是数学与其他学科之间的融合。

几何与代数的融合。是两大不同领域的融合，更是不同数学思想、数学方法策略的融合。几何与代数融合最大的体现就是数形结合，它体现了最高层面的数学整体性。在数学教学中抽象思维、推理思想往往是相互结合的，你中有我、我中有你。史宁中教授认为抽象有三个阶段：第一个阶段称之为简约阶段，就是把复杂的问题简单化、条理化并清晰地表达，这就是抽象出事物的本质；第二个阶段称之为符号阶段，就是利用概念、图形、符号、关系表述包括已经简约化了的事物在内的一类事物，这是去具体化的表现；第三层次叫普适阶段，就是通过假设和推理建立法则、模型，并能够在一般意义上解释具体事物。利用图形表达数量关系就是数形结合思想，把数学知识符号化这是一个抽象的过程，往往需要数形结合。数形结合思想在小学数学中应用最广泛。如在教学"有余数除法"时，教材是以用小棒摆正方形的情境引入有余数除法的，学生通过摆小棒，很快就得出平均分的时候会有剩余的结论，剩余的小棒用除法算式来表示的时候就出现的余数，在这个过程就是把被除数、除数、商、余数的数量关系直观地通过排正方形展示出来。数形结合思想在数学中应用大致可分为两种情况：一是"以数解形"，如用字母表示数、三角形的面积、梯形的面积、组合图形的面积；二是"以形助数"，如小数乘整数、小数乘小数、循环小数等。

数学与其他学科之间的融合，具体落实在综合实践活动上。小学阶段综合与实践领域，以问题解决为导向，整合数学与其他学科的知识和思想方法，让学生从数学的角度观察与分析、思考与表达、解决与阐释社会生活，以及科学技术中遇到的现实问题，感受数学与科学、技术、经济、金融、地理、艺术等学科领域的融合，积累数学活动经验，体会数学的科学价值，提高发现与提出问题、分析与解决问题的能力，发展应用意识、创新意识和实践能力。

如六年级上册综合实践活动"节约用水"，这节课需要学生开展课前调查，一是了解我国目前水资源现状；二是要求学生观察日常生活中浪费水的现象，让学生对这些浪费水的现象进行实际调查或实践，可以让学生测量一下漏水的水龙头在规定时间内漏了多少立方水；三是让学生通过对收集数据进行整理与分析，明白浪费水所带来的严重后果，通过这个过程，让学生学会观察、收集、整理数据、分析数据，从而培养学生"用数据说话"的意识和能力。学生要解决以上问题已不仅仅是数学学科的知识，还包括地理的、科学的、技术与经济等方面的知识，需要将数学与其他学科融合起来。

二、单元整体教学设计原则和要素

（一）单元整体教学设计原则

1. 素养导向原则

通俗地讲，素养指的是"会做事"，能在现实情境中解决真实问题，而不是纸上谈兵只"会做题"。以核心素养为导向，让学生获得数学基础知识、基本技能、基本思想和基本活动经验，发展运用数学知识与方法培养学生发现及提出问题、分析和解决问题的能力，形成正确的情感、态度和价值观。核心素养导向，需要教师在教学设计中重视把数学知识与生活实际联系起来，加强数学的应用，课堂教学关注重点从学生习得课本知识转向运用知识解决实际问题。素养导向的数学教学不是把原来的数学课进行改良，而是让学生从静听、记识、背诵转向实践参与，让学生在解决问题的过程中学会克服困难，培养意志力，发展思维能力，并学会用自己喜欢的方式来表达对数学的理解。

学习不是模仿，不是教师演示和学生照做，不是被动的知识习得，不是教师讲解、学生识记和操练，而是学生在情境持续互动中，不断地思考解决问题的方法及创造的过程。例如让学生安排一周合适的菜谱，学生要做菜谱，必须要到食堂里调查，还要对同学的喜好做调查，还需要对饭堂一周的菜的营养价值进行分析。如何收集资料？如何组织材料？如何表达出自己的想法？这就是学习过程。在这一过程中，知识本身不是学习的目的，而是解决眼下真实问题的工具和资源。知识也不是客观和外在的，而是在实践中建构和生成的。

2. 学为中心原则

"学为中心"就是说一切的教学活动都为学生的"学"服务，教学设计时要站在学生的立场思考问题，以学生的"学"决定教学的起点，以学生学习的规律来决定教学内容，以学生学习的目的来决定教学活动，以学生的需要来决定教学策略。要做到学为中心，教师在教学设计时要做到简明扼要。首先教学环节要简要。要让教学环节简明扼要，教师对教材的理解必须要很透彻，才能把握知识的本质，清楚重难点，有针对性地设计教学环节。其次是教学组织方式要简便。教师在整个教学活动中起到的是引领的作用，引导学生进入思考状态，引导学生合作探究，引导学生交流展示。教师教学不是展示自己的水平有多高，也不是在展示高明的教学手段，课堂教学重在引发学生思考，重在引发学生进入学习状态，重在把课堂这个大舞台让给学生，而不能让自己当主角。最后就是教学语言要简洁。教师在教学设计时，要反复推敲，反复斟酌自己的教学语言，切忌信口开河。

以"学为中心"教学设计能有效地进行时间管理。教师将会有更多的时间来进一步拓展学生的知识面，教师还可以创造更多的机会让学生反思所学内容、学习方式，或者描述其与其他内容的关系。"学为中心"的课堂，只有教师"教"得自然，学生的"学"才会成为课堂的主旋律。

3. 系统设计原则

系统设计原则强调系统思维在单元整体教学设计中的运用。系统思维（System Thinking）是把认识对象作为一个完整的系统，从相互联系、相互作用的系统和要素、系统和环境等方面对认识对象进行综合考察的一种思维方法。系统思维强调的就是全局观和整体观。

首先，系统化是整体，整体大于元素的总和；其次，体系化思维是指系统内各要素之间是相通的，是联系在一起的；再次，系统是分层次的，体系化思维是站在不同的层次上去看问题，会看到不同层次上不一样的问题。教学设计是什么？教学设计就是事先思考好整个教学的过程，然后做出一个行动方案，供教师在课堂教学上使用，这个做行动方案的过程就是设计。教学设计就其本质而言，是一个系统的计划过程，它是对教学问题进行分析，对解决方案进行设计、评估和修改。不少专家提出的教学设计理念的观点大体一致，即都强调教学设计是一个包括目标如何编写、任务分析如何进行、教学策略与教学媒介如何选择、参考测试标准如何编制等内容的系统化过程。这些操作是必要的，也是最基本的。

何克抗等认为"教学系统设计是运用系统方法，将学习理论与教学理论等有关原理，转化为具体的教学目标、教学内容、教学方法与策略、教学评价等环节的计划，创造有效的教学系统的'过程'或'程序'，以促进学习者的学习为根本目的"。教学系统设计是一种既具有设计学科的一般性质，又遵循教学的基本规律，以解决教学问题和优化学习为目的的特殊设计活动。

教学设计系统原理是应用系统的观点，对课堂教学活动中的基本要素，各要素之间的相互关系，从整体的角度进行认真的分析，对各种不同要素的组合所产生的效果进行比较，从而选择出获取最佳教学效益的最优教学方案的过程。系统设计原则要求教师在进行单元整体教学设计时，带着明确的目标对单元学习活动进行系统性、整体性设计，做到板块与板块之间、活动与活动之间有清晰的关联性和层次性，确保它们形成一个具有内在联系的整体，让学生能够循序渐进地建构整体性的学习体验，从而真正实现对知识和技能的理解和内化，为迁移和创造赋能，为素养发展赋能。

4. 任务驱动原则

任务驱动原则就是在进行单元整体设计时，教师要创设真实问题情境，以问题引导学习，以任务驱动，形成认知冲突，激发求知欲望，激活思维。让学生在任务的驱动下积极主动地用好学习资源，探索知识的来龙去脉，实现深度理解，进而抵达概念性理解。任务驱动原则还需要教师常以"追问"的方式，使学生的心理保持一种适度、积极的状态。任务驱动原则要求教师整合各类资源，设计好驱动任务，在教学中以问题为导向，创设问题情境，通过问题进行任务分解，通过问题设计进行深度学习，通过问题评价了解学生学的效果，通过问题解决培养数学学科的核心素养。教师所设计的任务要在学生思维最近发展区内，所设计的任务要有步骤地设置思维障碍，铺设恰当的认知阶梯，呈现与学生思维最近发展区相适应的学习任务来激发学生的学习热情。

例如，二年级下册第三单元"图形运动（一）"，教学内容是初步认识轴对称、平移、旋转这三种运动现象。本单元教学内容分为四个层次：第一是借助生活中的对称现象和学生折纸等的操作活动，认识轴对称图形，理解轴对称图形的特征；第二是认识生活中的平移现象及初步感知平移特征；第三是认识生活中的旋转现象并初步感知旋转的特征；第四利用平移、旋转、轴对称图形创作美丽的图案。这个单元可以围绕学科学习任务来进行整体教学设计，任务一是学会辨认轴对称图形，任务二是感知平移、旋转现象，任务三是运用平移、旋转或轴对称进行图案的设计。当学生观看了大量生活中的轴对称现象，对轴对称图形有了初步的感知后，教材安排了一个教学活动，就是通过折纸、画图、剪纸三个过程来认识轴对称图形。教材安排这个活动的目的是：通过折的过程，让学生明白重合，通过画图后再剪的过程更加深对"完全重合"的理解，折的纸会留有折痕，这折痕就是对称轴，执行上述的操作后，学生会明白判断一个图形是否轴对称图形，就必须是对折后完全重合的，学生看到一个不能对拆的物体要判断其是否轴对称图形时，会想象出对拆的动作，然后在想象中寻找"完全重合"的景象。

5. 教学评一致性原则

教学评一致性源自布卢姆教育目标分类学思想，一致性指的是教学目标、教学过程和教学评价之间的对应程度。"教"是指教师以核心素养为导向，通过各种方法有效组织和实施教学活动；"学"是指学生在教师指导下，通过主动参与实践活动，获得适应未来生活的知识与素养；"评"就是对教师的教与学生的学进行评估。所谓教学评一致性教学设计，就是指教师的"教"要与学生的"学"紧密结合，评的目的是促进教与学活动的开展。教学评一致性是课前进行的专业准备工作，是教师的一项专业技能。

教学评一致性原则体现在教学设计上有三个特征：一是基于课程标准、教材和学情确定学习目标。二是评价设计先于教学活动设计。教师在设计教学方案时，先确定学习目标，然后根据学习目标设计评价任务，最后将评价任务镶嵌到教学活动中去。逆向设计程序步骤：先有学生目标，再确定教学措施。三是安排各种教学活动，并指导学生开展学习活动。像这样逆向的设计，就要求教师在进行教学设计时先预设学生学习结果，再思考能达到这个学习结果需设计哪些学习任务，这些事情想清楚后，再开始进行教学设计。这种教学设计的方法会让教师更清楚教学的目标。

教学评一致性中评价其本身不是独立的，是与课程连为一体的。在单元学习中，教师可以通过评价反馈的信息判断学生目标达成的情况，并及时根据学生现状调整教学策略。在课堂教学中，评价能真实了解学生的学情，要了解学生学习情况就需要设计一项任务让学生完成，从而观察学生表现获取学情信息，这种能够达成学习目标、引出行为表现的学习任务就是评价任务。如果说学习目标是"预期的学习结果"，而评价任务就是学生"怎样做"，"做什么"，"做了之后能否达成学习目标"。

6. 创造性原则

创造性原则首先是数学课程实施的基本要求，是单元整体教学设计的内在要求。无论哪一个具体教材单元，教与学实质上都具有生成性，都是学习生活的再创造。创造性原则要求教师在进行单元整体教学设计时，为了促成概念性理解，落实素养目标，不依赖和拘泥于教材单元编排的内容资源；多维度丰富和选择学习资源；对教材进行重组；或者是突破教室空间，打破学科壁垒，创新学习方式。

例如，位置与方向的教学，本单元教材编排了四个例子，例题1是借助学校平面图，让学生认识东南西北四个方向，例题2是当学生知道一个方向后，对另外的三个方向能做出判断，同时能用语言描述出具体物体所在的方向。例题 3 是利用一定的参照物识别东北、西北、东南、西南，能够用给定的一个方向辨认其余的七个方向，能用这些词语描述物体所在的方向。例题 4 是会用八个方向看简单的路线图，描述行走的路线。课标对本学段的要求是"能根据参照点的方向和距离确定物体的位置；会在实际情境中，描述简单的路线图"。要达到课标要求，教学这个单元时必须要让学生站立在真实的情境中去体验方位，为此本单元可对 4 个例题进行重新组合，第一节课在教室里认识八个方位，第二节课到校园中认识八个方位，第三节课可通过寻宝游戏的方式教会学生看简单的路线图。

7. 适应性原则

适应性原则指的是一切的数学教学必须以学生的认知发展水平为前提。教师根据学生思维、智力的发展水平，设置适当的数学教学情境，让学生自主学习、合作探究，让学生通过自身独立的思维活动来获取知识、发展思维能力。

（二）单元整体教学设计要素

1. 数学知识结构的梳理

小学数学单元整体设计与教学的理论基础是：数学学科具有知识结构，学生头脑具有数学认知结构；其内涵是把数学学科的知识结构转化为学生头脑里的数学认知结构[①]。数学知识结构是数学的概念 、命题的关联所形成的模型和网状知识结构。数学结构是有层次的，每个大领域可以分为单元结构、模块结构、领域结构三个层次阐述。进行单元整体教学设计，首先要对所在单元的数学知识结构进行系统的梳理。数学知识结构的梳理以核心知识为联结点，精中求简，这样让学生学习起来更容易理解与应用。数学知识结构的梳理，能形成

---

① 参见王永春：《小学数学单元整体设计的理论建构》，《小学数学教育》2021 年第 7 期。

概念的网络系统，联系通畅，便于学生学习时的记忆与检索。教师在备课时要深入钻研课标、教材、教师用书，对多版本的教材进行分析，准确把握教材的整体，掌握各知识点所处地位及其内在逻辑联系。平时善于根据数学的概念、原理对问题进行分类，多收集一些揭示知识本质的典型素材，在教学中及时根据学生学习情况进行重新组织教材，并注意把所学过的旧知融入新课中，以旧引新，以新固旧，使得单元教学更具实效性。

2. 数学思想方法的应用与提炼

数学思想是建立数学理论、发展数学和应用数学解决问题的指导思想，是在考查数量关系、空间形式等数学内容时提炼出的对数学知识的本质认识。数学思想蕴含到数学知识的形成、发展和应用过程中，是抽象、分类、归纳、演绎、模型等更高层次的数学知识及方法的抽象和概括。数学思想一方面是指那些必须依赖于数学产生和发展的思想，另一方面也是那些学过数学的人所表现出来的最显著的数学特点。数学的基本思想归纳为三点，分别指抽象、推理、模型。抽象就是舍弃其非本质的特征，抽取共同本质特征的过程；推理就是用数学术语和符号所表达的一种逻辑关系；模型是对主要特征、关系进行表征，模型是一种数学结构。从抽象、推理、模型三个基本思想，可以派生出下一层数学思想，如符号意识、抽象能力、运算能力、几何直观、空间观念、推理意识、推理能力、数据意识、数据观念、模型意识、模型观念、应用意识、创新意识等。数学新知识的学习，既是一个数学思想方法的运用过程，也是需要提炼思想方法的过程。概念的获得需要抽象概括，命题的形成需要抽象和推理，模型的建立更是需要抽象、推理的过程。[①] 数学教学，要重视数学思想方法渗透，让学生获得数学思想方法才是教学的"灵魂"。

3. 学科育人价值挖掘

数学能形成人的理性思维，数学能促进人的科学精神，数学在人的智力发

---

① 参见王永春：《小学数学单元整体设计的理论建构》，《小学数学教育》2021 年第 7 期。

展中发挥着重要的作用。数学教育承载着落实立德树人的根本任务、实施素质教育的功能。义务教育数学课程具有基础性、普及性和发展性。学生通过数学课程的学习，掌握适应现代生活及进一步学习数学的兴趣，养成独立思考的习惯和合作交流的意愿；发展实践能力和创新精神，形成和发展核心素养，增强社会责任感，树立正确的世界观、人生观、价值观。数学教学中育人功能体现在两方面：一方面从数学意义的角度来看，数学教学要培养学生的学习兴趣，要培养学生的信心和毅力，要让学生形成科学的态度与探索创新精神，数学教学还要教会学生欣赏数学的美学价值。另一方面从素质意义的角度来看，数学重在对学生以下能力的培养：学生对事物感知与概括的能力；学生探索精神与创新能力；学生不畏艰辛的刻苦精神与顽强意志，帮助学生形成处理问题的理智与自律能力；学生民主与合作精神；等等。数学育人功能隐含在数学教学中，教学设计要重视数学教育对学生的全面发展所起的作用。数学单元整体设计应从理性思维、数学应用、数学探究、数学文化四大方面挖掘本单元蕴含的育人价值，紧密联系生活实际，设计学习活动，让学生在真实的问题情境中提升关键能力。通过单元教学活动重视学生意志、品质、毅力的培养，让学生在数学学习中形成"做真人、敢质疑、懂自律、负责任、会自省、有毅力"等优秀品质。

4. 发挥好中华数学文化在小学数学教学中的育人价值

《义务教育数学课程标准（2022年版）》在课程实施的教学建议中指出，注重发挥情境设计与问题提出对学生主动参与教学活动的促进作用，使学生在活动中逐步发展核心素养。在选择情境时，"课标"要求：注重情境素材的育人功能，如体现中国数学家贡献的素材，从而帮助学生了解和领悟中华民族独特的数学智慧，增强文化自信和民族自豪感。"课标"在教材编写建议中也提到教材编修要介绍数学文化，设计展现数学发展史中伟大的数学家，特别是中国古代与近现代著名数学家，以及他们的数学成果在人类文明发展中的作用，增强学生的爱国情怀和民族自豪感。可见在数学课堂教学中融入数学的文化，已是当代数学教师所应自觉承担的一项社会责任与历史使命。

（1）中华数学文化融入小学数学教学的现状。近年来笔者观察到中华数学文化在数学课堂教学中还未能引起足够的重视，普遍存在以下问题：

现象一：教材中"你知道吗？"内容容易被忽略。

"你知道吗？"是小学数学人教版与苏教版教材的一项内容。"你知道吗？"大部分内容是介绍数学文化，内容涵盖了数学与生活、数学与科技、数学历史、数学与审美。阅读数学文化知识"你知道吗？"能激起学生对数学的兴趣，使学生开阔眼界、感受"数学美"。但是许多老师往往注重例题的教学，对本内容容易忽略。

现象二：方法机械、生硬灌输，缺少文化内涵。

在当下的数学课堂教学，不少教师已意识到渗透数学文化的重要性，也乐意在自己的课堂教学中介绍数学文化内容。但由于未能深挖其数学文化内涵，未能把具有民族精神、自主意识、数学气息、文化韵味和中华优秀传统文化与小学数学学科教学紧密结合，在课堂上仅仅是停留在表层事件描述。如学习圆周率时很多老师往往是停留在对祖冲之个人以及对于《周髀算经》的"周三径一"的介绍。而刘徽的"割圆术"，祖冲之如何克服重重困难用各方法测量、演算、验证圆周率，这些最具有育人功能的史料情境素材，大部分教师却未能很好地应用。

（2）剖析问题，理清思路。之所以会出现上述现象，究其原因有三个：一是广大教师未能完全意识到中华数学文化的育人价值；二是教师自身数学文化素养欠缺；三是教育功利化唯分数论根深蒂固。

原因一：未能完全意识到中华数学文化的育人价值。

教育就是教人点亮心灯、明白做人的道理。课堂是品质形成、能力培养的主阵地，"传授知识、启迪思维、培养习惯、塑造品格"是课堂教学的核心任务。我国古代数学是中华优秀传统文化的有机组成部分，它具有悠久的历史，创造出很多具有中国特色和世界影响力的成果，不仅为中华民族的发展作出了杰出的贡献，也为整个人类文明做出了积极的贡献。在数学课堂引入我国传统数学内容，对于学生感悟中华民族智慧与创造、增强民族自豪感、坚定文化自信具有重要的作用。

原因二：教师自身数学文化素养欠缺。

有许多教师走上工作岗位后，缺少主动接触新教育理念意识，学科视野渐渐变窄。另一方面，不少教师潜意识里认为，小学数学内容浅显，课堂里基本上是能应付得了的，故对数学背后蕴藏着的丰富的原生态数学文化没有做更深的思考。比如，为什么当代计数采用十进位值制？十进位值制是产生于哪个年代，当时世界各地的计数方法又是怎样的？这就是一种鲜活的数学文化元素，但很少有教师能意识到并拿来应用。

原因三：教育功利化唯分数论根深蒂固。

在当今的小学数学教学中，为了保证学生的分数，大部分教师要追求教学进度，讲授数学内容的时候往往会挑着考试重点来讲解，数学文化内容在试卷中考查不多，故不讲或加快节奏一笔带过。一些教师对数学文化的含义理解不深，认为学习数学最终目的是为了应付考试。为此，重复机械地做大量的练习成为数学课堂的常见现象。

数学价值认知偏差、数学教育模式局限，造成小学生只认识数学概念，却不理解意义，知道如何运用却不理解依据何来，最终形成的数学知识体系无非不过是简单的碎片拼凑。

（3）中华数学文化融入小学数学教学的策略。

从摆石到结绳、从刻痕到算筹，每一个数字符号的诞生，无不体现中国数学思维和表达方式；从九九表到珠算，从十进位值制诞生到圆周率的发现，无不凝聚着中华民族的智慧与创造……中华数学文化有着悠久的历史，创造出许多具有中国特色和世界影响力的成果，为整个人类文明作出了积极贡献。如何让学生领会中华数学文化的丰富内涵，汲取精神力量，激发探索精神、形成理性思维品质呢？策略如下。

策略一：开展基于数学文化的大单元统整教学

基于数学文化的单元统整教学，就是立足单元整体视角解读教材，挖掘本单元知识内容和思想方法上的关联点与递进关系，挖掘教材中蕴含的中华数学文化元素，以中国数学历史事件为契机，关联数学内容的要点，关注数学文化元素，重构体系，把原本割裂分散的内容进行梳理与统整。在教学设计与课堂教学实施过程中，从文化视角出发，从具体的实例出发，展现数学知识产生与发展，让学生在思考、探索中发现问题、提出问题、分析问题、解决问题，经历数学的发现和创造过程，理解数学本质。

案例一：人教版数学二年级上册"厘米、米的认识"单元统整教学

一、分析教材内容，理解编者意图

"认识厘米和米"是人教版小学数学二年级上册内容，属"度量"大单元的内容，涉及量感、空间观念、推理意识、转化思想等数学核心素养和思想方法。本单元的教学内容分四个层次：一是认识统一长度单位的必要性（例1），教材简要介绍了长度单位产生的过程，并通过实际操作让学生体会统一长度单位的必要性。二是认识长度单位厘米和米，用厘米和米进行测量（例2至例5），教材通过比画、比较、实际测量等多种操作活动帮助学生建立厘米与米的长度表象，积累测量长度的活动经验。三是认识线段（例6与例7），教材用直观、描述的方式来说明线段特征，让学生从"直的""可测量"的角度来感知、认识线段。四是解决问题（例8），教材利用长度单位的表象，引领学生以熟悉的长度为标准判断物体的长度。

二、关注文化元素，重构教学思路

通过分析本单元寻找到以下的数学文化元素。与数学史相关的内容有：以身体的一部位作为测量的单位，如图5-6。

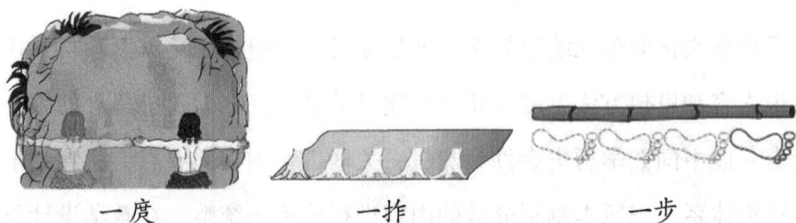

| 一庹 | 一拃 | 一步 |

图 5-6

除了这些元素外，我们还可以挖掘出更有历史意义的故事，如大禹治水时代的"以身为度"、秦始皇统一度量衡以尺寸为单位等。

与数学应用相关的内容有：测量工具的产生，步弓、象牙尺、记里鼓车、米原器（国外）、激光尺（国外）等。

基于以上分析，结合学生学情，融入数学文化，以身体上的尺子为主线对教材进行整合，分为走进历史发现身体上的长度、认识米和厘米、用尺子测量、用身体上的尺子测量四个学习内容，课型有交流研讨课、概念课、实践测量课三种形式。

三、设计学习任务，培养核心素养

如何发展核心素养？必须要通过主题式学习，上好起始课与实践课。起始课主要培养学生对测量的兴趣，课前可通过班群向学生推荐与测量长度发展有关的绘本故事。让学生通过阅读绘本故事了解测量长度发展历史。实践课重在培养学生分析问题、解决问题的能力。

第一课时：发现身体上的"长度"。通过大禹治水的故事，向学生讲述古人在没有测量工具时"以身为度"智慧。接着指导学生探索发现藏在自己身体上的"长度"，如拳头一周的长度、手腕一周的长度、手掌长、脚掌长、头长、一拃长、一步长、一庹长、身高等。最后再向学生介绍秦始皇统一度量衡以尺寸为单位的故事，说明统一单位长度的重要性，为第二节课认识米与厘米作好铺垫。

第二课时：认识长度单位厘米和米，用厘米和米进行测量。本节课教师先让学生建立起 1 厘米与 1 米的概念，接着教师指导小组分工合作，先估一估身体上这些"长度"有多长，然后选择米、厘米等合适的单位，动手测量并记录数据。本节课在学生测量及记录测量结果的过程中，引导学生认识线段。

第三、四课时：开展测量活动。一是用身体上的尺子作为测量工具，开展实际的测量活动。如用自己的步长作单位，测量教室、操场的长度，用自己的一拃长作单位，测量教室黑板，本活动重在培养学生的兴趣，并体会统一度量单位的必要性。二是用测量工具开展实际的测量活动，学生可以用米尺、卷尺量教室、学校、家里的物品或室场的长度，通过本活动让学生针对真实情境选择合适的度量单位进行度量，并能进行不同单位的换算。通过一系列的测量活动，培养学生的量感、抽象意识和应用意识。

单元统整教学不仅仅是让学生获取系统的知识链，更重要的是让学生在掌握知识技能的同时体验数学思想，发展数学思维，最终形成数学学习能力。基于数学文化的单元统整教学，其核心是关注学生的思维过程，循序渐进地提升学生的思维品质。

策略二：开展基于数学文化的跨学科的综合实践活动

2021 年教育部《中华优秀传统文化进中小学课程教材指南》在综合与实践领域如何融入中华数学文化做了以下要求："将具有中国特色的建筑园林、文化遗址、民间艺术，以及古代数学成就等作为综合与实践活动设计的背景材料，引导学生探究其中的数学问题，感受中华数学文化的源远流长。"

案例二：寻找中国建筑的对称美

"轴对称图形"人教版编排在小学二年级下册与四年级下册，分两部分学习。二年级主要是认识轴对称图形及初步感知对称轴，四年级是通过数对应点到对称轴的距离理解轴对称图形的性质。如何把这些知识点与生活实际联系起来？如何让学生在感受中华数学文化源远流长的同时习得分析问题、解决问题的能力？我们可以设计以下的综合实践活动。

主题：中国建筑的对称之美

本项目以"寻找中国建筑对称艺术之美，体会中国建筑屋檐、窗格装饰风格对称之美"为驱动性问题。把数学知识与语文、美术学科相整合，与现实生活相联系，让学生在一系列的子问题及任务完成过程中，掌握轴对称图形的性质、初步认识中心对称图形、旋转对称图形，感受中国建筑的美，体会中国人的智慧。

子问题设计：

①查阅视频、图片、文字资料，了解北京故宫、天坛、北京四合院、徽派建筑等风格。用文字或图画记录所了解到的内容。

②查阅视频、图片、文字资料，了解中国明清建筑的窗格装饰。用文字或图画记录所了解到的内容。

③寻访本地具有对称美的建筑物，用文字或图画描绘出来。

小学数学综合与实践活动以解决问题为重点，以跨学科主题学习为主，以真实问题为载体，把数学知识融入一个个具体的生活情境中，再利用真实的情境把小学生的思维转换为具体景象，目的不仅仅是增强学生的学习兴趣，还会引发其深度思考。数学文化帮助学生感悟数学与现实世界的联系，既让学生了解到我国古代数学的发展，又引导其用数学的眼光观察现实世界，用数学语言表达现实世界，培养了学生的创新意识、实践能力、社会担当等综合品质。

策略三：开展基于数学文化节的系列活动

根据不同年龄阶段孩子能力发展的特点，策划了内容丰富、形式多样的数学文化节活动，活动可以是背乘法口诀比赛、数学游戏、数学计算比赛、数学猜谜比赛、七巧板创作、魔方比赛、数学模型比赛、数独比赛、讲数学故事比赛、巧算 24 点竞赛等。通过创造丰富多彩的数学文化活动，营造学习氛围，激发学习兴趣，培养应用意识，展示学习成果，提升学习素养，挖掘学习潜能，并让学生真切地体验到了"学数学，其乐无穷；用数学，无处不在；爱数学，受益终身"。

数学文化属于人类文化中的精华，数学课堂上不应该只有知识的讲解，还需要注重文化熏陶。作为数学教师，应该对中华数学文化进行深入研究，对课本教材中蕴含的中华数学文化元素进行深入挖掘，把中华数学文化有机融入课堂教学，让学生体会中华数学文化的博大精深、源远流长，让学生体会到数学学科的魅力，让学生的数学核心素养与综合学习能力得到提升。

三、单元整体教学设计的基本环节

（一）单元教学任务分析

单元教学任务分析的基本内容如下：一是研读课程标准；二是对教材内容分析；三是对教学对象分析。

1. 研读课程标准

研读课程标准首先研读该单元在所在学段的内容要求、学业要求、教学提示及课标中附录 1 "课程内容中的实例"，再研读前后学段相关内容要求及学业要求。通过对课标的研读，把握本单元教学总体要求，明确本单元教什么、教到什么程度。

如，人教版二年级上册第一单元"长度单位"，在研读课标时先要理解本单元所属主题的课标中的要求。"长度单位"是图形与几何领域中"图形的认识与测量"主题的一个内容，属图形测量。数学课程标准中对图形测量提出了以下要求：重点是确定图形的大小，学生通过经历统一度量单位的过程，感受统一度量单位的意义，基于度量单位理解图形长度、角度、周长、面积、体积。在第一学段中，内容要求是："结合生活实际，体会建立统一度量单位的重要性，认识长度单位米、厘米。能估测一些物体的长度，并进行测量；在图形认识与测量过程中，形成初步的空间观念和量感。"对学业要求是："感悟统一单位的重要性，能恰当地选择长度单位米、厘米描述生活中常见物体的长度，能进行单位之间的换算；能估测一些身边常见物体的长度，并能借助工具测量生活中物体的长度。初步形成量感。"教学提示："图形的测量教学要引导学生经历统一度量单位的过程，创设测量课桌长度等生活情境，借助拃的长度、铅笔的长度等不同的测量方式，经历测量的过程，比较测量的结果，感受统一长度单位的意义；引导学生经历用统一的长度单位（米、厘米）测量物体长度的过程，如重新测量课桌长度，加深对长度单位的理解。课程内容中的实例是："在下面的括号中填写合适的数或长度单位。1 支铅笔大约长（   ）厘米；1 米约相当于（   ）支铅笔长；无障碍坡道的宽度应不小于 90（   ）；学校操场上的旗杆高 15（   ）。"课标中附上了说明："是让学生结合日常生活经验，在实际情境中理解长度单位的意义，选择合适的长度单位，进行物体长度的比较。在教学中，让学生找到一个熟悉的物体长度作参照，以便做出更精准的判断。"

2. 对教材内容分析

通过对课标的研读，可以得知本单元教什么，教到什么程度，本单元首先要让学生明白统一单位的重要性，同时在教学中要让学生经历统一度量单位的过程。接着就是认识和理解米与厘米这两个长度单位，并能学会用这两个长度单位来测量。在引导学生对物体长度的比较时要让学生通过找熟悉的物体长度作参照物。本单元重在发展学生的"量感"。分析教材内容。通过分析教材内容所处的地位和作用，把握住教学最核心的内容，理解好教学内容的基本特点，以及确定教学的重难点等。通过分析教材能解决本单元怎样教的问题。要分析好教材内容，需要使用好教材配套的教师用书。人教版教师用书，对各个单元教材都进行了详细说明，并提出了教学建议。通过研读教师用书，可以了解到本单元教学目标、内容安排及教材编排特点，编者针对单元教材的编排特点及学生思维发展特点，提出了相应的教学建议。

3. 对教学对象分析

重点是分析学生参与学习的情况，例如分析学生心理特点认知起点，分析已有的知识经验等。

如，人教版二年级下册"图形的运动（一）"教学对象分析。

学生在生活中见到过很多具有轴对称特征的图形，如树叶、蜻蜓、水中的倒影等。学生在生活中也见过很多平移和旋转的运动现象，如车开动、电梯上下移动、车轮的转动等，学生对平移与旋转已有初步的感知，但未能有清晰的判断。低年级学生的思维以具体形象思维为主，在学习抽象的几何概念时，需要借助直观形象的支持。在本单元学习过程中学生会遇到困难，如学生面对例4，要求剪出4个手拉手的小人时，由于还没有思路，学生往往会乱剪一通，有的根本不知从何下手，剪不成功就想放弃。因此，在教学时教师要帮助学生找出剪图案的关键是什么，找到关键后再让学生从简单操作入手解决问题。

通过对单元教学任务分析，能准确把握课标要求、编者意图、教材编排特点，为制定单元教学目标、学生学习目标、教学重点与教学难点提供依据。同时通过分析可以规划好单元的课时数及相应内容的安排。

（二）单元教学概念分析

概念是思维的基本单位，是反映事物（思维对象）本质属性的最基本的思维方式，事物（对象）一旦被抽象概括成概念，就已经不是事物的现象和局部了，而是抓住了事物的本质和全部。核心概念对整个单元具有统领作用，核心概念即中心词，即一个单元教材阐述的中心，每个单元必然会有每个单元的核心概念，平时课堂教学活动的开展必须围绕核心概念。只有分析单元教材的核心概念，才能准确把握核心概念的内涵，进而准确把握整个单元的有关内容。

例如，人教版四年级下册"小数的意义与性质"核心概念是"计数单位"，从这个大概念衍生的本单元数学概念分别是：小数的意义、小数的计数单位、小数性质、小数变化规律。下面先对"小数的意义"这一概念进行分析。小数的意义是学生在理解了整数的计数单位，并初步理解了分数单位的基础上学习的。小数其本质是十进分数的另一种表示形式，都是依据十进位值制原则，由于学生还没有系统学习分数的知识，理解起来会有一定难度。为此在教学中需要借助计量单位（如长度单位）来帮助学生理解，同时还要学生接触更多的十进制计量单位来理解小数的实际意义。小数在实际生活中应用较为广泛，教师可以从生活中选取相关生活素材，如商场中商品的价格表示，如身高测量，如跳远的长度等，这些都能加深学生对小数意义的理解。本单元设计内容较多，核心概念是计数单位，这个单元的整体设计，可以围绕着计数单位，把与之相关的知识点加以整理，形成知识网络结构。

小数的读写：认识数位顺序表（十进位值制），理解小数的组成，几个几（计数单位与计数单位的个数）。小数的意义：分母是10、100、1000……的分数可以用小数表示。小数的计数单位是十分之一、百分之一、千分之一……分别写作0.1、0.01、0.001……小数与单位换算：小数的改写与计量单位改写（计数单位变了，计数单位的个数也要变）。小数的近似数：使用"四舍五入"法求数的近似值。小数的大小比较先比较整数部分，小数部分从高位逐位比较（相同的计数单位比个数）。小数的性质：在小数的末尾添上"0"，小数的大小不变（计数单位与计数单位的个数同时变化）。小数点移动引起小数大小变化（计数单位变了，但计数单位的个数没变）。应用移动小数点位置的方法，把较大的数改写成用万、亿作单位的数。

（三）确定单元教学目标

单元教学目标是教学的方向，是单元整体教学的逻辑起点和实践基础，有了教学目标，课堂教学才有正确的方向。在进行单元整体教学设计时，教师要在单元教学任务分析的基础上，进一步明确单元教学目标。确定单元教学目标的途径有三个：一是要依据课程标准，二是要遵循教材，三是要基于学情即学生已有的学习水平，包括认知水平、情感水平和行为水平等。单元教学目标表述，要规范清晰和准确，单元教学目标的陈述必须是学生的学习结果。

（四）确定单元教学重点与难点

单元教学重点，就是整个单元中教学的最重要之处，是学生必须掌握的基础知识与基本技能，是基本概念、基本规律及由内容所反映的思想方法，也可以称之为学科教学的核心知识。一个单元当中，需要落实的知识点很多，教学目标也有很多个，判断它是不是教学重点，可对照以下标准：即是否本单元的核心？是否后续学习的基础？会不会常被学生应用？对学生思维发展是否有重要作用？如果是，则就是教学的重点。

教学难点，是指学生难以理解的数学知识，或难以掌握的操作技能。从内容来看，它是新知与学生已有认知水平之间的落差。一般来说，数学的教学难点都是一些抽象的、需要用到空间思维能力、综合分析能力及逻辑思维能力的知识点。从学生学习角度来看单元教学难点，是指对于大多数学生来说，理解和掌握起来比较困难的知识点，或是容易出现混淆、错误的问题。

（五）确定单元教学整体框架

1．单元整体教学设计

流程图如下（见图5-7、图5-8、图5-9）：

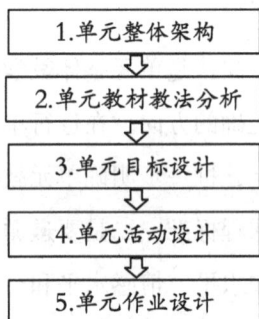

图5-7　单元整体教学设计流程图

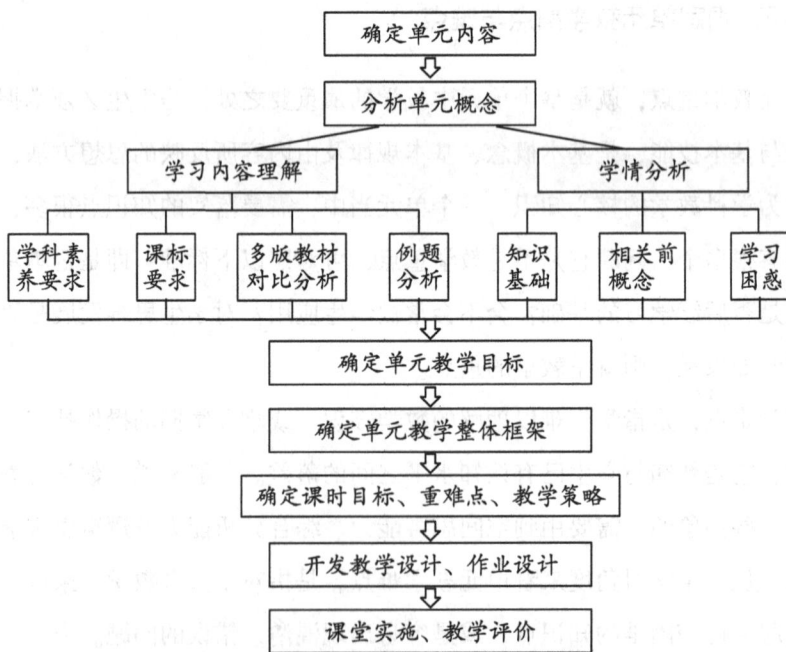

图5-8　单元整体教学设计框架图

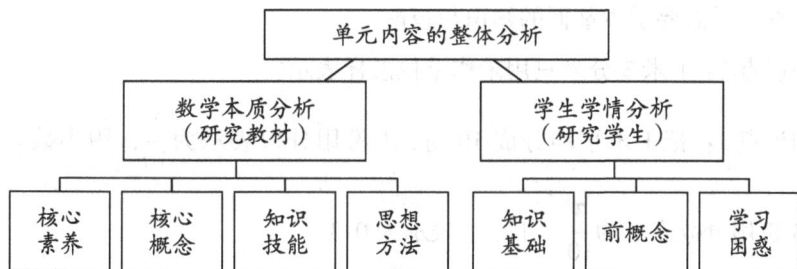

图 5-9　单元内容分析结构图

2．单元整体教学设计案例

下面以人教版三年级下册"小数的初步认识"为例说说单元整体教学设计的流程。

（1）对教材内容整理把握。

在本单元中，教材选取了两个生活情境来让学生认识小数：一是在测量中产生的小数问题，让学生借助测量中已有的知识经验理解小数的含义，并在比较长短中掌握小数的大小比较。二是在购物中产生的小数问题，让学生借助元、角、分知识学会简单的小数加减法计算，并懂得应用小数加减法计算来解决日常生活中的问题。

（2）研读教材。

①本单点重点需发展的核心素养。

培养学生的数感、符号意识和运算能力。

②本单元的核心概念。

一是数在度量、刻画事物时，需要精细化。在测量与计算时，不能正好量得整数的结果，就可以用小数表示。二是把一个较小的数量用一个大的单位来表示，就是小数，小数是十进分数的另一种表示形式。三是相同的计量单位才能够比较大小。四是把小数点对齐，就是把相同数位对齐，相同的计数单位才能相加减。

③本单元需要学生掌握的知识与技能。

知识点1：1米3分米只用米作单位怎样表示？

知识点2：把1米平均分成10份，1份用分数表示为$\frac{1}{10}$，用小数表示为

0.1；3份用分数表示为$\frac{3}{10}$，用小数表示为0.3。

知识点3：借助米尺与面积模型比较一位小数的大小。

知识点4：在购物中学会一位小数的加减法。

④本单元驱动任务（见表5-6）。

任务一：量身高不够整米数时如何用米来表示。

任务二：比比谁跳得远。

任务三：正确算出购买文具所需的钱数。

表5-6　活动内容设计

学习主题	核心概念	关键问题	驱动任务
身高问题	把一个较小的数量用一个大的单位来表示，就是小数，小数是十进分数的另一种表示形式	用"米"来表示1.3米或"一又十分之三米"	任务一：在米尺上找出3分米的位置，并思考用分数怎样表示？用小数怎样表示？ 任务二：几张1角是1元？5张1角是多少元？
为跳高成绩排名次问题	具有相同的计量单位的量才能够比较大小	四名同学参加跳高比赛，谁跳得最远？谁跳得最近？	任务一：你能在卷尺上找出0.8米、1.2米、1.1米、0.9米吗？ 任务二：如何比较0.8、1.2、1.1、0.9的大小？ 任务三：你能比较正方形阴影部分面积的大小吗？

（续表）

学习主题	核心概念	关键问题	驱动任务
购买两种文具问题	把小数点对齐，就是把相同数位对齐，就是相同的计数单位才能相加减	怎样计算两件商品的总价？怎样计算两件商品的差价？怎样判断购物时钱够不够？	任务一：小数加减的方法是怎样的？ 任务二：计算小数加减法时为什么小数点要对齐？ 任务三：用 10 元钱买 3 件物品，判断钱够不够有哪些方法？

⑤本单元需掌握的数学思想方法。

多元数据，读出数感；多元表征，画出数感；数形结合，抽象符号；意识迁移渗透，提高运算能力。

（3）分析学情。

①知识基础。

学生在一年级学习了人民币认识；在一、二年级学习整数加减法；在二、三年级认识了长度单位米、分米、厘米，认识了质量单位吨、千克、克；在三年级学习了分数初步认识。

②相关前概念。

元、角、分进率已掌握；米、分米、厘米进率已掌握；整数的数位及其位值制已有初步理解；初步认识了分数；对小数有了初步感知。

③学习困惑。

读小数时会出现的问题，如：2.50 读作二点五十或读作二点五；整数、分数、小数三者关系较难沟通；由 0.3 米、0.3 元抽象到 0.3，学生难理解。

（4）单元教学目标。

①结合具体情境和几何直观，了解小数的含义，能认、读、写不超过两位

的小数，并能运用小数表示日常生活中的一些事物，感受小数与实际生活的密切联系，发展符号意识、数形结合思想。

②经历比较的过程，学会比较一位小数的大小，能解决简单的小数大小比较问题。

③在具体情境中体会小数加、减法的算理，会正确计算一位小数加、减法，并能解决简单的实际问题。

（5）单元教学重点与难点。

重点是理解小数的意义；会比较小数大小；会进行简单的小数加减。难点是理解小数的意义。

（六）单元教学实施建议

单元教学实施建议有两点：第一，建议采用系列化任务或活动作为教学环节，来组织和呈现教学过程。第二，针对构成任务或活动的要素或步骤（如针对情境引导和任务的准备、展开、总结、拓展或者完成任务的步骤等）来描述教师（引导、指导、示范、点评等行为）、学生（做想读讲练等行为）、环境（提供的学习资源等）相互作用方式和具体行为。

（七）单元学习评价建议

学习评价是指对学生的学习结果、行为、态度等，根据单元教学目标要求和针对不同教学情境做出的价值判断。可采取书面测试、口头测试、活动汇报、课堂观摩、课后访谈、课内课外作业等多种方式进行测评。教师从作业中可以了解学生的基本知识和基本技能的掌握情况，从探究活动中可了解学生独立思考的习惯和合作交流的意识，可通过课堂观察了解学生的学习过程、学习态度和学习策略。

评价的维度是多元的，在关注"四基""四能"达成的同时，特别关注核心素养的相应表现。不仅要关注学生知识技能的掌握，还要关注学生对基本思想的把握、基本活动经验的积累；不仅要关注学生分析问题、解决问题的能力，还要关注学生发现问题、提出问题的能力。

（八）教学资源开发与利用

选编教学资源是指以单元教学目标为依据，对学习活动顺利开展起支持作用，对教学资源进行优化重组的过程。课堂教学设计和组织实施水平的高低，决定着教学资源的丰富性和有效性。教学资源开发要满足教与学的多样化需求，既包括教学设计、教学案例、课外读物等纸质资源，也包括音频、视频、数学软件等数字化资源，包括用于巩固练习的资源与拓展视野的数学科普资源。

第三节　如何进行课时设计

一、教育观与课堂教学设计

课堂教学要以促进学生的发展作为出发点和归宿，课堂教学应该成为学生"自主学习、合作探究"的主阵地，使每一位学生都能在数学学习中，感受数学的魅力，享受数学的乐趣，体验学习数学的成功，发展自己的个性与完善独立的人格。课堂教学中要做到以生为本，教学设计应注意以下几方面。

（一）数学教学要适应学生的认知发展水平

数学课堂教学要以学生认知发展水平为前提，苏联心理学家维果茨基认为学生学习的起点是介于学生现有发展水平和潜在发展水平之间正处于形成状态的"最近发展区",教学应该要引起、激发和启动一系列的学生内部发展过程。

1. 基于学生已有的知识水平

小学数学教材编排关注核心素养发展的阶段性,每个数学知识并不是集中出现在某一单元中,而是会显现线性结构,从低年级到高年级遵循螺旋上升原则,如关于距离的概念,二年级是通过学习线段,对距离有一个初步的感知,而到了第二学段就是"知道"两点间距离,体现对空间的感悟。教师在让学生知道两点间距离时,应要以线段作为知识的起点。又如"亿以上数的认识"教学设计时,教师应该清楚,学生在一年级下册已学习了"100 以内数的认识",二年级学习了"万以内数的认识",教学这个内容时,学生已经认识了万以内数、万以内的数位顺序表,掌握了万以内数的读法和写法以及大小的比较,在此基础上继续学习亿以内数的认识。教学时,要注意调动学生的学习经验,运用知识迁移帮助学生掌握新的数学知识。这个学习内容在做教学设计时可以先让学生复习万以内数的组成、读写等,然后再引出亿以内数的认识。布鲁纳说:"学习的实质是主动形成认知结构",教学设计中应遵循学生已有的知识水平设计教学,帮助学习形成认知结构。

2. 基于儿童的天性

影响小学生学习数学的因素很多,已有的知识水平,学生的能力等,除了这些智力因素外,还有动机、兴趣、情感、意志、习惯与态度等非智力因素。小学生学习受兴趣爱好影响非常大,感兴趣的内容就会专注地投入,不感兴趣往往不闻不问。因此在教学设计时,所创设的情境,所设计的问题必须要以激发学生学习兴趣为前提。以下几方面可以参考:一是导入新知时可以采用动画引入,让生动有趣的画面激起学生学习的兴趣;二是可以设计数学游戏来吸引学生的注意力;三是可以借助绘本故事,把数学知识说出来;四是可以通过玩数学魔术,把数学知识引出来;五是设计探究活动,让学生有事做、有话说,体现探索的乐趣。

3. 基于学生思维发展水平

人的思维方式大致有三类：有的人偏向理性，有的人比较感性，有的人两者兼而有之。在小学阶段，理性的思维方式和感性的思维方式都很重要，小学数学主要培养学生的理性思维。学生平常学习中的思维发展会不断地影响着思维方式的形成，这是一个长期形成的过程，也是一个逐步累积的过程。因此，在课堂教学中，教师应该非常关注学生的思维发展，而不仅仅教会学生一些科学知识。一个人的思维发展会决定一个人的思维方式，而一个人的思维方式又会影响他的价值判断和思想的形成，对人的一生发展而言十分重要。在每一节课的教学中，每一个活动的设计中，要充分考虑学生现有的思维发展水平，选择适当的学习材料，设计真实的教学情境，让学生对新知进行充分的思维加工，形成良好的认知结构，关注学生的思维发展，真正促进学生的全面发展。

（二）加强数学文化的感染力

张英伯、曹一鸣在《数学教育原理》一书中提到个体数学认识过程与数学文化发展具有一定意义上的相似性，因此我们可以从数学文化曲折的发展路径中洞察数学学习的本质。为此，要重视学生数学文化经验的积累和总结，要重视数学史典籍和数学家传记的德育功能和教化作用。

1. 注意情境素材选择

《义务教育数学课程标准（2022年版）》在教学建议部分指出："注重情境素材的育人功能，如体现中国数学家贡献的素材，帮助学生了解和领悟中华民族独特的数学智慧，增强文化自信和民族自豪感。"如把有关数学史融入课堂教学中，可让学生感悟数学概念、规则的必然性，感受数学家探究思考的方式。如教学"圆的认识"这节课时，可引入以下数学史：世界上第一个轮子——圆形木轮的发明距今约6000年。大约在4000年前，人们把四个圆固定在木架上就发明了最初的车子。但那个时候人们还没有真正了解圆。又过了2000 年，我国的墨子给圆定了一个概念：一中同长也。这是最早对圆性质的了解。一中同长的意思就是圆有一个圆心，圆心到圆周的长都相等。这个发现比希腊数学家欧几里得给圆下定义还要早 100 年。

2. 注重经历知识产生过程

数学教育的本质是什么？弗赖登塔尔认为，数学教育是数学的再创造。具体地说，数学教育即带领学生重走一遍数学发现之路，在发现的过程中构建数学的知识体系。教学设计时要做到充分运用历史相似性原理，在教学数学内容时，有意识地选用数学史中的问题解决作为思维起点，用数学问题与某一个或某一些历史问题的相关性启发、引导学生感知问题，领悟与历史问题解决相关的过程、方法，从而促进学生积极思考，寻找问题解决的有效方案。学生对古埃及金字塔是很感兴趣的，上这节课时，教师可以用测量金字塔的高度来启发学生。古埃及金字塔实为国王的坟墓，其底部是一个正方形，塔身有四个面，每个面都是倾斜着的等腰三角形，形状像个"金"字，建筑雄伟高大，很难测量其高度。在 2600 多年前，古埃及有位国王很想知道这座金字塔的高度，于是就请来了一位叫法列士的学者，希望他能帮忙测量出塔高。同学们，这位学者是怎样测出这座金字塔高度的呢？当学生思考后，教师出示图片，让学生了解到法列士在一个阳光明媚的日子组织测量队，去测金字塔的影子与人的影子的长度。当法列士测出自己的影子长度与自己的身高相等时，立即让助手测出金字塔的阴影长度。同学们，你知道金字塔的长度是怎样测出来的了吗？你会把这种测量方法应用于本节课吗？

（三）引发深度学习

当学生全身心投入学习中，就能获得发展。北京师范大学郭华教授认为：学生思考和操作的学习对象，必须是经过教师精心设计、具有教学意图的结构化的教学材料。教材的内容并不等同于教学的内容，更不能等同于学生的学习对象。学生的学习对象，必须隐含着知识及其复杂而深刻的意义，同时必须是学生当下水平能够直接操作（思维与动作）的材料，因此，便需要经过两个转化：由抽象的"知识"转化为含有学生品质发展目标的"教学内容"；由"教学内容"转化为学生可以操作的具体教学材料。[①]

　　课上，设计自主探究，合作交流的教学活动，让学生充分经历观察、实验、猜测、计算、推理、验证等活动过程。数学的教学内容不仅包括数学概念、定理、法则等书本中呈现的知识（陈述性知识），还包括这些知识的形成过程（程序性知识），让学生积极投身于各种活动之中，才会得到更好的发展。学生学科能力培养不是靠老师讲授的，而是在教师所设计的教学活动中，自己去"做"，自己去"悟"，去"经历"、去"体验"的。这就要求教师在进行教学计时要注重以下四方面：一是教研教材要透彻；二是学生学习方法要抓实；三是教学过程要有深度；四是习题要找精。只有这样，才能让学习真正发生，让学生思维动起来。

　　课后，设计综合实践作业，让学生运用所学的数学知识解决生活中的实践问题。例如，学习"认识厘米、米"后，为了进一步加深对厘米、米的理解，可在课后布置实践性作业。如设计问题"学校校名墙有多长？"让学生讨论测量的方法、测量工具的使用、测量时所用的单位，测量时如何分工合作，测量出来的结果如何表达，等等。当学生把问题思考清楚后，就让他们去实地测量。设计这样的活动让学生在真实的情境中经历发现问题、提出问题、分析问题、解决问题的过程，感悟数学知识之间、数学与其他学科知识之间的联系，积累活动经验，感悟数学思想方法。

---

① 郭华：《深度学习及其意义》，《课程·教材·教法》2016 年第 11 期。

二、课堂教学为什么要进行设计

教学设计就是课堂教学的一个蓝图，没有这张蓝图课就无法上成好课，正如做建筑要有建筑蓝图同一个道理，能收到好的教学效果。好的教学设计能让学生以尽量少的投入获得尽量多的收获；糟糕的教学设计会把学生带入云里雾里，找不着学习的方向。课堂上学生是学习的主体，好的教学设计是以学生的认知规律作为设计的思路的。教学设计要达到教学目标，教师要解决好两个问题，一是解决教什么问题，二是解决怎样教的问题。

（一）教什么

教学目标的设计，包括显性目标和隐性目标，是基于对教学内容、学生情况的分析而设计的。教学目标是预设教学的结果是什么，也就是说期望教学结束后学生应该学会什么或发生什么变化？教学目标是教学的出发点和归宿，是教学的风向标，统领教学的全过程。教学目标一般分为三个层级：一是以记忆为主，二是以理解为主，三是以探究为主。数学教学目标要有数学味，要体现数学学科特征，并应当结合当前的教学内容陈述教学目标，说明学生学习后预期收获的效果。

如"认识负数"就是一个教学目标，这样的目标常常会出现在教学设计中。但学生认识负数是经历几个阶段的，在教学目标中应该这样阐述：1. 在具体情境中理解"相反意义的量"，会用正负数表示"相反意义的量"；2. 能正确读写正负数并会举例说明；3. 在具体情境中领会"0 既不是正数，也不是负数"。

（二）怎样教

教学手段的选择、教学过程的设计。基于对教学资源、学生和教师自身情况的分析。

什么是教学手段？教学手段有多种，首先是口头语言，接着再到文字和书籍，然后是印刷教材，现在发展到电子视听设备和多媒体网络技术。传统教学手段主要指一部教科书、一支粉笔、一块黑板、几幅历史挂图等。现代化教学手段是指各种电化教育器材和教材，即把多种电教设备、电教平台搬入课堂，作为直观教具应用于各学科教学领域。

三、课堂教学的要素

基于问题驱动的小学数学课堂教学基本要素有七个，分别是问题情境、提出问题、自主学习、合作探究、归纳总结、应用迁移、反馈修正。

（一）问题情境

问题的呈现要有一个好情境，这个情境不是虚拟的，是看得见摸得着的、现实的、典型的、有针对性的，来源于学生熟悉的生活实例，其目的是激发学生好奇心、求知欲。

什么是问题情境？情，为事情，包括人物和情节；境，为环境，包括空间和时间。课堂教学中营造模拟现实，包含有一定人物、情节、时间、空间的情境，让学习内容成为现实生活的一种折射，并让学生在模拟应对现实生活的无意识导向下，进入学习活动。在一节课中，融入情境一般分三个时期：一是在上课开始创设情境，让情境所营造的氛围激发学生的数学学习兴趣。二是在学习中期创设情境，让学生积极参与到相应的问题解决活动中。三是在迁移应用阶段创设情境，目的是让学生通过应用，学会反思，加深对数学价值的认识。情境创设能激发学生学习内生力，应该具备"基于已知、契合认知、联系生活、生动有趣"四个特征。

1. 好的情境能激发学生的学习兴趣

学习兴趣是学习活动最好的强化剂，学习兴趣会驱使学生积极投入学习活动中，对学生的认识过程起着巨大的推动作用。学生对学习有了兴趣，就会集中精神、专注认真、观察仔细、思维活跃、联系丰富、记忆加强。在课堂教学中我们要想方设法激发学生的学习兴趣，其中创设情境是有效途径之一。小学生好奇、好动、好问，要激发起其学习兴趣，就要好好利用这种心理特点，在数学课上，利用数学知识本身的特点，创设让学生感到有趣、新奇、好玩的情境，把学生认知情感由潜伏状态转入积极状态，让学生的好奇心转化为求知欲，驱动其开展探索活动。

如，一年级上册第四单元"认识图形"第一课时情境创设。

"认识图形"是让学生把图形分一分，再通过让学生观察各类图形等动手操作活动，认识球、圆柱、长方体、正方体等。为了能激发学生的学习兴趣，上课伊始，可以通过绘本故事，引入新课，做法如下：上课的时候，用绘本故事《巫婆与三颗星星的故事》导入，《巫婆与三颗星星的故事》是一本有关图形和空间的数学绘本。故事讲了西瓜星、罐桶星、箱子星三个王子的故事，学生从绘本故事中认识到各种立体图形，并从故事中知道各种图形的特征。上课时，教师可以把绘本制作成 PPT，与学生一起阅读。宇宙上有三颗星分别是西瓜星、罐桶星、箱子星，同学们，你们能猜到这三颗星星的形状吗？星星上住着三个王子。三个王子的关系真的是非常的亲密。他们每天在一起，欢快地唱歌，有好吃的也一起分享，所有的东西互相借着使用，他们在一起，过得非常幸福。而另一颗行星上生活着一个老巫婆，老巫婆最痛恨的就是别人亲密相处。有一天，老巫婆发现这三个王子在一起那么快乐，非常嫉妒，于是她变成了一个漂亮的公主去找王子们，老巫婆说："听说宇宙里有一颗最帅的星星，我就找来了。我想在那颗星星上生活。"王子们都希望美丽的公主到自己那里，于是就自我介绍起来。"我的星星圆圆的，只要转一转，就能看到宇宙的每个角落。在这里欣赏美丽的景色是最好不过了。"西瓜星王子最先说到。同学们你们能说说西瓜星是怎样的吗？你能在身边找出与西瓜星长得一样的图形吗？接下来，罐桶星与箱子星会怎样介绍自己呢？请与同伴讨论一下。（认识了立体图形的特征）

2. 好的情境能成为学生获取知识的脚手架

"脚手架"是一种概念框架，搭"脚手架"是指教师把大的学习任务，加以分解，分解成符合学生"最近发展区"的多个小任务，然后建立起整个任务的概念框架。具体是教师在教学活动之前，根据教学目标，根据数学的学科特点，结合教学内容具体要求，对学生的能力进行分析，确定学习的流程，并选择合适的支架类型。学习支架有两种类型：一种是表现形式方面的，另一种是教学手段方面的。从表现形式上来看，学习支架可分为建议、向导、图表、范例等类型。从教学手段上来看，学习支架可以分为媒介支架、任务支架、材料支架。媒介支架是指借助图示、案例、影像资料等来支持学习；任务支架则是指以目标为导向以任务来驱动；材料支架是指为学生提供操作实物。教师搭建"脚手架"的起点须要对学生进行学情分析，对教学目标再细分，对数学知识类型进行分析。搭"脚手架"就是为学生学习需要提供帮助，当学生已具备一定的能力，已不需要教师帮忙了，支架可及时撤去。维果茨基认为要让学生有效学习新的知识或技能，老师必须找出学生已经会的，再定义他们将要学会的，然后在这两者间所形成的最近发展区中搭建脚手架，使学生学习依托脚手架的支持，一步一步拾级而上，直到真正学会。开始时老师需要架设较密的脚手架，随着学生知识掌握度的提高或技能的熟练，就可以逐步拆解不需要的支架，最终他们不用依赖脚手架也能完成工作或解决问题。

创设真实的问题情境，其目的是教师通过情境这个手段，把学生引入知识中，使学生的已有经验与新的问题情景产生矛盾冲突，从而激发学生探索的兴趣和愿望。可在传统的小学数学课堂，教师普遍缺乏深度学习的情境教学设计意识，在进行抽象的核心数学知识教学时，常常跳过"情境化"环节，直接采用"去情境"的干巴巴的符号教学，容易形成不可迁移的"浅层知识"。因此，通过情境的创设，特别是通过图文创造的问题情境，是新知建构阶段的"脚手架"，可以促进学生对新知的建构和理解。

如在人教版四年级"轴对称"一课中，通过让学生观看大自然中轴对称的自然现象，如平静湖面中倒影、一些植物的形状、一些建筑物等，帮助学生初步感知轴对称的概念。接着可以通过"我是小小观察家——我能寻找到图形共同的特征""我是剪纸小能手——我能剪出具有轴对称特征的图形"等活动，帮助学生抽象出轴对称图形的概念，让学生从自然现象中，从操作活动中激起已有的知识经验，让学生在生活情境与问题情境中加深对轴对称图形的理解，从数学的角度来看待生活中的现象。

3. 好的情境能激活学生解决问题的思维

教科书里的知识是一种抽象的符号，如果只对学生传授着抽象的符号，学生是难以接受的。儿童思维发展经历三个阶段：一是直观动作思维，这个阶段的思维过程要以具体、实际动作作为支撑；二是具体形象思维，这个阶段的思维过程是需借助于表象而进行的思维；三是抽象逻辑思维，这个阶段的思维过程中以概念、判断、推理的形式来反映事物本质属性和内在规律。小学阶段，更多的是具体形象思维，它以表象或形象作为思维的主要材料。当学生能把观察到的事物形象保持在记忆中，这就是表象。表象有视觉上的、有听觉上的、有触觉上的、有嗅觉上的、有味觉上的，还有动觉上的，学生通过眼、耳、口、鼻等去接触事物，然后把事物留在记忆中，这就是表象。所以教学中，教师不能一直在讲授，讲是听觉上的触动，其他方面没有感观，学生难以记忆，教师在教学中应要充分运用图画、音乐、表演等手段与教师的语言描述结合起来，把知识融入其中。创设一个真实的、本真的情境，让知识有根、有联系、有背景，能让学生在熟悉的情境下自主获取知识，启迪思维。

如为了让学生掌握"平均分"这一概念，教师可以创设一个分一分的情境。猴妈妈拿回了6个桃子，打算分给3只小猴子。

第一种分法：老大3个，老二2个，老三1个；

第二种分法：老大1个，老二1个，老三4个；

第三种分法：老大2个，老二2个，老三2个。

请问哪种分法最合理呢？为什么？请同学们拿起手上的学具也来分一分。

分桃子有三种情况，通过故事的情境，能让学生很清楚地看出，哪种分法是最公平的，然后再了解公平分法的特点，这样通过创设一个分桃的情境，让学生经历了从"形"到"数"的过程，并通过多方比较，很容易理解平均分的含义。接着还可以借助这个情境，让学生理解，"每份""几份"这些抽象的概念。借助该情境，不仅仅让学生在动手操作中明白平均分的含义，还可以让学生用数学语言描述平均分，让学生边摆边说平均分的过程，既加深平均分活动在学生脑海中相应表象，同时也为建立除法概念打下基础。

4. 好的情境能成为沟通数学与生活的桥梁

弗赖登塔尔认为数学教学应该结合学生的生活体验与数学现实，这就是说，教师需要根据学生的生活体验与数学现实创设适当的情境。在小学数学学习中，有许多概念、原理在现实中都能找到其原型，如角的认识，生活中处处都有角，生活中处处有数学，数学与人的生产、生活息息相关。教数学不能关起生活的大门，让学生在教材上"纸上谈兵"，应该根据教学内容，联系生活现象，精选生活素材，在课堂中创设一个学生熟悉的生活情境把数学与生活联系起来，让学生通过观察生活现象、模拟操作、实验、猜测、验证、推理与交流等数学活动，经历生活情境数学化的过程，借助生活中的原型，帮助学生构建数学知识结构，理解数学的意义。

如，在教学中，老师善于把学生喜闻乐见的动画素材转化成学习材料，有效开发课程资源。如在动画情境中学习人民币、在故事讲述中认识人民币……学生不仅知道了人民币的由来和历史，还认识了人民币的图案、颜色、面值，激发了爱护人民币和爱国的情怀。接着教师创设一个模拟购物的情境，让学生参与购物活动中，充分体验如何取币，如何找币，学会与他人合作。最后就是到生活中实践，经历真正的购物过程，利用周末时间，学生在家长的带领下，去超市了解一些物品的价格，并认真记录下每件商品的名称和价格，体会到商品的物美价廉。最后他们用自己的零花钱精打细算地选择自己心仪的商品进行购买，将自己的购物体验记录下来。又如，教学统计初步知识时，可带领学生到学校门口的公路边在限定的时间内统计各种车辆行驶情况，让学生通过亲自体验明白到统计的方法与要求，对统计的意义有更深刻的理解。

5. 好的情境能培养学生数学应用意识

数学既是运算和推理的工具，也是表达和交流的语言。随着时代的进步，数学已应用于日常生活的方方面面，数学对社会的发展起到了很大的作用。培养学生的应用意识是提高学生学习数学能力的需要。培养学生的数学应用意识就是让学生运用运算、推理、分析、选择、制表、绘图、估计、符号变换、优化方案等方式方法去解决实际问题。在小学数学学习中，许多知识的形成过程都与现代生产、生活和科技息息相关。教师在进行教学设计时，应该要寻找到数学知识生活中的原型，通过情境的创设，让学生了解数学知识的来龙去脉，体会数学知识的应用价值。生活中处处有数学，也处处用到数学，家中每天都要买菜，这就有了对"单价×数量＝总价"的认识，家里的水电费单有着阶梯收费的数学信息。又如对"利息"的学习，涉及本金、利息、年利率，这些都是平时父母到银行存钱时常遇到的问题。又如在旅游活动中，学生常常会遇到一些数学问题，比如根据出游的人数和租车的价钱合理租车等。又如"根据每月的手机通话时间，选择合理的话费套餐"。这些都是利用数学知识解决日常生活中常见的问题，在数学教学中通过挖掘这些生活素材创设情境，提出问题，让学生来解决，能让学生明白到学好数学的目的是更好地解决生活中的实际问题，许多数学知识和方法都可以为生活服务，从而增加学生的数学应用意识，让学生明白数学是生活中必备的工具，激发其学好数学的欲望。

6. 好的情境能促进跨学科融合

《义务教育数学课程标准（2022年版）》指出要进一步加强综合实践。综合与实践领域的教学活动，以解决实际问题为重点，以跨学科主题学习为主，以真实问题为载体，适当采用主题活动或项目学习的方式呈现，通过综合运用数学知识和其他学科的知识来解决真实问题，着力培养学生的创新意识、实践能力、社会担当等综合品质。开展跨学科主题学习，要设计出完整可行的活动方案，要展示跨学科主题的背景，需参考学生个人经验和已有知识积累。解决真实情境中的复杂问题，往往需要运用多领域的学科知识，围绕某个真实问题或学习主题，打破学科壁垒，整合多个学科资源，采用更加自主灵活的方式进行教学。这种跨学科教学首先就是要教师在教学设计时做好情境设置，应精心选材、科学设计，兼顾知识性、趣味性与实践性，建构起融合教学的骨架。

如，关于时间方面的知识，通过对二年级的各科教材进行梳理，可以发现音乐学科要求学生会唱《时间像小马车》这首歌；"道德与法治"学科要求学生会安排一天的生活；数学教材则有"时与分"的认识，有经过时间的认识。如何利用好"时间"这个情境设计跨学科教学内容呢？可以以"计时工具的发展"为主题设计综合实践活动，让学生通过阅读《时间的故事》等了解古人的计时方法，可以把了解到的有关时间的知识绘画出来与同学分享，并通过演唱歌曲《时间像小马车》，明白珍惜时间的道理。还可以通过跳绳、跑步、拍手、眨眼睛等活动实践来体验时间的长短。

7. 应用情境促进深度学习[①]

如何应用情境来促进学生的深度学习？以下以导入新课为例，谈谈情境教学的运用。

"良好的开端是成功的一半"，教学的导入就好比一部好乐章要奏好序曲一样重要。把握好"导课"的艺术不但能起到画龙点睛、启迪思维的作用，更能激发学生强烈的学习兴趣和求知欲望，发挥其主观能动作用，使其全身心地投入探索新知识之中。

（1）导课艺术之一：疑。

"学起于思，思源于疑。"学生的思维活跃于疑问的交叉点，疑最容易引起探究反射，思维也就应运而生。适时激疑，可以使学生因疑生趣，由疑诱思，以疑获知。心理学研究也表明：小学生具有好奇心、善于想象、求知欲强的心理特点。教学中，从学生的这一心理特征出发，根据教学内容，精心设疑，巧妙地设置悬念，把学习的知识、掌握的技能，演化成一个悬而未解的"谜团"，"抛"给学生，使学生处于一种"心求通而未达，口欲言而未能"的不平衡状态，定能激活他们的进一步探索欲望。

案例一："圆的认识"导入片段

师：一至五年级我们研究过哪些平面图形？

生1：长方形、正方形、平行四边形、三角形、梯形。

生2：还有圆形。

师：我们有学习过圆吗？

生齐答：没有。

课件出示长方形、正方形、平行四边形、三角形、梯形。

---

① 关于这一问题，参看拙作：《创设情境、激发"生长点"——例谈小学数学课堂教学的导课艺术》，《教育学刊》2012年第6期。

师：说说它们都是由什么围成的平面图形。

生：都是有线段围成的。

课件出示硬币、钟面、圆桌等实物。

师：屏幕中物体的表面是什么图形？

生：圆。

师：刚才我们知道一至五年级研究过的平面图形是由线段围成。圆是不是也由线段围成呢？

生：不是，是由曲线围成的。

师：对！今天我们就来学习由曲线围成的平面图形——圆。

案例二："圆的认识"导入片段

师：向你们提一个问题，大家都知道的，车轮是什么形？

全班同学都笑着回答：圆形。（有个别同学还在小声地咕嘟着，还用问，这谁都知道）

师：车轮为什么是圆形的？如果是别的形状行不行？

教室顿时静思了一会就纷纷说出理由：别的形状不行，因为无法滚动。只有圆形是无棱无角的好滚动。

师：这么说，你们都认为无棱无角是圆形车轮滚动起来平稳的原因了？

生（异口同声）：对。

教师随即在黑板上画了一个椭圆，再反问："椭圆也没棱没角的，可以做车轮吗？"

生：不行，这也会忽高忽低不平稳的。

教师环视了一下大家，问道：显然，没棱没角不是圆形车轮行走平稳的原因。那么圆形车轮行走平稳的原因到底是什么？

这时候学生沉默了。

教师静静地等待了片刻，接着说道："车轮是圆的，这是大家都知道的，但为什么是圆的？却是大家不知道的，看来这个问题还真值得我们研究呢！好，现在我们就来学习圆的认识，上完这节课，相信你们就可以解释刚才的问题了。"说完，教师板书课题：圆的认识。

透析与感悟：巧设疑问，激活思维的火花。

案例一采取了常规的教学方法，看起来能很快区别清圆跟其他平面图形的不同点，但由于缺乏学习主体的情感参与，学生获得的只是在教师的牵引下步步前进，其认知结构也只是随知识的叠加而扩充了的储备，其他的可持续发展因素却很少得到发展。案例二以一个学生司空见惯的问题"车轮是圆的"为开始，然后把"车轮为什么是圆的"这个问题抛给学生，这样巧设问题，点燃了学生思维的火花，使学生处于求解心切、欲罢不能的境界中，这样的导入就让这节课的学习自然地成为学生的自我需要，这就是一个良好的开始。实践证明，只有真正建立在学生内在需求基础上的数学活动，才可能真正发挥学生的主观能动性和创造性，才能真正促进学生的发展。

（2）导课艺术之二：趣。

"知之者，不如好之者，好之者，不如乐之者。"兴趣是最好的老师，教学的成功与否在于兴趣的激发。通过激趣可以让学生启动思维的闸门，处于最佳学习状态。然而兴趣不应该只是课堂情绪的添加剂，只为学生浅层的快乐而存在。数学知识本身就蕴藏着一定的吸引力，教材本身也存在着趣味因素，因此在教学中要善于寻找教学素材、教学内容和教学目标一致的兴趣点，寻找和学生心智水平相吻合的调动学习兴趣的方式，用数学教学本身的艺术魅力去感染学生，采用适当的手段和方法，有趣味地导入课堂，诱发学生强烈的求知欲望，触发学习的激情和热情，从而展开高效的学习。

案例三："两位数的除法估算"导入片段

师：同学们，你们知道神舟七号吗？

生：知道。

师：神舟七号圆了我国多年的飞天之梦，你们想再看看那激动人心的一刻吗？

生热情高涨大声地回答：想。

教师播放网上下载的经过剪辑的神舟七号发射情境及宇航员漫步太空的视频并说：我们一起倒数好不好？

生：好。

伴随着大屏幕里的准备发射场面，师生一齐高呼十、九、八、七、六、五、四、三、二、一，让旁人有种亲临其境的感觉。4分钟多钟的视频经过精心剪辑有发射过程、有飞行过程，有宇航员迈步在太空的过程。一下子把学生的注意力吸引住了，只见学生目不转睛地盯着屏幕，认真地观赏着。录像放完了，画面定格在翟志刚出舱在太空迈步的一幕。学生还久久沉浸在刚才的发射过程中。

师：你知道他是谁吗？

生：翟志刚。

师：你知道他身上的宇航服叫什么名称吗？

生摇头。

师把屏幕上的画面换成了一套宇航服，接着用约1分钟的时间向学生介绍宇航服。然后再出示信息：宇航服的重量大约有120千克。

接着师又出示本班一位同学的相片问：这是谁？

生笑着齐说：某某同学。

师：你知道他有多重吗？

生：不知道。

师：请某某同学你来说一说，你有多重？

某某同学站起来报出了体重，教师点击鼠标，这时大屏幕上出现两组信息，一是宇航服约重120千克，二是某某同学约重35千克。

师：要求宇航服重量约是某某同学重量的几倍你会列式吗？

生：会，120除以35。

师在黑板上板书算式：120除以35。

师：怎样估算它的结果呢？今天这节课我们一起来学习估算。（板书课题——两位数的除法估算）

这时听课的老师才知道，原来这节课是学习除法估算。

案例四："平移与旋转" 导入片段[①]

师：上课前，我们先做个小小的调查。玩过电脑游戏的同学请举手。

（生一下子全举手）

师：玩过电脑游戏"俄罗斯方块"的同学请举手。

（生又一下子全举手）

师：谁能说说"俄罗斯方块"是怎么玩的？

生回答了玩法。

师：谁有胆量上来试一试？

（师打开电脑游戏"俄罗斯方块"）

（生纷纷举手）

师：我们请这位同学玩玩看。大家就在下面一起给他出谋划策，好不好？

（师请一位学生上台，简单向他介绍4个控制键后走下讲台。学生玩起了"俄罗斯方块"游戏）

---

① 黄爱华、胡爱民：《"平移"课堂教学实录》，《小学青年教师（数学版）》2006年第9期。

师：我们一块来帮他想想，放在哪儿合适好吗？

（老师的话音刚落，有的学生就大呼"那边，那边"，其手往左或往右挥舞；另一些学生则大呼"转""变形""往下"，教室一时喧嚣不止。玩着游戏的学生则极熟练地利用方向键控制方块不断向左、向右或向下平移，或旋转后再平移到合适的位置）

师：看来同学们对这个游戏还真是很熟悉。那同学们想过没有，游戏中方块向下、向左、向右的运动方式叫什么呢？

生：移动。

生：滑动。

生：平移。

师：对了。我们以前学过有关平移的知识。今天这节课我们就继续学习有关平移的知识。

透析与感悟：激发兴趣，点燃求知的欲望。

在案例三和案例四中，教师所设计的导入方式都能深深地吸引住每一位上课的学生，然而案例三只是为吸引学生而设计，除法的估算跟整个神舟七号发射的过程没什么关联，整个导入过程很牵强更是没有什么思维含量。案例四则天衣无缝地把"平移"的知识融入游戏中去，让学生不知不觉地进入学习状态，从游戏中发现了数学并点燃求知的欲望。数学的激趣导入中所创设的情境，所采用的方式不能只图表面上的热闹，更不能让过多的非数学信息干扰和弱化数学知识与技能的学习、数学思维的发展。所采用的方式是要为知识与技能提供支撑，为数学思维的发展提供土壤。

（3）导课艺术之三：情。

数学课的开始，教师要营造一种宽松的、快乐的课堂环境，用激励的话语、动听的言辞、真挚的情怀把情感点化出来，展示在数学课堂之中，让学生带着一种高涨的、激动的心情去学习，享受学习数学的融融乐趣。这样的课堂，学生才会学得快乐、学得投入、学得自信、学得轻松。

案例五：五年级学生

离上课还有 5 分钟，教师手捧作业本，急匆匆地走进教室。一进教室就让班里的同学赶紧把作业本发下去。作业本发下去后，接下来上课铃也响了，教师拿出作业批改记录本开始这一节课。

师：某某同学错了哪几道，某某同学缺做了几道，某某同学不该这样错……

一顿点名批评后，教师再用了好几分钟去评讲作业中出现较为严重的错题。评讲完了教师让学生把作业本放到抽屉里，让学生坐端正，自己也调整了一下情绪就开始讲授新课"体积的意义"。屏幕先出示了一个很生动的动画画面：《乌鸦喝水》。原来教师用《乌鸦喝水》。故事来引入课题。故事讲完了师问："为什么瓶子里的水没有增加，丢进石子后水面却上升了？"教师把问题抛出去了，本想着用这一"石"去激起"千层浪"的，可这时候学生却是心不在焉的，那生动的演示，那动听的故事，仿佛只有老师在唱独角戏。

案例六：三年级学生

接近上课了，天暗了下来，突然下起了大雨，还打起了雷。上课铃打响了，教室里还是闹哄哄的，同学们的注意力还在这一场突如其来的暴风雨中。

师环视了一下教室，温和地说：同学们，刚才打雷了，你们怕不怕？

生：不怕。

师：你们真勇敢，老师刚才就被雷声吓了一大跳，现在心还怦怦地跳个不停。(教师用手捂住胸口作一个夸张的表情)

学生纷纷笑了起来。

师：不过现在就是打雷，老师也不怕了，我们班的同学都这么勇敢了，老师也要向你们学习呢。（学生脸上露出了自豪的表情）

师：下面我们就开始讲课了，老师呀，希望同学们能做得更好。同学能不能做到不被外面的雷声、雨声影响，专心听课呢？

生齐说：能。

这时老师就用动听的温和的语言开始了这节课：在一个风雨交加的晚上，数学王国里突然传来了阵阵争吵的声音……（外面依然有雨声，有雷声，可学生的注意力已转向课堂学习去了）

透析与感悟：点化情感，点亮学海的航灯。

案例五中的教师以批评作为一节课的开始，使学生有了一种惧怕心理，这是一种教学氛围的自我破坏的不良行为。案例六中的教师很了解学生的心理特点，巧妙地用几句话把学生的注意力转移到了学习上。学生的学习是情感与知识对流的过程，学生在学习中若没有了情感，就如同大海没有了波澜，学得枯燥、无味，也就没了学习的欲望、激情。因此教师在教学中要给学生信任、鼓励，创设和气融融的情感气氛，把活生生的灵感和思想贯彻到自己的话语中去，使情动于中而言溢于表，从而打动学生的心，使学生产生共鸣，受到感染。

苏霍姆林斯基说过："人的内心里有一种根深蒂固的需要——总想感到自己是发现者、研究者、探寻者。在儿童的精神世界中，这种需求特别强烈。"作为教师就是要努力地创造好情境，抓住知识的"生长点"，激起学生心灵深处那种强烈的求知欲望。

（二）提出问题

数学教育的根本是传授数学思想，而承载数学思想的最好媒介是促使理论形成并发展的"问题","问题"是思想方法、知识积累和发展的逻辑力量，是生长新思想、新方法、新知识的种子，"问题"是思维的启动器和方向标。学生学习必须从问题开始，问题教学不仅是一种教学方式或教学手段，更是一种教育教学理念。问题提出，它是"问题"与"提出"的结合，其含义有两个：一是指教师通过对教学任务分析、对学生学情的分析，根据教学目标在进行教学设计时所设计的学习任务。它是以问题驱动的形式设计，它会以多个问题串联在一起形成问题链，并通过问题链促使学生通过自主学习、合作探究等学习活动去分析问题与解决问题。二是指学生在教师的鼓励和引导下，提出自己的困惑、好奇、猜想的过程，它包括真实的问题情境、学生思考的核心问题等。精心设计问题，能有效推进以主动参与、深层思考为特征的深度学习。

如何通过问题提出，促进学生深度学习？首先是教学设计能否提炼出本节课的"核心问题"，核心问题要有思维含量，具有思考性、启发性和探索性。没有一个好的核心问题，是无法激活学生思维火花的，深度学习也不可能真正发生。好问题是助推数学发展及学生数学学习的重要载体，是深度学习的前提，实现深度学习，教学设计重点在精心设计问题任务，引发认知冲突，组织探究学习活动，并关注持续性评价。

1. 好问题的特征

（1）具体探索的意义。所创设的问题要在学生原有认知基础上引起冲突，让学生对现象产生不平衡，激起挑战的心理，激发探究的欲望。如，车轮为什么不做成方的而做成圆的？问题具有探索性是指在所设计问题要适合学生现有思维发展水平，一个好的问题，虽然它会有些难度，但是对于大多数学生来说是可以通过个人的能力解决的，这个问题需要学生思考或动手实践操作或与同伴合作就能解决得了。

（2）具有一定的启示意义。学生通过解决这个问题能得到启发，获得数学思想方法。

如，用下面（见图5-10）三张数字卡片，可以排成几个不同的三位数？

| 5 | | 7 | | 9 |

图5-10

在解决这个问题时，学生先讨论百位上是5时，有两种情况：579与597；百位上是7时，有两种情况：759与795；百位上是9时也有两种情况：957与975。在解决这类问题时，要准确快速排列出结果，就必须要有序思考，全面思考。

（3）具有开放性。解决问题途径不是唯一的，是可以通过多种渠道解决的。小明家要装修新房，需要用面积9平方分米的地砖铺地，如果小明家的客厅的长是6米，宽是3米，请问至少需要购买多少块这样的地砖？学生在解决这个问题时，可通过计算的方法也可以通过画图的方法来解决。

（4）与学生生活有着直接联系。要使学生感到数学是一种有意义的活动，数学就在生活中。如："在商场你能寻找到1千克的物品吗？"

一个好的问题能营造一种由求知欲驱动的学习氛围，它会像磁铁一样把学生的注意力吸引过来，鼓励着学生，牵引着学生积极思考，并不断地去寻找解决问题的方案，实现深度学习。

2．问题设计要遵循的原则

（1）在目标的引领下设计问题。教学一个内容，教师首先要知道这一课要教什么，教到什么程度，要知道这节课把学生带到哪里，这就是教学目标或学生学习目标的确立。教学目标决定着教学的方向与质量。一节课的问题设计必须是在教学目标的引领下设计的，学生解决问题的过程，就是实现教学目标的过程。

如"乘法的初步认识"，教材提供游乐场的几个情境，有坐玩具飞机的，有坐小火车的，有坐过山车的，要求计算出每次可坐多少人，这些情境都是几个相同的数连加的算式，通过加法算式，引出乘法概念，再让学生理解乘法的意义及感受乘法计算的方便。这节课教学目标是让学生初步理解乘法的意义，能正确读出乘法算式。教学时围绕教学设计，可以这样设计问题。

①提供主题图，创设能列出同数连加的算式的情境，如坐小飞机、小火车和过山车）请学生列式计算小飞机上坐着多少人？小火车坐着多少人？过山车上坐着多少人？

②（出示算式 2+2+2+2+2+2+2=14。）提出问题："这种加法算式，你有办法把它变成计算更简便的算式吗？"（学生自学课本，教师让学生到黑板上写出其他算式，当有学生写了 7×2=14 时，教师再提出问题。问题一：谁能把这道式子读出来？（学生读乘法算式：7 乘 2 等于 14。）问题二："×"这个运算符号怎样读？怎样写？问题三：你能说出"7×2=14"所表示的意义吗？

上述问题都是紧紧围绕着"初步理解乘法的意义，能正确读出乘法算式"这个目标来设计，学生把问题解决了，目标也达成了。

（2）要围绕核心知识和知识的核心设计问题。核心知识：是指在学科教学体系中具有中心地位、体现核心素养、迁移性强的基础知识。小学数学核心知识就是指小学数学课程中那些处于基础、中心和关键地位，适用和迁移范围广，具有根基性、统摄性和生长性的数学知识。从知识整体看，小学数学核心知识是一些基本思想和基本方法；从知识领域看，小学数学核心知识是小学数学四大领域中的一些基本概念、基本原理和基本关系；从知识序列看，小学数学核心知识是一些知识发生发展线索上处于起点、节点和拐点位置的知识；从知识的某个段落看，小学数学核心知识也可以是一些不可或缺的基本问题。[1]

知识的核心：数学知识的核心是概念，数学概念是数学知识的"细胞"，

——————————

① 魏光明：《小学数学核心知识教学探索》，《教育视界》2021 年第 12 期。

是进行逻辑思维的第一要素。数学概念是客观现实中的数量关系和空间形式的本质属性在人脑中的反映。我们所看到的各种各样物体的颜色、所闻到的气味、所触摸到的质地这些都不是事物的本质属性。什么才是本质属性呢？这个物体的形状，它是圆的还是方的？是长的还是短的？这些共同的属性才是本质属性。事物的形状、大小、位置关系都是本质属性。小学数学概念很多，数的认识中有概念，如"自然数"，数的运算中有概念如"平均分"，量与计量中有概念如"米""厘米"，几何形体中有概念如"周长""面积"，比和比例中有概念如"比""比例尺"，方程也有概念如"方程"，统计知识也有概念如"中位数"，这些概念是构成小学数学基础知识的重要内容，它们是互相联系的。

只有围绕核心知识和知识的核心设计出来的问题，才有思维含量，才具有思考性、启发性和探索性。

例如，三年级下册"小数初步认识"的教学设计中，围绕着核心知识和知识的核心，可把这节课的核心问题设计为"1米3分米只用米作单位怎样表示"。为了让学生解决这个问题，可以设计合作探究活动。可以让学生借助米尺，通过小组合作在米尺上找一找3分米，再讨论用米怎样表示？也可以发一张长1米的纸条给学生，让学生画一画、分一分，想办法把3分米变成用米作单位。

（3）要结合学生的学情设计问题。如何让学生对数学理解更容易、认识更深刻、应用更顺手？这是一个效率和质量问题，要以理解学生为基础，要理解学生的心理特征、认知水平和知识基础，要站在学生的角度去设计教学方案。所以对于每一个课时，在做教学设计时都要先进行学情分析。学情分析，分课前、课中、课后三阶段。课前主要是读懂学生已经有什么？还缺什么？学习的困难与障碍在哪儿……课中还要对学生学习进行二次解读，特别是解读学生对知识接受情况。教学反思还要对学情进行三度解读。这时候的解读重在对学生学习情况前后对照。哪些是意料之中？哪些是意料之外？

分数起源于平均分，学生在二年级时已学习过平均分，但所分的都是把多个数量平均分成几份，每份分得的结果都是一个整数。刚学分数时，学生容易出现三种现象：一是对平均分的需求不深刻。在原有整数教学中，学生对平均分的概念停留在实物数量上的平均分，认为"数量一样多"就是平均分，在分数的初步认识里，学生觉得不一定要平均分，如一个月饼分成两块，每个人各拿走一块都是 $\frac{1}{2}$。二是分子、分母的含义不清。如认识 $\frac{1}{2}$ 这个分数，很多学生会把分子"1"看成是一个物体。[①] 三是缺乏对分数是一个"数"的整体认识。在学生的认知中分数是由两个数组成的，如认为 $\frac{1}{2}$ 中的"2"表示的是 2 个，"1"表示的是 1 个，并不认为 $\frac{1}{2}$ 是一个数，缺乏对分数的整体感知。小学生从认识整数到认识分数是关于数概念的一次质的飞跃。学生在生活中可能接触过 $\frac{1}{2}$、$\frac{1}{3}$ 等分数，但并不理解它的含义。分数的产生是从等分某个不可分的单位开始的，儿童生活中已有这样的经验，但不会用分数来表述。所以教学中要注意让学生从实际生活经验出发，在丰富的操作活动中主动地去获取分数的相关知识。

（4）由核心问题产生的"问题链"必须是相关联的，并且能达到启发学生思维的作用。问题应具有可持续性，一环接着一环，让学生追踪下去，这就是问题链的设计。问题链是为了探究"核心问题"所铺设的一条逐步深入的思维通道。由"核心问题"与相应的"问题链"一起才构成了整堂课的问题骨架或学习逻辑。应用"问题链"围绕"核心问题"通过恰当的设问、追问、

---

① 陈淑娟：《基于学生学情的教学实践研究——以"分数的初步认识"教学为例》，《小学数学教育》2021 年第 13 期。

反问，将学生的思维不断引向深处。如，教师为了让学生理解"1角怎么会是0.1元？"这个核心问题，可通过以下三个问题展开：1角和1元有什么关系？1角改写成以元作单位的分数是多少元？十分之一元和0.1元有什么关系？

又如教师在教学"周长的认识"的时候，为了帮助学生理解周长的含义，设计了三重问题。

①理解周长含义。

问题：这小蚂蚁跑的路线（见图5-11）有多长呢？你能把它描下来吗？

图5-11　小蚂蚁跑的路线图

等学生描完后教师再追问："多长是什么意思？"（多长指的就是小蚂蚁跑的这条路线的长度，也就是这一周的长度）

同学们，一周的长度，让你说简单点，用两个字表示，你会用哪两个字？（学生回答：周长）

师追问：一周的长度叫什么？

师追问：什么是周长？

师追问：什么是叶子的周长？

②认识生活中各种物品周长。

问题：你能说说下列物品的周长吗？　（出示数学课本、教室挂钟、饼干盒、教学三角尺等实物）

师问：什么是黑板的周长？（请你指一指）什么是数学书封面的周长？什么是镜面的周长？什么是纸巾盒一个面的周长？

师追问：你能说说其他物品的周长吗？

③领悟周长。周就是周，面就是面，周与面是不一样的。下面我们来了解一下。教师拿出两个完全一样的圆问：请看这里有两个圆，它们的大小怎么样？周长呢？我把这个图形变一变（见图5-12），图形变成了这个样子：

图 5-12

左图去掉图形中的颜色，变成图 5-13。教师继续问：现在这两个图形哪个图形的周长更长呢？为什么？

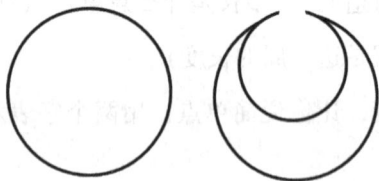

图 5-13

上述案例，教师通过步步追问，从感知周长，到理解周长，再到领悟周长的含义，整个设计，步步深入，帮助学生建立周长的概念。

3. 如何设计核心问题？

（1）抓住知识本质，设计核心问题。

数学教学要引导学生围绕探究数学知识本质展开。核心问题设计要指向所学知识的本质，让学生通过解决问题的过程，深挖本知识本质内涵，理解知识的含义。在整个问题设计中，以知识需求为导向，以问题驱动层层设问，设计高质量的问题串，启发学生的思维，促进学生思考，走向深度学习。

如，在教学人教版六年级"百分数认识"这节课时，百分数的本质就是表示两个数之间的倍比关系，它是两个量之间关系的一种"率"，学生要理解好百分数，重在理解哪两个量在做比较。因此在教学中，教师可设计核心问题为"这个百分数表示什么？"让学生围绕着这个核心问题，对一组数据进行思考。如让学生阅读以下信息，找出其中的百分数，并说说这个百分数所表示的意义。

信息一：2018年，我国儿童青少年近视人数逐年增加，近视率高居世界第一。患近视的小学生约有53.6%。

信息二：一次篮球比赛中小锋投篮命中率为30%。

信息三：截至本周，我校小学一年级学生完成某疫苗接种人数达97.8%。

让学生通过阅读信息后说说53.6%、30%、97.8%所表示的意义。接着让学生说说自己所收集到的百分数所表示的意义。学生通过说一说、议一议等形式理解百分数的实际意义，进一步理解百分数是表示两个量之间的一种倍比关系，它不能带单位，这也是与分数的最大区别。

（2）抓住学习困惑，设计核心问题。

学生进入课堂学习是已有一定的经验积累的，每节新授课有些数学知识学生是可以通过自主学习，独立解决的。但许多时候，学生在自主接收新知识时往往会出现学习困惑或认知障碍，教学中，教师应该从学生已有的知识经验、生活经验和现有的思维水平出发，抓住学生出现困惑的地方，想不通的地方，设计核心问题，启迪学生思维，促进其深入探究，体验解决问题所带来的成功感。

案例七：六年级"负数的认识"

这节课中，教材呈现了几幅学生熟悉的生活情境图，让学生通过对比初步认识负数，并借助情境正确理解正负数的意义。在实际生活中存在很多具有相反意义的量，比如，零上和零下的摄氏温度，在银行中存款与取款，水位上升的高度和下降的高度，等等，想要简洁地表示意义相反的量，需要用到负数。本节课需要落实的知识点有四个。

知识点一：在具体情境中理解"相反意义的量"，会用正负数表示"相反意义量"。教材先是呈现了六个城市的气温预测，重点选取了 3 ℃与-3 ℃，让学生理解它们的实际含义，明白要表示两种相反意义的量时要用到正、负数。接着教材又给出了存折上的收支明细，让学生了解生活中另一种用到正负数表示相反意义的情境。

知识点二：认识正负数，并能正确读写。会举例说明。

知识点三：理解"0 既不是正数，也不是负数"。

知识点四：生活中处处可见到负数。

问题是驱动学生学习、交流与思考的钥匙，问题决定了思考、讨论、对话的方向，本节课知识点三"0 既不是正数，也不是负数"，是学生怎么想都想不出来的，是学生学习负数的困惑点，整节课须围绕着该知识点来设计核心问题。为此，本节课以 0 为突破口，提炼了 3 个核心问题："为什么要产生负数?""负数与正数之间有怎样的联系与区别?""0 是正数还是负数?"教学中，聚焦一个个问题，以问题为导向，串联起所学知识的核心内容，调动学生学习兴趣。教学中，通过让学生观察温度计引出负数。可引导学生细看温度计：温度计以 0 为分界线，0 以上的温度为正、0 以下的温度为负。通过课件动画，把温度计横放，抽象出数轴，把+3 和-3 标在数轴上感悟 0 的分界作用。接着让学生刻画生活中常见两组表示相反意义的量，如上与下、存入与支取、升高与下降、多与少、地上与地下，通过这些典型的事例让学生感悟负数的意义，感悟 0 的分界作用，体会 0 既不是正数，又不是负数的含义。

（3）抓住知识的形成过程，设计核心问题。

让学生经历知识的探索过程，让学生在探索的过程中掌握数学知识，形成数学能力。只有让学生真正深入地经历数学知识的形成过程，才能发生真正学习，学生才能把数学真正学好。从数学发展的历史可看出：那些数学概念的形成和发展，都有着很丰富的经历。数学教育的作用就是点拨与指导学生发现这些概念，寻找这些原理，从而构建数学知识体系。在数学教学中把那些结论形成的过程还原，让学生真正经历知识产生、形成的过程，这样学生才会有深刻印象。

例如，在教学四年级下册"三角形三边关系"这节课时，学生通过解决"小明从家到学校有几条路可走？他会选择哪条路？为什么"这道题，小明上学直接走从家到学校这两点之间的路程是距离最短的。小明家到学校由三条路，构成了两个三角形，在解决这个问题时，学生会产生疑问："三角形两条边加起来的长度是不是会比第三边大呢？"教师针对学生的猜想提出本节课的核心问题："是否所有三角形两边之和都会大于第三边？"通过设计这样的核心问题，引导借助学具，开展下列的探究活动。

探究问题：是否任意的三条线段都可以围成一个三角形？

通过上述活动，引导学生自主探索出三角形三条边之间的关系。学生在操作的过程中就会发现，结果会有三种情况：情况一，所选三根木棒中，如果较短两根木棒长度之和大于第三根，是可以围成三角形的；情况二，较短的两根木棒长度加起来小于第三根，是不能围成三角形的；情况三，较短的两根木棒长度加起来等于第三根，是不能围成三角形的。结论：三角形的两边之和肯定大于第三边。本节课，学生在核心问题的引领下经历了三角形三边关系的探究过程，在动手操作、亲自体验、同伴交流中得到了三角形两边之和大于第三边的结论，达到了对知识的深度理解。

（4）抓住知识的关联，设计核心问题。

在数学教学中，教师要聚焦数学知识之间的联系，关注数学知识的联通设计核心问题，引导学生纵向串联相关知识，横向并联知识联系，促使学生迁移应用已有的知识经验去探索新知识，解决新问题。

纵向串联，唤醒学生已有的知识经验，把其迁移到所学的新知中。如四年级上册"小数加、减法竖式计算"。在学习这个内容前，学生已掌握了多位数加、减法竖式计算，也掌握了一位小数竖式计算。教师在教学这个内容时，可创设情境，提供相应素材，引导学生复习整数加、减法竖式的算法和算理。接着再出示有关位数相同的小数加法的问题，引导学生列出算式，估算结果，再尝试迁移整数加法的计算方法进行列竖式计算。这节课的核心问题可设计为："小数相加、减，为什么要把小数点对齐。"让学生通过试算、讨论等多种学习方式，归纳总结出小数加、减法的计算方法：列竖式计算小数加、减法时，小数点一定要对齐，小数点对齐就是把相同数位对齐，小数加、减法的计算方法与整数加、减法的计算方法是一样的。

横向并联，一是指自然单元中知识的逻辑关系，二是指学科与学科之间的联系，三是指数学与生活的联系，核心问题都可以在这些关联的地方来设计。如"圆柱体体积的练习"，可以从计算生活中的圆柱形蛋糕、大鼓、大堂柱子等物品体积引入，然后让学生思考"长方体、正方体和圆柱的体积的计算方法有何共同的地方"，让学生展开深入思考，探究发现直柱体体积计算的本质，再解决钢管体积、单位时间内水流的方数等真实问题。

（三）自主学习

1. 什么叫自主学习

韩山师范学院王贵林教授认为，学习是指学习者因经验而引起的行为、能力和心理倾向的比较持久的变化，这些变化不是因成熟、疾病或药物引起的，而且也不一定表现出外显的行为①。那什么是自主学习呢？自主学习是新课程理念下的一种主要的学习方式，也是培养学生潜在能力的一种主要途径。自主学习就是学生在学习目标的指引下，在教师的启发下，利用已有的知识经验及发挥出自身的潜能与优势，把"要我学"变成"我要学""我会学"，从而自主获取知识，长本领。实现自主性发展，使自身素质优化的一种教学模式。自主学习是学生学习过程中进行自我计划、自我监督和自我调控的一种学习方式。它是学生积极主动、自觉地从事和管理自己的学习活动，在学习的各方面都由自己做出选择和控制，从而独立地开展学习活动。自主学习体现了个体学习的主体地位，使学生学习的主动性、主体性和个性化得到充分体现，从而转变课堂学习方式。

2. 自主学习的策略

（1）课前自主预习。课前预习是学习的重要环节，不但为课堂学习提供了有效的指引，也为学生提供了良好的学习心理预设。良好的预习对学生的学习和教师的教学都是一个良好的开始，学生对要学的课程有一定的了解后，在课堂上听课时能抓住重点和难点。

如何预习数学内容呢？下面讲讲预习的方法。

①教会学生看课本。在预习时，首先要让学生学会"读"数学书，教会学生用心读好书上的每一句话，了解书上所写每一句话的意思。通过读数学书，了解要学习什么，学会从书本情境中寻找数学信息，从整体上了解新授课的知识，弄明白书本的结论。其次要教会学生联想以前学习过的相关内容，了解是哪个年级已接触过的。

②要求学生边预习边划重点、划公式、划概念。要求学生在阅读时用笔在课本中用符号做一些简单的划线、圈点、批注。引导学生思考定义、法则中的

① 王贵林主编：《学生发展核心素养背景下的教师教育改革与实践研究》，电子科技大学出版社2021年版，第67页。

关键词的意义。引导学生在阅读时，把自己所感、所想、所思、所疑以批语和注解的形式，即时写在空白处，以帮助理解。如，把自认为重要的概念、结论、公式等划出来；把要注意的问题标出来，在不明白的地方打上"？"号；等等。

③疑惑与问题写出来。预习时遇到不明白的地方、觉得有争议的内容就写下来。在阅读时产生的疑惑和问题也记下来。

④尝试练一练。课本当中有针对例题设计的模仿类练习"做一做"。引导学生自主看书后，尝试动笔完成做一做的内容，以便检查自己的预习效果。

资料一：

数学科预习单设计指南

预习单编写要求

1. 知识回顾

复旧引新，以唤醒学生已有的知识经验为目的，重视回忆知识起点。

2. 自主学习

目的：熟悉课本内容、培养自学能力。

一般以问题形式编写，所设计的问题一般围绕课本呈现问题、对话、留白等进行设计。低年级可侧重观察，了解问题情境；中年级则要注重自学步骤指导；高年级则要提高问题的思维含量。课本中的概念、法则等可让学生在书里画一画、圈一圈找出关键词等，有些例题可以让学生尝试计算。要根据不同类型（概念教学、计算教学、解决问题、图形认识、公式推导与应用等）、不同性质（知识起始课、知识延伸课）的课型采用不同的设计方式。

3. 自学评价

以说一说形式设计，主要是引导学生自学反思，总结自学情况。如：我知道本节课要学习什么？能自己学懂什么？不理解什么？

4. 根据课型的特点设计课外、课内预习单

（1）课外预习单编写要求。

①学生理解有难度的课题，需要提前查找资料的课题，需要提前动手操作的课题，提前制作学具的课题均需要课前布置。

②一两道习题用于复旧引新课。引导学生阅读、思考课本内容的问题，要表达清晰，切莫模棱两可。一些法则、概念、定律等能在课本上找到的则需要让学生找一找、画一画、读一读。

③课外预习单，在新授前收起检查，了解学生自学情况。建议抽检一两组。在新课完成后达标检测之前，让学生通过修改预习内容，对本节课进行一次系统的回顾。

（2）课内预习单编写要求。自学提纲，目的是让学生带着问题，有条理地去自学。一般是在提出问题后小组合作学习前，给学生独立学习时使用。以问题形式编写为主。

资料二：

数学科预习单设计案例

例 1：《千米的认识》预习单

1. 填表（见表 5-7），加上长度单位

表 5-7　记录单

物品	估一估	量一量	物品	估一估	量一量
数学书的长度			洗衣机的高度		
文具盒的厚度			你家大门的高度		

2. 在地上用尺子量出 1 米、10 米、100 米的长度，然后用你平常走路的步伐，走一走并填一填

(1) 你走 1 米大约要走（　　）步，再估计一下：

①走 10 米大约要走（　　）步；

②走 100 米大约要走（　　）步。

(2) 再沿着你家客厅的长走一趟：

一共走了（　　）步，你觉得大约有（　　）米长。

3. 在家长的带领下去附近的广场围着边线走 1000 米

这份预习单，先让学生通过估一估、量一量的方法，测量家里的物品的长度，再让学生在测量的过程中回忆起米、厘米、分米等概念。接着让学生以步长来估测 1 米、10 米、100 米大约要走多少步。通过这个活动，让学生对长度有了进一步的认识。最后让家长带着小孩通过走一走的方式初步感知 1000 米的长度，及所用时间，让学生初步建立起千米的量感。

例 2：《乘法分配律》预习单

1. 用两种方法列综合式计算下面各题，并思考每种算法，先求出什么，再求什么

(1) 植树节当天，学校有 20 个小组前往森林公园参加植树活动，每个小组中，有 4 名同学负责挖坑种树，2 名同学进行抬水浇树。请问本次植树活动有多少名同学参加？（尝试用不同的方法计算）

(2) 学校打算购买一批校服，每套校服的上衣是 30 元，裤子是 20 元，请问买 4 套校服一共要多少钱？（尝试用不同的方法计算）

2. 阅读人教版四年级数学下册课本第 26 页，找到乘法分配律的含义，填一填

两个数的（　　）与（　　）相乘，可以先把它们与这个数（　　）相乘，再（　　）。这叫作乘法分配律。

3．通过预习，尝试用自己喜欢的方式表示乘法分配律

这份预习单，是让学生自主预习"乘法分配律"。首先让学生尝试用多种方法完成课本两道应用题，这些应用题学生已学习过，这里让学生尝试用不同的方法解决，目的是让学生明白每种方法都能建立一种等量关系，为乘法分配律的学习做好铺垫。第二道预习题的设计，是希望引导学生认真看书，认真阅读重要定律或公式，在设计时把关键词语留给学生填空，这样有助于学生对所填结果的理解。第三道预习题，是让学生尝试用自己喜欢的方法表示乘法分配律，学生在学习乘法分配律前，已学习过加法、乘法交换律与结合律，对于用喜欢的方式来表示运算定律学生已在前两节课学习过，学生在预习时会把方法迁移过来，用于表示乘法分配律。

（2）课中引导学生独立思考。

提出问题后，要给学生足够的时间来思考问题，不能一把问题抛出就开始组织讨论。当学生思考后才会有自己的想法，有了个人见解后再组织交流，这时候的交流才能有话题可说，才能做到言之有物、言之有理。这样既能集思广益，又能促使学生认真倾听，积极思考，仔细分析，做出判断。

什么是独立思考？独立思考，是"思考"与"独立"的组合。获取知识前每个人就需要拥有"独立思考"。独立思考的两大用途分别是"自我认知迭代"与"解决外部问题"，这两者都是理性思维。独立思考，要从实际出发，需要实事求时，独立思考要求学生养成一个习惯，对于每一件事情，每一个现象，最好是多问几个"为什么"，再思考一下这件事情是否合乎现实情况，是不是真的有道理，独立思考就是要有自己的想法，不盲目跟从。用自己的个人眼光观察事物，观察大千世界，用自己的头脑思考问题、分析现象，用自己的思维判断是与非，并结合实际情况提出个人的见解，这个过程就是独立思考。

课中引导学生独立思考的策略有以下几个方面。

策略一：培养学生的好奇心

人在孩童时期，对周围的万事万物都充满了好奇心，当好奇心出现时大脑处于高度活跃状态，会像一个小科学家一样思考问题。小学阶段，好奇心是学生保持学习的动力，也是学生创造的开始，教师在教学中要懂得保护好学生的好奇心和探索的求知欲，让学生能对这个世界充满好奇，对数学知识充满好奇。那如何培养学生的好奇心呢？

首先认真对待每个学生提出的问题。小学生，特别是低年级的学生，每天脑子里都会有很多稀奇古怪的问题，这些问题往往跟教师需讲授的内容无多大关系，教师面对这种情况不要给予否定，而是要顺着学生的思维，把学生所思引到相关数学信息上。当学生提出问题时，教师应要积极回应，对学生善于发现问题、提出问题的精神给予鼓励和欣赏，让学生更积极主动地观察、发现、思考，更有利于学生好奇心的发展。

其次创设与生活相联系的情境，启发性地提出问题，引发学生的好奇心。学生的好奇心，就藏在生活的各种场景中，教师通过问题设计，情境的创设，要基于学生已有认知水平，契合学段认知规律，使学科知识的带入、学科能力的融入，能够完成学习链条的接续，指向学科核心素养的达成。同时，体现面对社会生活的即时性、丰富性、趣味性。学生借助情境，走入"浑然忘我"的学习世界。教师在进行教学设计时，就要创设好情境，引导学生去看、去听、去思考，收获知识的同时也建立起良好的思维方式。

再次就是在培养学生自信心中保护好学生的好奇心。这与良好的教学环境有很大的关系。一个教师若有一份包容的心，定能保护好学生的好奇心。包容的教师，课堂上是允许学生出错的，是允许学生保留不同看法的，是允许学生质疑、提意见的。

策略二：培养学生敢于质疑的习惯

古人云："学贵有疑""学则须疑"，疑是思之源，思是智之本。质疑求异是探求新知识的不竭之源。"质疑"是开启创新之门的钥匙，"质疑"应成为教学中必不可少的环节，而课堂教学又是实施素质教育的主阵地，教师要在课堂教学中培养好学生的质疑能力，从而推动创新能力的发展。在数学中"质疑"指的是学生在整个学习的过程中通过独立思考、通过判断分析后，向教师或是向同伴提出新的问题。质疑是学生学习品质和认知发展能力的重要表征，质疑是学生知识增长和精神成长过程中不可或缺的重要一环，是学生积极主动求疑和思考的心理发展历程，是学生进行深度学习的内在要求。

如何培养学生敢于质疑的习惯？

首先是营造一种良好的课堂教学氛围，让学生敢于提问。课堂氛围指学生学习时所处的智力、社会、情绪和物理环境，由一系列相互影响的因素决定，主要包括对教师的印象、教师讲课的语气、教师与学生互动情况、学生与学生之间的互动、学习等内容。消极的课堂氛围会阻碍学生的学习和表现，积极的课堂氛围则可以促进学生的学习。课堂上，应要有一种和谐、宽松的氛围，师生之间的关系是轻松的、宽容的，课堂上学生之间敢交流，学生对教师敢于对话。因为师生之间、生生之间有一个好的交流氛围，才可以减轻学生的心理负担，学生才会敢于发问，学生的才思才会敏捷。这就要求我们的老师，在课堂上放下架子，走到学生中，微笑面对每一个学生，让学生感受到教师的关注。

其次就是教会学生质疑的方法，让学生掌握提问方法。新课程标准把"发现和提出问题，分析和解决问题"作为数学课程总目标的重要内容，如何教会学生质疑，是数学课堂教学中一个很重要的任务。启发学生提问可以从以下几方面着手。

①引导学生在观察中提问。观察是了解事物特点分析问题的重要前提，只有平时学生有一双善于观察的眼睛，才会发现问题、提出问题。例如在一年级加减法计算教学时，每道算式教材会配有相关的情境图，教师可以引导学生观察情境图中的信息，提出问题。

②引导学生在比较中提问。教师在教学中可根据例题的数学信息，引导学生与已有的知识经验联系起来，对前后知识进行比较提出问题，或是同一题目，让学生根据不同解题方法提出问题，也可以让学生通过对多种答案的对比提出问题。

③引导学生在怀疑中提问。教师要引导学生，对课本内容，对别人的答案，特别是对教师及优秀同学的答案有疑问时，要敢于提出来，让学生学会不要迷信权威。

④引导学生在模仿中提问。培养学生发现问题、提出问题不是一件容易的事情。特别是低年级，教师要拿出具体的例子，先帮助学生分析数学信息，然后教师提出问题，再出示其他具体的例子，引导学生模仿自己的方式提问，在学生提出问题的过程中帮助学生完善问题，提升提问的水平。

（3）课后启发学生反思感悟。

学生的素养要发展，反思是最优的途径。反思就是学生学习中不可或缺的重要环节。特级教师张齐华认为："所谓反思，是指个体对活动的过程、结果、条件、信念等进行的持续性、批判性审视和思考，以调节、完善后续的活动。"而数学学习过程中的反思，则是指学生在从事数学学习活动时，对数学学习的过程、结果、条件、信念等进行的持续性、批判性审视和思考，以对后续的数学学习活动做出调节和完善。学生反思学习结果，不是简单的回忆，而是要学生以自己的方式对知识与技能进行加工与处理，把学习的知识内化于心，在脑海里建构起知识体系，当遇到新问题时，能自我提取已有的知识经验来解决所遇到的新问题。反思的主体是学习者本身，教师对学生的反思性学习活动只能起到引导和促进作用，并不能替代学生进行反思[①]。反思的对象不只是数学学习的过程和结果，还包括数学学习的条件和信念。

---

① 参见张齐华：《数学学习需要反思——一些教学思考与实践》，《教育研究与评论（小学教育教学）》2020 年第 4 期。

如何培养学生课后反思能力？

①形成让学生反思一节课的得失习惯。数学课堂上要有一个反思的环节，让学生通过反思，对本节课所学习的内容进行梳理、归纳、提炼。而一节课将要结束时，是启发学生进行系统反思的最佳时机。每节课将要结束时，很多教师都会设计这一句话："这节课你学到了什么？"或者是问："这节课你有什么收获？"在众多的课例中，教师把这个问题抛出去后，学生的确会谈收获，但很多时候是蜻蜓点水，感觉学生是为了回答老师问题而从一节课中随意地找一个小小的知识点说出来。如在学习周长认识时，有些学生会说，这节课我认识了周长；有的学生也会说，这节课我知道树叶有周长。学生在本环节所起到的反思作用并不大。也有的教师会引导学生借助板书或课件，将整堂课的学习全过程进行回顾，全面梳理整个学习过程的每一个环节和重要细节。然而，由于缺乏对学习过程得失的原因探寻与经验总结，此时的反思只浮于表面，而很难达到经验概括与方法提炼层面，有效性得不到充分保证。如何做才能引起学生反思呢？教师可以设计以下问题去引发学生对本节课进行反思，如：你觉得这节课学习得怎么样？你给自己的课堂学习打多少分？例如在教学"周长"这节课，你是怎样理解周长的？学习过程中，你觉得哪个地方感到困惑，你当时又是如何解决的？"周长的认识"这节课的学习，给你最大的启发是什么？在这节课学习中，你觉得哪个地方是最成功的，能否把它记录下来。你又觉得哪个地方是自己做得不好的，可否也把它记录下来。

②引导学生对学习过程进行反思。学习完一节课，许多学生往往关注点会放在课后作业上，当作业完成了，学生就认为学习任务也完成了。有些教师所布置的作业很多时候并不对应当天讲授的内容，课后作业与教学内容常常会脱离，这就更导致有些学生一学完就把课堂上所学的知识抛到脑后。张奠宙先生在《数学教育经纬》一书中提到：我们既要教会学生对课堂"知识点"反思，更要培养学生在阶段性的"知识块"学习后进行反思。当学习完一节课后或

学习完一个知识板块后，教师要引导学生通过绘制思维导图等方式帮助学生对知识进行整理，引领学生积极主动参与知识建构过程。通过绘制知识树、思维导图等形式，让学生对所学习的知识点全面梳理系统归纳一次，这个整理归纳的过程就是让学生对知识进行反思的过程。如，可以启发学生想一想，今天学习了什么内容，然后整理，画成思维导图，这样就有助学生构建完整的知识体系。然后教师还可以通过以下问题让学生反思自己的学习效果。如，这节课掌握得怎么样？对本节课还有哪些困惑？如若有疑难，课堂中鼓励学生当即提问，展开讨论，师生共同商议。日常课堂的教学环节，安排类似的反思，能够引导学生对所学知识做自我梳理和归纳，建构完整的知识体系，学会深度学习，把一节课的学习延展到更多时间和空间的学习。

③引导学生对错题进行反思。每一周或每一单元学习结束，教师可以引导学生就本周或本单元的学习内容，进行有针对性的主题反思。最典型的主题性反思载体就是对错题的整理与回顾。对于一、二年级的学生可采用在原题旁边订正的方法。对于三至六年级的学生，可以建立自己的错题本，让学生寻找和收集自己的错题，整理、分析、改正，形成"错例呈现—自我分析—解决方法—再次思考"的研究模式。对于每一道错题，不仅仅要求学生把它改正，还要求学生反思错误原因，并养成对错误原因分析的习惯。学生在分析错因时，可以先回顾解题心理过程，剖析产生错误原因，是条件看错了，还是条件看漏了？是这部分内容或方法没掌握，还是没有联想到类似的解题方法等等。对于改正后的错题本，还要求学生平时多看看，同时在错题本中，可收集一些同类型或同一系列的题让学生举一反三，将反思所得，类比迁移到相似的问题情境中去。

（四）合作探究

1. 什么是合作探究

合作探究既是一种具体的教学方法，又蕴藏着崭新的教学论思想，具有坚实的理论基础。合作探究指的是以合作小组为基本形式，依靠小组成员相互帮助、相互依存、相互启发的力量共同达成学习目标的教学策略活动。合作探究法从有利教学与探究出发，其本质为研讨，通过教师的指导，让学生以探究的方式主动获取知识，发展能力的实践活动，着重于培养学生的创造性思维能力和分析问题、解决问题的能力。合作探究强调平等、民主、合作师生关系，开展的过程是以集体讨论去发现新知为主要形式的探讨、研究。

合作探究具有三大特点：一是突出教师的主导和学生的主体。探究教学法强调的是师生双边的活动和学生之间的互动，教师和学生都是教学活动的主体，充分发挥教师的引导作用和充分调动学生的探究主动性。二是注重教师的"学"和学生的"悟"。实施探究教学法的一大前提就是教师要了解学生，因此这里的"学"就是研究学生，研究学法。"悟"就是需要学生将自己思维的主动性发挥出来，学会研究。三是教学氛围民主化。

2. 开展合作探究的意义

北京市特级教师吴正宪老师指出：合作是人类社会赖以生存和发展的重要动力，善于合作是当代竞争制胜的条件之一。作为社会大课堂缩影的学校课堂生活，应当越来越注重合作精神的培养。课堂上不仅应通过合作学习使每一个学生能积极地参与，而且还要通过合作学习，来促进学生之间的相互交流，共同发展。"合作共赢"的理念可以给师生带来更好的发展，这个社会需要懂合作、会合作的人。在合作学习的过程中还能促进师生教学相长。[①] 所以，培养

---

① 参见教育部师范教育司组编：《吴正宪与小学数学》，北京师范大学出版社 2006 年版，第 102-103 页。

学生在课堂中学习如何团结协助，通过有效的合作，学习知识，形成能力，是当今课堂教学改革的重要任务。合作探究，是基于"新课标"提倡学生自主、合作、探究学习，从而综合搭建一种课堂教学模式，对凸显学生主体地位、促进学生自主学习、培养学生合作意识和探究精神等具有重要作用。

3. 开展合作探究策略

合作学习是提出问题、解决问题、总结归纳，再到提出问题的螺旋式上升的过程。在日常教学过程中，教师先告诉学生需要完成的学习目标，待学生明确任务内容后再创设相应的教学情景，让学生带着问题去思考，初步了解课本内容，紧接着让学生提出自己的疑惑，先是同学之间互相讨论，之后在师生之间互动合作，最后教师进行总结归纳。对于教学中的重点与难点，教师可以在讨论后点拨、引导学生进行系统全面归纳整理。合作学习对学生发展有着积极的意义，但在实际教学中因教师问题设计的能力欠缺，对教材把握不到位，对学生情况不了解，导致许多的合作学习无效。华东师范大学崔允郭教授曾指出当前的合作学习出现了两种不好的现象：一是"虚探究"，二是"假探究"。所谓"虚探究"，就是没有目标导向的"为了探究而探究"，譬如在短短的一节课中，教师会安排四五个探究活动——内容理解要探究、知识点整理也要探究……小探究很多，思维含量很少，探究学习的质量无法保证，真正指向素养和能力培育的环节难以展开。所谓"假探究"，即用错误的方法开展探究，这主要存在两个问题：一是盲目套用探究程式，忽视了学习方式的丰富性；二是采用与学科无关的、"包治百病"的探究方式，达不到应有的效果，最典型的是用"不言语"的方式学习语言，用"不科学（实验）"的方式学科学，用"不艺术"的方式学艺术，用"不道德"的方式学品德……如何在课堂中杜绝这两种不良现象，这就需要广大的教师学习相关的理论，并在理论的引领下指导学生开展合作探究，同时更要结合当前教学实际，在读懂教材、读懂学生的前提下，设计好驱动任务，让学生在问题的引领下开展合作探究。策略如下。

（1）指导学生开展探索活动。在课堂教学中，在学习目标的指引下，设计适当的问题，唤起学生对知识的回忆。例如要引导学生探究两位数乘三位数的计算方法，教师可以设计两位数乘两位数、一位数乘三位数的复习题，让学生回忆起以往的算法，然后再去探索新知。例如学习各种平面图形面积计算公式推导时，借助已有的知识经验去探索，如平行四边形的面积计算公式是在长方形面积计算公式基础上的研究。三角形、梯形的面积计算公式是在平行四边形的面积计算公式基础上的研究。

在开展探究活动时，要提供适当的示范。小学阶段，特别是中低年级的学生，直接出示驱动任务和给出问题，很多学生不一定懂得怎样开展合作学习。如"观察物体（一）"是人教版教材二年级的内容，本节课让学生明白站在不同的位置观看一件物品，并把观察到的结果描述出来。在本节课中教师一般会设计探究活动，让学生4人为一小组，去观察物品。在小组观察前教师必须先要教会学生观察的方法。有经验的教师往往会把观察方法拍摄出来，在开展合作探究前先播放给学生看，对学生进行示范引领。提供适度的学习指导，让学生有目的地开展阅读、观察、实验、类比、联想及交流等活动。这样将有助于学生有效开展合作探究活动。

（2）给学生足够的探索时空。给学生足够自由的时间去探索问题是丰富学生智力生活的首要条件。要使学生在任务的驱动下，在问题的引领下开展深度学习，就必须给学生探索的时间与探索的空间。学生的课堂活动，既要有具体的内容，也要有时间的长度；时间的长度是保证学生充分实践最重要的因素。让学生站在课堂中央，这句话真正含义是把课堂主动权还给学生，让学生成为课堂的主人。这样的理念要落实到位，最基本的就是把课堂的时间与空间还给学生，让学生有独立思考的时间，让学生有与同伴交流的时间，让学生有与同伴合作探究的时间；但在平时的课堂中，我们往往会发现，教师把一个问题抛出后，接下来就直接让举手的学生回答，很显然一抛出就有答案的问题，并不适合学生去探究。或者是一抛出就要答案的问题，往往是几个拔尖的学生才能想到的。久而久之，课堂就成为了极少数人有话语权的课堂。这都不利于学生发展。

给学生足够的空间就是在课堂上教师要敢于放手，把权利还给学生。还给学生质疑、探究、讲解、小结、评价的权利。当教师真正能把时间与空间，能把课堂的话语权交还给学生时，课堂才可以从"封闭"的状态走向开放，学生才能真正站在课堂的中央，学生的兴趣才能被激发出来，学生的创造力才能随之增长，这种课堂才是真正有生命力的课堂。在这样的课堂中，教师也将面临着新的挑战，那就是面对学生思维活跃时的互动生成，教师要针对学生之间的点状生成，把其连成一个整体，从个体生成到全体生成，从浅层生成到深层生成，从单一生成到多维生成，从错误生成到有益生成等五种动态生成策略。

如何把时间与空间还给学生呢？下面以认识"面积"这个概念为例谈谈做法。

为了帮助学生建立"面积"这个概念，可以设计以下活动。活动一，为礼品盒选包装纸。以学校小志愿者到敬老院"为老人送爱心"装饰礼品盒为主题，要求学生选择与礼品盒每个面大小一样的装饰纸贴在礼品盒上。目的是让学生通过"选"来判断物体表面的大小，通过"贴"来感受物体表面的大小。活动二，给小房子涂颜色。以"为老人送画"为主题，通过让学生给图形涂颜色，充分感受封闭平面图形的面积，如涂红色的是圆形的面积，涂淡蓝色的是长方形的面积。为了加深学生对"封闭"一词的了解。接着再利用电脑中的画画工具进行涂色，在给烟囱涂色时，颜色铺满整幅图。通过演示，让学生明白只有封闭图形才有面积。在此基础上归纳出面积的完整概念"物体表面或封闭图形的大小就是它们的面积"。活动三，感受身边物体的面积。让学生通过摸一摸、比一比身边物体面积的大小，进一步加深对面积的理解。"面积的认识"这节课的学习目标有两个：一是理解面积的含义，二是通过操作活动，经历面积概念的形成。教师为了落实好这两个目标，设计了三项活动：活动一，为礼品盒选包装纸；活动二，给小房子涂颜色；活动三，感受身边物体的面积。在这节课中，时间与空间都交给了学生。学生在选贴包装纸的过程中，就建立了面积的概念。然后再通过涂颜色活动，再次领会到面积的含义，最后回归到身边熟悉的物品中，让学生明白物体表面是有大有小的。在这个案例中，教师在课前收集大量的生活实例，制作多样的教具学具，让学生通过剪、摆、拼、比、量等活动，经历"观察、操作、想象、推理"的过程来发展空间观念。

课堂应是教师与学生共同成长的地方，好的课堂是师生间相互唤醒个人的潜能、共同创造奇迹的时空。多项实践研究证明：所有有效的教学，成功的教师，都是以学生为主体的，学生自觉参与到课堂教学会促进课堂教学进一步优化，这些研究表明，教师要精心设计课堂，促使学生积极主动参与其中，这样才能让教师与学生得到发展，课堂也得之优化。

（3）给学生更多自由的体验。数学课程标准指出：学生的学习是一个主动建构的过程，数学学习的重要方式是"认真听讲""独立思考""动手实践""自主探索""合作交流"等。课堂教学要注重启发式教学，激发学生学习兴趣，引发学生积极思考，鼓励学生质疑问难，引导学生在真实情境中发现问题和提出问题，利用观察、猜测、实验、计算、推理、验证、数据分析、直观想象等方法分析问题和解决问题；促进学生能力发展，养成良好的习惯，逐步形成核心素养。

从课程标准要求可看出体验是学生学习中重要的经历。体验学习不仅展现了"以人为本"的教育理念，也使学习进入了一个表达、感悟的生命状态。学生在体验的过程中，不仅仅是用脑在思考问题，还需要用眼睛去观察世界，用耳朵去倾听，用口来说话，用手来操作，整个体验的过程就是用身体的眼、耳、口、手去体验，用心灵去感悟。[1]这种体验的过程不仅仅是理解知识的需要，而是能激起学生发现问题、探索原因、激活创造力，使学生获得了积极的情感体验，促进学生生命成长的需要。

①让学生拥有一双善于观察的眼睛。大千世界，是丰富多彩、千变万化的，在文学家眼中，世界或许就是一篇激情澎湃的文章；在音乐家眼中，世界是旋律动人的乐曲；在画家眼中，世界是美丽的画卷；而在艺术家和科学家眼中，世界又展现出各自不同的魅力。那么在数学家的眼中，世界是怎样的呢？什么是数学的眼光呢？在数学家的眼中，这个世界或许就是各种数字的完美组合，各种图形的巧妙拼组，各种线条的优美勾勒，还是各种数学公式、定理的证明依据。例如：中国许多古建筑在数学家的眼中是轴对称图形，是中心对称图形，是长方体、正方体、圆柱体等立体图形的组合，整齐有序的绿化植株是有规律的数据组合，物品的边线构成了角，长长的轨道是一条平行线，等等。

会用数学的眼光观察现实世界是数学课程要培养的学生核心素养之一。小学阶段学生要培养的数学的眼光主要表现为数感、量感、符号意识、几何直观、空间观念与创新意识。学生用数学眼光观察是指能够直观理解所学的数学知识及其现实背景，能够在生活实践中发现事物之间简单的联系与规律，能够在实际情境中发现和提出有意义的数学问题，养成从数学角度观察现实世界的意识与习惯，发展好奇心、想象力和创新意识。

学生的数学眼光绝不会是生来具有的，必须通过培养才可以形成。为此在数学学习的过程中，教师要尽可能地创设生动、有趣的情境，选择熟悉的生活素材，激发学生用数学知识去解决实际问题的兴趣。不断地创造各种机会让学生在这些情景中收集数学信息，提出数学问题，并利用已有的数学知识尝试去解决。

---

① 参见教育部师范教育司组编：《吴正宪与小学数学》，北京师范大学出版社 2006 年版，第 119—120 页。

数学眼光的培养重在观察力的培养。观察力的培养有三个步骤：一是培养学生观察的兴趣；二是给学生明确的观察任务；三是教会学生掌握正确的观察方法。以下以几何图形教学为例，谈谈观察力的培养。

第一，要让学生对观察感兴趣。兴趣是最好的老师，学生有了兴趣才能全神贯注，才能迅速、深刻、完整地了解认识观察的对象。要培养学生的观察力，最重要的是培养他们对观察的兴趣。如何激发学生对观察产生浓厚的兴趣呢？教学中可以利用几何图形的美来吸引学生。在教学"轴对称图形"时，首先利用网络收集一些我国具有对称结构的建筑。上课时，首先把这些图片展示给学生观察，当学生看到这些图片时很快被我国古建筑独特的风格吸引住了。接着让他们观察这些建筑的左右两边结构特点，全体学生都能看出这些建筑物左右两边都是一样的，并能说出轴对称的许多特征，为学生了解"轴对称图形"这个概念做好了充分的准备。再次就是让学生尝试到成功的喜悦，来激发其对观察的兴趣。在引导学生观察图形时应尽可能鼓励他们主动观察，为学生创设获得成功的机会和条件。

第二，要给学生明确的观察任务。学生对观察有兴趣，就会对观察的效果大有提高，不过学生观察的效果主要是取决于观察的目的和观察要求的明确程度，目的愈具体、注意力愈集中、观察愈全面。只有有了明确的目的和要求，学生才知道应看什么，看哪些内容，往哪个方向去思考。因此教师在课堂教学中首先就要在学生观察之前，提出明确而又具体的目的任务和要求。如，在教学圆面积公式推导时，可以让学生通过实际演示得出半径与面积关系。教学中，首先让学生拿两个完全相同的圆，其中一个把它分成若干个相等的扇形，拼成一个近似长方形，然后给学生明确任务，长方形的长、宽、面积，圆的半径和面积有什么关系。学生通过演示观察，都明白长方形的面积与圆的面积相等，长就是圆周长的一半，宽就是半径，很快就推导出圆的面积计算公式。接着又问，对比长方形和圆你能发现它们周长有什么关系吗？很多学生明确了观察的目的后，很快就找出长方形的周长比圆的周长多了两条半径。只有有目的、有任务才会避免观察的盲目性，也只有这样学生才会有意识地、细心地观察和本节课学习内容有关的事物。

第三，要让学生掌握正确的观察方法。教学时，教师应从学生日常生活中熟悉的事物入手，教会其正确的观察方法。要引导他们在观察时把握好合理的顺序，做到既要全面观察又要抓住重点；同时在观察中要引导学生学会对比，善于寻找异同点，认识事物的区别和联系。还要引导学生不仅观察事物的表面现象，而且要透过现象总结出观察事物的本质。在教学圆的认识时，由于学生已有较丰富的生活经验，学生能列举出钟面、硬币、车轮、圆桌等已认识的圆。如何从这些事物的"表象"去抽出其共同的本质特征呢？教师先把学生收集到的物体贴在黑板上，再引导学生观察，使学生认识到这些物体共同的特征是：用曲线围成的图形。这些只是一些"表面"的东西，怎样进一步认识圆的一些本质特点呢？接下来再让学生拿出准备好的圆通过让学生折一折、画一画、量一量等方法去找出圆心、直径、半径这些本质的特征。又如在教学"轴对称图形"时，如何让学生更好地理解"轴对称图形"就是沿着一条直线对折，两侧能完全重合，而不是左右两边相等这一重要特征呢？这就需要学生进行对比观察，找出异同点，首先让学生准备好一个长方形和一个平行四边形，让学生对折后再观察两个图形它们有什么不同的地方，学生通过对比观察很快就找出长方形沿中线对折能完全重合，而平行四边形对折后左右两边相等，但却不重合，这就不是轴对称图形。观察对比能为学生思维的启动打开广阔的天地，作为教师要善于让学生形成对比观察的习惯，同时还要让学生透过现象看到本质，提高观察能力的深刻性。使学生在观察比较中建立形体的概念而逐步培养空间观念。观察力是形成智力的重要因素之一，培养学生的观察能力是全面提高学生数学素质的需要。因此在教学过程中，要重视学生观察力的培养。

②让学生在"做数学"中感悟。史宁中教授指出：让学生在"做中学"的学习方法可以有效理顺数学课堂教学中"技巧与技能""形式与道理""逻辑与演绎""操作与经历"的关系，彰显知识理解与经验积累相辅相成、齐头并进的态势，呈现数学教育所追求的由知识的记忆和理解走向知识的思考和创新的境界①。

给学生提供大量资源与学具，学生在教师的引导下进行操作体验、数学实验、综合实践，形成自己的学习路径。这样的教学，学生行动积极、亲历实践、情境真实、逻辑完整，"做数学"可以成为学生一种生活方式和最本质的学习方式。"做数学"的核心在于"做"，在做的过程中实现看、思、说、悟的过程，实现"促进认知，让学生会学数学，激发情感，让学生愿意学数学，启迪智慧，让学生智慧学数学，塑造品格，让学生高效地学数学。

案例八：以"除法初步认识"为例在课堂教学中实践做数学

除法初步认识，人教版安排在二年级下册，这个阶段的学生对除法概念是很难理解的。除法这一单元共安排了一个主题图与4个例子。主题图展现校园里学生在一起分东西的情景，让学生初步体会平均分的含义。

例1是把6颗糖果分成3份，分一分。本例题在多种分法中突出平均分的含义，其核心问题是："可以怎样分？哪种分法更公平？"

例2是把18个橘子平均分成6份，每份几个？其核心问题是："你是怎么样分的？"本例题呈现两种平均分物的情况当中的一种：等分。借助直观模型，体会"几份"的含义，重点教学平均分的过程与方法的多样化。

例3是有8个果冻，每2个分1份，能分成几份？其核心问题是："每2个1份是什么意思？该怎样分？"本例题呈现两种平均分物的另一种情况：包

---

① 史宁中：《在"做"中感悟数学本质》，《中国教育报》2022年10月14日第09版。

含（连续地减）。让学生体会这种分法与前面所学分法的不同，但从结果看其本质是相同的，都是平均分。

例4是把12个竹笋平均放在4个盘子，每盘放几个？其核心问题是："你能把这种分东西的事情用算式表示出来吗？"结合平均分等分的情况，教学除法的含义和如何用除法算式表示平均分。"理解除法的含义"既是教学的重点，也是教学的难点和关键点。

二年级的学生抽象思维发展还不完全，都是以直观思维为主，日常生活中对分物品已有一定的经历，对"平均分物品"也会有感知，但对"平均分是怎么样的""如何平均分物品呢"还是会有困惑。如何让学生在做中掌握数学呢？

上课时，可创设"唐僧师徒分桃子"的情境，激发了学生的学习兴趣，并设计了"分一分、摆一摆、圈一圈"数学活动。第一次：把6个桃子分成3堆。通过呈现3种不同分法（1，1，4）（1，2，3）（2，2，2），认识了"平均分"的情况。第二次：8个桃，每人分2个，可以分给几个人？建立了"平均分"的概念。第三次：12根金箍棒，每3根1份，可以分成几份？加深了"平均分"的理解。当第一次三种分法产生后追问学生"你最喜欢哪种分法？"当学生大部分都选择第三种分法时再问："为什么大部分同学都喜欢同样多这种分法？"通过这些问题突出每份同样多这种分法的公平性，由此引出"每份分得同样多，叫'平均分'"，使学生获得对"平均分"的初步认识。第二次让学生通过操作建立起"平均分"概念。第三次让学生主动参与操作，多次经历"平均分"的过程，掌握按每几个一份的要求把一些物体平均分的方法，并在头脑中形成相应的表象，为学生认识除法打好基础。

③激发学生参与探究活动的积极情感。

积极的情感，可以刺激学生的中枢神经，促进脑细胞的活动，从而让学生思维活跃，积极思考。苏派名师张兴华指出：情感是人的需要是否得到满足时所产生的一种内心体验。当客观事物与人的需要之间需要统一时，便会产生出肯定的积极的情感体验；当客观事物与人的需要不相一致时，就会产生否定的、消极的情感体验。因此情感对认识过程和行为活动具有调节功能，当某些行为引起愉快的体验时，就会使人产生积极的模仿或反复进行的趋势。反之，不愉快的情感则会使人发生改变行为的趋向。情感具有感染性，一个人的情感可以感染别人，使之产生同样的情感。① 事实证明，合作探究中当小组某一成员积极投入研究工作时，他会带动小组的其他成员也积极投入研究工作。另外，在开展探究活动时，活动的成功开展也会带给小组成员快乐的体验。一个人当他体验到一次成功的欢乐，他就会主动寻求方法推动第二次、第三次、第四次成功……一人成功就会推动到全体组员追求成功的体验。

"做好自己帮同伴"是合作学习中提倡的方式。他能让一人有成功的体验后，就会带动全组成员都去体验成功的快乐。在一些规模较大的班级，每班人数超过 40 人，在这样的一个学习群体中，教师在短短的 40 分钟内，照顾到每个人是难以做到的。通过小组建设，在合作学习时引导小组成员互帮互助，将会让优秀学生得到锻炼，也会让学困生在优秀生的帮助下获得成功的体验。如，小组内研讨画角的方法，使用量角器时注意地方，如何用量角器正确画出指定的角度等，都可以通过组内交流和组内互助，来检查到每个同学的学习效果。如果不依靠小组的力量，教师要检查 40 多个学生画角的方法，在短短 40 分钟课堂教学中是难以做到的。又如创设一些比赛，可以增进组内的凝聚力，促进小组成员共同成长。

3. 帮助学生养成良好的学习习惯

习惯是指在较长时期内由于重复或练习而形成起来和巩固下来的一种动力定型。从生理机制看，它不是先天遗传的，而是后天获得的、趋于稳定的条件

---

① 张兴华主编：《儿童学习心理与小学数学教学》，江苏教育出版社 2011 年版，第 255 页。

反射①。人们常说："久练成习惯，习惯成自然。"就是说一个人的一些动作，通过反复的、经常的强化训练，练多就成为一种随心而发、自然而然的动作了。学习习惯就是学生在学习过程中长时间地做同一种行为，然后这种行为就成为巩固的行为定势。好的学习习惯，是一种积极巩固的良好的行为定势，对学生学习有着积极影响，将会有效提高学生学习效果与学习质量。一个人习惯很重要，它会影响人的一生。习惯是一个极普遍的心理现象，习惯是一种自觉的行为。教育家叶圣陶先生也说过："教育是什么？往简单方面说，只需一句话，就是要培养良好的习惯。"小学阶段是儿童良好习惯形成的关键时期，也是一个人成长的奠基时期，这个阶段容易形成良好的习惯，也容易沾染不良的习惯。课堂教学是培养学生的主阵地，是良好习惯养成的沃土，因此教学中要注重良好学习习惯的培养，根据学生可塑性与模仿性较强的特点，采取适当的方法和措施，有意识地进行训练和培养。在小学数学教学中要培养好学生以下几种习惯。

（1）培养专心听课的习惯。专心听讲是学生学好数学的最基本保证，也是学生接受信息、吸取知识的必须行为。小学生对新鲜事物充满好奇心，注意力是很不稳定、很不持久的，教室飞进一只小蜜蜂或天空飞过一架飞机、旁边的同学买了一支新笔都会把其注意力吸引过去。对于新奇的事，小学生总希望能看看、听听、说说，这些小动作很容易影响学习。一个人专注力不仅是课堂学习效果的关键因素，也影响着人一生的发展。当今社会，信息科技千方百计地吸引着大家的注意力，最后又把我们的注意力分散支离，如果从小没有一种专注力，很容易让人失去方向。因此专心听课，让学生专注地做一件事是小学阶段最需要培养的习惯。如何才能让学生养成专心听讲的好习惯呢？这需要教师在讲课时生动形象，突出重点，善于提问，善于启发思维，善于引发学生兴

---

① 张兴华主编：《儿童学习心理与小学数学教学》，江苏教育出版社 2011 年版，第 268 页。

趣。另一方面还需要用一些指令加强教育和训练，如"老师讲，眼要看，耳要听，同学说，倾听思考须安静，别人发言不能抢，自己表达声洪亮"等口令，训练学生上课时要专心听课。

教师如何讲课才能吸引学生的注意力，让其专注呢？第一，教师的语言且丰富且有感染力和吸引力；第二，教师要训练学生倾听的习惯，教师要讲小学生听得懂的话，当一个学生发言时，要求其他倾听的学生眼睛要看着对方；第三，教师的语言尽可能简洁；第四，可以通过生动的故事、数学魔术等方式吸引学生专心听课。

（2）培养仔细观察的习惯。观察是学生认识世界的重要途径，观察是思维的触角。没有观察就不会有思维，没有正确精细的观察，就不可能有正确的思维。实践证明，学生有良好的观察习惯，他获取的信息量就会更广更丰富。相反，不会观察的人，是无法捕捉到重要信息的。在小学数学课堂教学中，怎样培养学生仔细观察的习惯呢？做法如下。

第一，在教学要引导学生观察数学信息，即和数学有关的、和数字有关的信息。如在人教版小学数学一年级上册"位置"教学时，利用多媒体出示 4 只小动物坐车的主题图，然后让学生观察。这时老师提问：你从图上知道些什么？有些小朋友就漫无目标地乱说一通，可能所说的会与本节课的教学内容根本没有关系。如何引导学生观察数学信息呢，教师可设计这样的问题"有几只小动物？""1 号车坐着谁？""你能用第几表示他们的位置吗？"等等。

第二，引导学生通过进行观察比较异同，即观察相同与不同。如在人教版一年级下册"分类与整理"教学中，给学生提供不同类的几种素材，让学生通过观察、思考、讨论，把同一类的物品找出来。当学生把物品分好类后，再让学生思考这些同类的物品有何特征？为什么可以归为一类？为什么其他类别的物品不能归到这一类？

第三，引导学生通过观察抽象出数学本质，即抽象出来数学模型。如，

"学校种了50盆菊花，比月季花多12盆，月季花有多少盆?"许多同学一看到这道题不假思索就列出式子：50+12＝62（盆），学生为什么会有这种行为呢? 原因就是看到了一个"多"字，长期的思维定势："多加，少减"，学生已形成了习惯。如果学生能仔细观察，就很容易发现这道题的根本所在。谁比谁多12，可否转化为谁比谁少12。如果学生能把这个问题看清楚，观察出这道题的本质，就可以抽出"比50少12的数是什么?"的数学模型，就不会让"多"这个字干扰自己的思考。

（3）培养认真阅读数学课本的习惯。数学阅读是掌握数学语言的前提，也是顺利、有效地进行数学学习活动的前提。具备会阅读数学课本的能力，形成了阅读数学课本的习惯，才真正算是有了自学的能力。借助教材可以培养学生的阅读能力。教学中教师要培养学生阅读数学课本、数学材料的行为习惯，形成能力，这对学生数学抽象意识、逻辑推理意识等能力的形成都有很大帮助。培养学生数学阅读的习惯，首先要从阅读教材入手，读数学课本的方法要逐字、逐句地读，读懂、读通、读会课本中的"主题图"、例题、解题思路及方法。其次，认真读题，仔细审题。审题是正确解题的前提，多读几遍，不能读破句，不能多字、漏字，会解释题目中每一句话的意思，会用自己的话复述题目的意思，并画出关键字、词，明确题目给出的信息是什么，所求的问题是什么。可以让学生一边阅读一边用学具操作，或者一边阅读一边在纸上画出示意图，通过画图把题中的数学关系直观表示出来，这样可以更好提升分析问题与解决问题的能力。

（4）独立完成作业的习惯。

①认真审题习惯。审题是解决问题不可或缺的环节。教师要培养学生理解题意，明确条件和把握要求等能力。要培养好学生认真审题的习惯，主要需要做好以下几方面：一是抓认识。在教学中通过一些具体题目、具体的问题对比训练，让学生感受到题目中几个字或一字之差所带来的变化，感悟到数学语言

字字千钧的分量，让学生理解咬文嚼字的重要性。二是抓读书。教学中要有意识训练和指导学生带着咬文嚼字的心态去读课本中每段文字。要一字不漏地看准每个概念、每种方法、每个结论。三是抓审题。抓审题就是抓学生收集信息的准确性。学生收集信息准确，只靠眼睛看是不够。要求一字不差地看完一句话很多学生都能做得到，但这并不是叫做审题，那只叫看题。审题要具备两方面要求，一要看得准，二要想得到。在训练的时候除了让学生看准、想到外还可以用笔圈起重点及易错地方。四是抓表达。训练学生用准确的数学语言表达自己的想法，就是训练一种咬文嚼字的精神。

②认真计算习惯。计算能力是数学学习的基础，直接决定了学生以后的解题能力；良好的计算习惯，直接影响学生计算能力的形成。很多同学以为计算简单，以为不用思考往往有轻视的现象，许多学生不是不会做计算题，而是做计算题时注意力容易分散，结果导致抄错数、看错运算符号。所以培养学生良好的计算习惯尤其重要。因此，端正学生对数学计算的学习态度，培养学生良好的数学计算习惯是一项重要的教学任务。计算也要审题，要求如下：一要理解好运算顺序；二要看清楚数字特点；三要看看题目可不可以用简便方法计算。计算教学，重点是计算习惯的形成，一是计算时学生的精力要集中，这个习惯能很好培养学生的专注力。二是要让学生养成认真验算的习惯，自觉检查是否有抄错数、自觉用估一估的办法看看结果是否正确。三是要加强学生计算的书写格式，做到字体工整，该要对整齐的数位一定要对整齐。如果学生书写的格式规范，则能很有效防止错写、漏写数和运算符号，这会很有效地提高计算的准确性。如在进行多位数乘除笔算及四则运合混算中，计算步骤多，稍有不细心时就容易出错。怎样才不会出现这种现象呢？那就是让学生养成做一步回头检一检的习惯。如，计算 80-40÷4 时，学生由于大意，先算了 80-40＝40，再算 40÷4＝10，这是很明显的错误，是把运算顺序给搞错了。计算时若能回头再检一检，就很容易看出这一道计算题是先算除法 40÷4＝10，再算 80-10＝70。

（五）归纳总结

1. 归纳总结的意义

所谓归纳法，即从特殊到一般的思维方法，即根据大量的已知事实，作出一般性的结论。所谓总结就是对课堂用到的知识点、技能、过程和方法、情感态度与价值观进行的总结，通过总结可以帮助学生从总体把握知识、理解知识、运用知识，培养学生善于思考、归纳总结的能力，激发学生乐于学习，积极参与的热情，好的总结，能使学生更牢固地掌握好学习过的内容，且对学习的知识起到画龙点睛的作用。

2. 培养学生归纳总结的能力与方法

在小学数学课堂教学中，要培养学生的归纳总结能力，就是培养符号意识与模型意识。

（1）培养符号意识。符号意识主要是指能够感悟符号的数学功能。知道符号表达的现实意义；能够初步运用符号表示数量、关系和一般规律；知道用符号表达的运算规律和推理结论具有一般性；符号使用是数学表达和数学思考的重要形式。符号意识是形成抽象能力和推理能力的经验基础，符号化是对数学活动本质思考的结果。

例如，人教版一年级下册"找规律"一节课中，为了让学生寻找到数字的规律，图形的规律，培养学生的符号意识，可以这样设计教学：第一步，让学生经历符号的创作过程。表示规律是本节课的重点，以"灯笼图"为首学材料，先让学生通过画一画、写一写等自己喜欢的方式表示灯笼的排列规律，使学生产生符号表达的需求，亲身经历创造符号的过程。然后让学生经历交流对话、思维碰撞，对自己创造的符号有进一步的认识。第二步，让学生感受符号的意义。放手由学生选择自己喜欢的方法表示图中其他物体的规律，让学生感受到同一表示方法可以体现不同事物的规律。通过两次表示规律的活动，让学生经历表示方法由具体到抽象的过程，思维在分享中进行碰撞，在探索规律总结方法的同时，感受数学符号的价值和意义，培养学生抽象概括能力。第三步，是让学生解决生活问题，形成符号意识。

（2）培养模型意识。模型意识主要是指对数学模型的初步感悟。知道数学模型可以用来解决一类问题，是数学应用的基本途径；能够认识到现实生活中大量的问题都与数学有关，有意识地用数学的概念与方法予以解释。模型意识有助于开展跨学科主题学习，增强对数学的应用意识，是形成模型观念的经验。什么是数学模型呢？从狭义上看，数学广角中的很多内容都是源于真实的生活情境，如"鸡兔同笼、植树问题、烙饼问题"等是重要的数学模型；而广义地看，一切数学概念、数学理论体系、数学公式、数学方程以及由它们构成的算法系统，都可以称为数学模型。"问题解决"是培养模型意识的重要载体，教学中让学生在解决数学问题的过程中建构模型，养成用数学的语言表达现实世界的意识。

例如：人教版小学数学五年级上册"植树问题"是一节模型思想比较明显的课例，首先需要学生通过研究线段上的植树问题和封闭图形上的植树问题，完成对模型的认知，再通过模型的变式等对植树问题的延展性进行运用，这节课主要研究线段上的植树问题，教材例 1 呈现线段上两端都要栽的问题情境，例 2 呈现线段上两端都不栽的问题情境，做一做第 2 题呈现线段上一端栽、一端不栽的问题情境，让学生在解决问题的过程中发现规律，并找到解决植树问题的有效方法。问题：一条 20 米的路一边植树，每隔 5 米栽一棵，一共要栽多少棵？合作探究：让学生拿出直尺和一些小棒，模拟"植树"，体验"植树"的方法，验证植树的棵数。设计意图：通过摆一摆来解决条件开放的植树问题，使全体学生形象地感知到在不封闭的直线上植树常出现的三种植树情况；同时，关注学生经验中的"符号世界"为全面构建植树问题的数学模型，建立点数与棵数、段数与间隔数之间的对应关系，学会用数学语言刻画植树问题的本质特征。

(六) 应用与迁移

什么是知识的应用？广义地说，凡是依据已有的知识经验去解决有关问题的都可以叫知识应用。狭义地说，主要指学生在领会教材的基础上，依据所得的知识去解决同类问题的过程。知识的整合与深化是通过识记和保持两个记忆环节完成的，知识的应用则是通过记忆的再认和回忆两个层次完成。知识的应用中同时存在着知识的迁移，并同时促进知识迁移的发生。什么是知识的迁移？迁移是一种学习对另一种学习的影响，指已经获得的知识、技能，甚至态度和方法，对新知识新技能的影响。当然这种影响可能是积极的，也可能是消极的。应用迁移是将学习过程中所获得知识、方法和态度应用于新的学习活动和解决真实情境的问题，以及迁移到其他学科和领域中解决综合性的问题。良好的应用迁移应是与所学内容相关，能够激发学生积极思维，引导学生联系实际而自主解决问题。应用迁移包括两大方面：一方面，是将知识和方法运用到真实情境，迁移到其他领域，解决实际问题；另一方面，将学习过程中形成的行为规范和价值观以不同形式迁移到日常生活中，形成良好的伙伴关系。[①]

应用迁移重在培养学生的应用意识与创新意识。

1. 培养应用意识

（1）利用生活素材进行教学，使学生认清数学知识的实用性。数学家华罗庚曾经说过："宇宙之大，粒子之微，火箭之速，化工之巧，地球之变，日用之繁，无处不用数学。"这就是对数学与生活的精彩描述。数学知识的应用是广泛的，在教学中教师要引导学生认清数学知识的实用性，感受数学的应用价值。例如：在教"平行四边形的认识"时，可从花坛、楼梯扶手等引入，

---

① 参见胡卫平、首新、陈勇刚：《中小学 STEAM 教育体系的建构与实践》，《华东师范大学学报》2017 年第 4 期。

让学生观察这些图形，找出共同的特征，抽象出平行四边形的本质特征，平行四边形两组对边分别平行、两组对边相等、对角相等。接着让学生用四根小棒围平行四边形，然后通过推拉等活动，让学生领悟到平行四边形的不稳定性。接着让学生了解平行四边形不稳定性在生活中的应用，如伸缩门。

（2）收集应用事例，加深学生对数学应用的理解与体会。教师可提供丰富的材料来展示现实生活中的数学信息，帮助学生体会数学的应用价值。教师可搜集生活中有关数学应用的事例与学生分享，教师还要鼓励学生通过多种渠道搜集身边数学应用的具体案例，并互相交流。[①] 例如：在统计类知识教学中，教师借助监控视频统计各时段红绿灯路口车辆经过情况，让学生通过观看监控视频观察、收集、描述各时段十字路口各路段的车辆经过情况，可以把这些结果进行分析，然后提出修改红绿灯时长的合理设计方案。又如家里的用水，可以收集相关的数据分析然后看看家里用水是否合理。还可以收集家里一个月各项开支情况，再将搜集的数据加以整理，并提出有关的问题：家里一周共需开支多少钱？照这样计算，一个月的基本开支是多少？家里每月的收入是多少？家里每月的结余是多少？通过让学生收集生活中数学信息，交流收集到的信息，加深对数学应用的理解与体会。

（3）寻找生活中的数学，发现生活中的数学问题。在教学中安排学生解决一些生活中的实际问题，有利于学生在解决问题中加强知识的应用，获得深刻的学习体验。如，农场有一横截面是半圆柱形的蔬菜大棚，种植蔬菜时要用塑料薄膜覆盖调节大棚里的温度，已知这个蔬菜大棚长20米，截面的半径是2米，请你算一算，需要用多少平方米的塑料薄膜？又如，为什么我们生活中常常会看到车轮是圆的，沙井盖也是圆形，为什么不做成其他形状呢？这些都是在生活动中常见的问题，教学中要善于引导学生发现并解决问题。

---

① 参见孙保华：《关注学生数学应用意识的培养——我的点滴思与行》，《教育视界》2021 年第23 期。

（4）开展实践探究活动培养应用意识。教学中要设计实践探究活动，让学生感受、体验数学在生活中的应用。如测量竹竿的长度与同一时刻竹竿、旗杆的影子长，算出旗杆的高度；如画出学校的平面图；如帮助学校设计一个花坛等。

2. 培养创新意识

创新意识主要是指主动尝试从日常生活、自然现象或科学情境中发现和提出有意义的数学问题。教学中要把培养学生的创新精神作为数学教学的重要目标，要引导学生在主动探索的活动中创新。具体做法如下。

（1）在学生人格塑造上培养创新意识。

①激发"我好奇"。好奇心是学生开启想象力、形成创造力的重要基础，是学生成为创新人才的天赋。在数学课堂教学中，教师要充分理解和尊重学生的好奇心，要创设能激发学生好奇心的机会和环境，并保护学生的好奇心、求知欲，通过激发学生的好奇心，培养学生的创新意识。其做法是让数学的神奇激发儿童的好奇，也就是通过数学中那些奇妙的规律、数学问题与数学思维，让儿童产生神秘、惊诧、怀疑、兴奋和震撼等美好、深刻的精神体验。

例如在教学乘法分配律时，可创设一个情境，让学生看到教师的计算比计算器还快，引起学生的好奇心。

题目：用101乘以任何一个两位数，教师都能很快计算出来。

生1：101×18，教师立刻回答：1818。

生2：101×29，教师立刻回答：2929。

生3：101×35，教师立刻回答：3535。

当教师快速回答的次数多了后，学生都觉得很惊讶，是什么原因让老师算得比计算器还快呢？学生好奇心就出来了。

②保护"我想问"。要培养学生的创新意识，就要让学生多思考，多提问。学生敢不敢问与教师的态度有很大关系。在课堂教学中，教师要创设条件让学生展开想象的翅膀大胆地去猜想、去验证，充分发挥学生的主动性、挖掘

学生的潜力，为学生创设猜想、探索、验证的机会。具体做法如下。

一是营造民主氛围，让学生敢问。"亲其师，信其道"，转变教师角色，搭建民主师生关系，创建和谐课堂氛围，激发学生学习兴趣，鼓励、引导学生敢于向老师、同学质疑问难、合作讨论，提升学生学习的主动性、自觉性。二是巧用激励评价，让学生乐问。分析、把握学生的年龄特点、个性心理，发挥教学评价的激励作用，激励学生乐于提问，勇于展示自己的学习信心。三是传授质疑方法，让学生善问。充分发挥教师的主导作用，将问题难易程度控制在合适范围内，教给学生质疑方法，提升学生的思维能力、辨识能力和表达能力，提高课堂学习效率。

③关注"我能行"。自信是做好一切事情的基础，关注"我能行"就是培养起学生的自信心。要帮助孩子树立自信心，就必须为其提供更多的表现机会，让孩子们在自我表现、自我展示中强化自信。在课堂中，要允许学生出错，允许学生保留不同看法，允许学生质疑、提意见。在课堂上注意为学生创设表现自我的情境，凡是能通过动手操作推理的内容，一定要学生动起来。教师还要善于倾听学生的发言，当学生在思维活动中表现出来创新性见解和设想时，教师要及时予以表扬鼓励，使学生获得成功的体验，感受到成功的喜悦，增强自信心。

（2）在数学实践中培养创新意识。

①让学生联系生活学习数学，培养创新意识。如一年级学习完分类后，可以让学生走进大自然，从花瓣的瓣数、叶子的类型等让学生学习分类。又如学习完统计图后，可以让学生通过调查爱吃的水果、蔬菜，喜欢的电视节目、卡通人物，喜爱的运动，爱喝的饮料等活动，并把其绘制成统计图。

②开发应用性习题，培养创新意识。在教学中注意开发从实际生活中产生的数学问题，培养学生创新意识。如在学生学习了厘米、米后，可以让学生测量教室的物品，学习了面积计算公式后，可以让学生测量校园花坛、绿化地等实物的长度再计算面积。又如学习了"比的应用"后，可以让学生利用测影

子的长度来测量旗杆的高度。

③保护想象力，培养创新意识。想象是创新思维的核心，在创新过程起着重要的作用。小学生的想象力是丰富的，他们正处于思维开发期，想象力发展的高峰期。想象力发展得好不好，直接影响到创造性思维的发展。绘画最容易看出学生的想象力，有较强想象力的小朋友，会更乐意去绘画、去创作。教师可以从绘画来培养并发展学生的想象力。在低年级，把数学画出来，能很好地培养学生想象力；在中高年级，更多的是通过空间观念的建立来培养学生的想象力，如观察物体，通过观察把立体图形抽象成平面几何图形。另外，给出式子，让学生描述具体的情境，也能很好发展学生的想象力，如，给出 1+2，可以引导学生说出各种情境，有 1 个苹果，又买回了 2 个，现在有多少个？树上原来有 1 只小鸟，又飞来了 2 只，现在树上有几只小鸟？

（七）反馈修正

每一节课都应该要有反思学习过程的环节，通过反思，让学生对照学习目标检查自己的学习效果，提出疑问。在课堂结束时，给学生时间反思："这节课我学到了什么？和以前的相关的知识如何连接？能用一张图画出来吗？学习这部分知识用了什么方法？"还可以让学生反思完后提出疑问，由教师或同学有针对性地进行答疑或讲解。另外，还可能通过反馈调节，给学习有困难的学生一个补学的机会，尽量不要堆积问题。

四、课堂教学设计的基本环节

（一）教材分析

分析教材知识与结构体系（前位、本位、后位知识；单元结构；课时编写逻辑结构等）；教材编写意图与教学要求；教材编写、素材选择等方面的优点或局限；本节课核心概念、数学思想等。

（二）学情分析

重点是分析学生已有认知结构与新内容之间的存在距离；学生已有经验与起点（知识、思维、生活等）；可能遇到的困难与障碍（特别是思维与认知障碍）。

（三）教学目标的设计

重点讲清通过学习，学生能做哪些以往还未会做的事情，规范地使用"课标"中关于"目标"刻画的行为动词。

（四）教学思路的设计

重点讲清学习数学知识的逻辑顺序、教师教学活动的顺序。

（五）教学资源的设计

包括课件、教具、实物等；学具、学习单、练习纸等。

（六）教学过程的设计

重点设计引导学生数学思维的"问题串"，设计探究活动及巩固应用练习。教学过程设计要符合教与学的逻辑，结构、层次清晰；教与学的过程要详细，（素材）尽可能完整、具体呈现。设计中要体现"学生主体"与"教师组织、引导作用"的发挥在学生的活动中是否充分？是否有探究空间（思维空间）？教师"组织者""引导者""合作者"角色是否充分发挥？

（七）教学评价的设计

重点了解学生学习效果。

第六章

小学数学问题驱动深度学习的课例研究

第一节　概念教学案例与评析

案例一　倍的认识

一、教学背景分析

"倍的认识"是人教版小学数学三年级上册的内容，是在学生初步认识了乘法与除法的基础上学习的内容。比较两个量大小的时候，有两种基本的方法：一种是比较它们的差（相差问题），另一种是比较它们的比率关系（倍比问题）。比率这一概念在数学学习中有着重要的作用，是学生学习比例、一元函数的基础。理解两个量的倍数关系是学生乘法认知结构建立的重要方面。对于"整数倍"的学习是学生第一次接触比率。依照《义务教育教科书教师教学用书（数学三年级上）》本内容的学习先让学生经历从具体实物数量的比较中抽象出倍的过程。通过 3 个 2 根及 5 个 2 根的关系，引出"一个数的几倍"的含义，在"几个几"的基础上认识倍，再从除法的角度理解倍的概念，让学生认识到倍的本质是两个数量在相互比较，即一个量里包含了几个另一个量就是它的几倍。[①] 教学倍的认识时，教材先通过比较红萝卜和胡萝卜的数量，引出"一个数的几倍"的含义，圈一圈，比一比，把抽象的新知识"倍"与学生已经掌握的"几个几"建立联系，形成倍的概念。再通过比较圆片、小棒等活动，提供大量的比较两个量的倍数关系的机会，帮助学生建立倍的直观模型。

倍是一个比较抽象的概念，学生学习倍的概念都要经历从加法结构到乘法结构的转变，认知结构的转变是学生学习的最大困难。因此学生建立和理解倍的概念，需要一个反复、持续的过程。本节课的学习，学生需要结合具体情境理解"几倍"与"几个几"的联系，建立倍的概念，并通过动手操作，培养几何直观，培养学生观察、操作、分析及语言表达的能力，养成良好的学习习惯。本节课学习重点是理解好一个数是另一个数几倍的含义，初步建立倍的概念。

二、教学过程

（一）创设情境，复旧引新

1. 出示主题图

师：小兔一家今天收获了很多萝卜，兔妈妈看到这满地萝卜，希望同学们帮忙，把这些萝卜分类并有序地摆放好。谁来帮这个忙？

（学生分类摆好后）师：看着这摆放有序的萝卜，有问题想考考你们。

问题一：谁能用一年级所学的"比多少"的知识选两种萝卜比一比、说一说。

---

① 人民教育出版社课程教材研究所小学数学课程教材研究开发中心编著：《义务教育教科书教师教学用书（数学三年级上）》，人民教育出版社2016年版，第109页。

问题二：谁能用二年级所学的"1份""几份"来比一比、说一说。

（学生能说出，老师就根据学生所说圈一圈、画一画。若学生不能说出，老师就引导大家圈一圈、画一画）

2. 引出概念"倍"

胡萝卜有2根，把2根胡萝卜看成1份。2根1份，红萝卜就有3份。我们就说红萝卜是胡萝卜的3倍。今天我们就来学习"倍的认识"。

【设计意图：本环节通过情境的创设，为学生提供学习材料，先唤醒其对加法结构认知，再过渡到乘法结构认知，然后再从"几个几"过渡到倍的认识。】

（二）观察对比，感知概念

1. 师问：这个"3倍"是谁跟谁比较得来的。是怎样比较的呢？

2. 师追问：你能用这种方法，把白萝卜与胡萝卜进行比较吗？圈一圈、比一比、说一说。

3. 变一变、说一说。

（1）胡萝卜不变，白萝卜分别变成4根、6根、12根。问：现在白萝卜是胡萝卜的几倍？

（2）白萝卜12根不变，胡萝卜变成3根、4根。问：现在白萝卜是胡萝卜的几倍？

【设计意图：本环节让学生通过圈画出"一个量中包含几个另一个量"，初步体会"一个数是另一个数的几倍"，并让学生在变式训练中接触大量实例多元感知倍的共同属性。】

（三）探索研究，理解概念

1. 想一想、说一说。
图6-1、图6-2、图6-3中正方形是圆数量的多少倍？

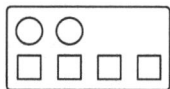　　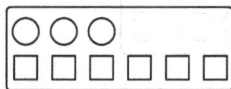　　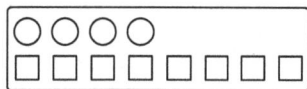

图 6-1　　　　　　图 6-2　　　　　　图 6-3

2. 小组讨论：为什么正方形总是圆形数量的 2 倍？

3. 小组汇报讨论结果。师生对话间，教师趁机进行点拨，图 6-1 把 2 个圆看成 1 份，正方形有这样的 2 份；图 6-2 把 3 个圆看成 1 份，正方形有这样的 2 份；图 6-3 把 4 个圆看成 1 份，正方形有这样的 2 份。所以正方形都是圆数量的 2 倍。

4. 小结：无论数量怎样变化，以圆的个数为 1 份，正方形是 2 份时，我们都说正方形是圆的 2 倍。

【设计意图：本环节通过 3 个不同的实例，让学生进一步明白"一个数里面包含有几个另一个数，这个数就是另一个数的几倍"这一"倍"的本质属性。】

5. 拓展练习：

小组合作：一人摆出有倍数关系的两行图形，其他人说出（　　　）是（　　　）的几倍。

【设计意图：通过动手操作，加深对倍的认识。】

（四）**体验理解，定义概念**

1. 变式练习。

（1）正方形是圆形的几倍？（见图 6-4）

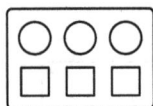

图 6-4

(2)（　　）是（　　）的（　　）倍。(见图 6-5)

图 6-5

(3) 圆形是三角形的（　　）倍。(见图 6-6)

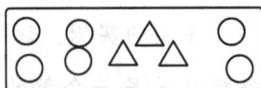

图 6-6

【设计意图：呈现不同倍的形式，归纳出倍的本质属性。】

2. 判断对错：第二行是第一行的 3 倍。（　　　）(见图 6-7)

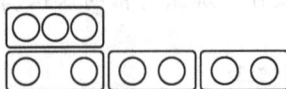

图 6-7

【设计意图：通过否定的例子帮助学生形成倍的概念。】

3. 想一想、画一画。

(1) 画一画：第二行是第一行的 4 倍。

第一行：○ ○

第二行：＿＿＿＿＿＿＿＿＿＿＿＿＿＿＿

（2）画一画：第二行是第一行的 3 倍。

第一行：＿＿＿＿＿＿＿＿＿＿＿＿＿＿＿

第二行：○○○○○

【设计意图：通过画一画这种方式，进一步加深对倍的理解。】

4. 移一移：第二行与第一行有一个倍数关系。（见图 6-8）

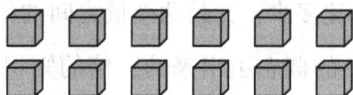

图 6-8

【设计意图：深入对倍的理解，培养学生思维的深刻性、敏捷性与创造性。】

（五）拓展深化应用概念。

涂色游戏。（先想好涂几个，然后算出空白个数是涂色个数的几倍）（见图 6-9）

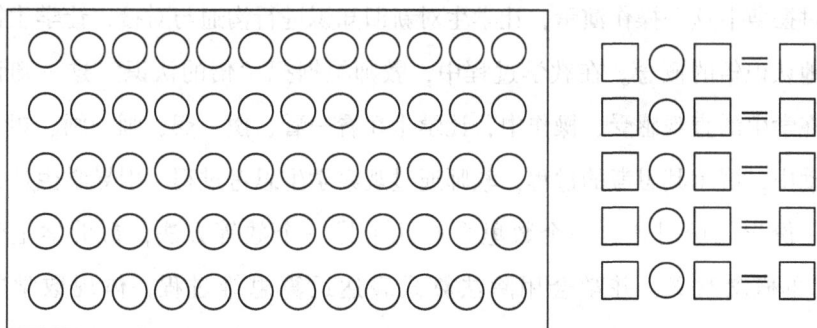

图 6-9

三、教学简评

（一）借助知识迁移，获取新知

本节课一开始，教师创设了问题情境后先以两个问题引入唤起学生已有的知识经验。"谁能用一年级所学的'比多少'的知识选两种萝卜比一比、说一说？""谁能用二年级所学的'1份''几份'来比一比、说一说？"两个量的比较，有两种情况，一是比多少，二是两个量之间的倍比关系。"倍"的概念是依据乘除知识中"份"的概念引出来的，倍的知识来源于两个量之间的比较。学生已经学过求两数相差多少的实际问题（用减法计算），从"差比"到"倍比"，是学生认识上的一个飞跃，需要教师从学生的认知特点出发，引领学生逐步学习新知。通过比较两个量，由"分"引出"倍"，让倍的知识在整体知识体系中产生和发展。

（二）借助操作帮助学生建立概念

"倍"的概念对学生来说比较抽象，学生在生活中有关倍的知识储备并不多，学生在建立和理解倍的概念时，需要一个反复、持续的过程。本节课教师先通过摆萝卜这一操作演示，让学生对新旧知识进行沟通与对接，让学生循序渐进地认识倍的概念。在教学过程中，教师根据把"倍的认识"这一知识点整合在学生的直观感受、操作中，让学生在看一看、摆一摆、画一画、想一想的活动中，展示其思考的过程，教师通过观察学生思考过程，引导学生从几个几、一份与几份对比，一个数里含有几个另一个数等方法，帮助学生建立"倍"的概念意义，并学会用除法算式表达运算思维过程，体现数学的简洁性①。

（三）拓展应用，层层设计发展数学思想

在巩固练习环节，设计了 5 个题组。通过增加变式练习设计开放题等方式，加深学生对倍概念的理解，建立倍概念的模型。第 1 小题把标准量画在下面，目的是通过变式练习，避免学生的思维定式，让学生在辨析中加深对倍的认识。第 2 题，上层每组是 3 个圆，下层每组是 2 个圆，这样设计的目的是避免学生只看集合个数，不看每个集合中各有几个圆。第 3 题作图题既有画比较量，也有画标准量。第 4 题和涂色游戏，培养学生的发散思维。

案例二　百分数的意义和写法

一、教学背景分析

"百分数"是在学生学过整数、小数特别是分数概念和用分数解决实际问题的基础上进行教学的。这部分内容是小学数学中重要的基础知识之一，同时学习百分数的意义也是为后面用百分数解决问题的基础。

人教版教材首先从几个不同的角度选取了学生熟悉的几个百分数。接着让学生交流自己在生活中还见过哪些百分数，在此基础上直接说明：像上面这样的数叫百分数，然后进一步结合实例说说百分数的具体含义，并用定义的方式概括百分数的意义。学生基本理解和掌握了分数的意义和基本性质，能通过通分比较异分母分数的大小。初步理解了比的意义，会求比值，了解了比和分数、除法的联系，会根据统计的内容做简单的分析，有一定的观察推理能力。

---

① 参见徐斌:《"倍的认识"教学案例与思考》，小学教学（数学版）2013 年第 7 期。

百分数在日常生活中运用非常广泛，它源于分数，又有别于一般的分数；但实践证明，学生认识这一点非常困难，这是长期学习的种属概念负迁移所致。学生会误认为分数与百分数是包含关系，分数有的属性，百分数也一定具有，所以学生很容易把分数与百分数混淆。

《义务教育数学课程标准（2022 年版）》指出：要重视从学生的生活经验和已有的知识中学习数学和理解数学。在教学百分数意义时，要从实例出发，创设情境，把学生带入生活中去学习百分数。通过生活中实际，引出百分数。让学生明白百分数是表示一个量与另一个量作比较产生的结果，它是表示两种量之间的关系，并不是一个一个的数量，所以是不带单位的。《义务教育教师教学用书（数学六年级上）》的要求指出，本节课重点是让学生理解百分数的意义和价值，会正确读写百分数；同时让学生经历材料收集与整理，比较、分析、交流、表达的过程，促进学生个性化的数学理解和表达。通过本节课教学要让学生在具体情境中解释百分数的含义，体会百分数与社会的密切联系及在生活中的广泛作用。

二、教学过程

（一）创设情境、感知概念

1. 创设情境提出研究问题：今天早上，老师磨了两杯豆浆，儿子喜欢喝甜的，我问他要哪杯时，他说要糖多的那杯，当我给他糖多的一杯时，儿子却说我坑他了，这是为什么呢？你们想知道吗？（见表 6-1）

表 6-1

杯号	糖的重量（克）
1	80
2	70

2. 问：还要给出什么条件才能比较出哪杯甜？怎样能最快地比较出哪杯最甜？

引导学生把含糖率转化成分母是一百的分数再比较，教师根据学生的回答书写板书。

3. 引出课题：像这样的分数，我们称之为百分数。这节课我们就来认识百分数。（板书课题）

【设计意图：通过一系列的问题，让学生经历了百分数的产生，体会到了使用百分数的优越性，也感悟了分数和百分数之间的内在联系。这样设计，体现了让学生参与经历数学知识呈现过程，了解新知识产生的由来。】

（二）探索研究，理解概念

1. 教学百分数读法与写法。

出示 32%。问：谁会把这个数读出来？谁能介绍一下"%"的写法。你还能读写其他的百分数吗？

2. 教学百分数的意义。

（1）问：谁能说说含糖率是 32%，这句话中的 32% 的意思？第 2 杯的35% 呢？

（2）说出下列百分数的含义。

海洋面积约占地球面积的 71%；

我国西部地区地域辽阔，土地面积大约占全国的 71%。

问题：两个"71%"所表示的含义相同吗？

出示课本的四幅主题图让学生说说各百分数的含义。

①小学生、初中生、高中生的近视率分别为 18%、49% 和 84.2%；

②学校有 60% 的学生参加了兴趣小组，班里约有 65% 的学生参加了兴趣小组；

③一批产品的合格率是 98%；

④毛衣羊毛含量为 50%。

（4）引导学生归纳出什么叫百分数？

问题：这些百分数所表示的意义看似不相同，但它们都有一个共同的特征，谁能发现？

板书：表示一个数是另一个数的百分之几的数叫百分数。

学生展示收集到的百分数。

（三）体验理解描述概念

1. 出示某品牌牛奶成分表。

每 100 克牛奶营养成分的含量如下表（见表 6-2）。

表 6-2

营养成分	含量（克）
水分	80.2
脂肪	3.2
膳食纤维	1.1
碳水化合物	3.4
蛋白质	2

引导学生先观察，再说说每种成分各占牛奶总量的百分之几。

2. 教学百分数与分数的区别与联系。

出示习题：下面哪些分数可以改写成百分数？哪些不能？

（1）一堆煤 $\frac{97}{100}$ 吨，运走了它的 $\frac{75}{100}$。

（2）$\frac{23}{100}$ 米相当于 $\frac{46}{100}$ 米的 $\frac{50}{100}$。

待学生回答后再追问：百分数与分数有什么相同的地方与不同的地方？并引导学生归纳出分数既可以表示数量，也可以表示两个数之间的关系；百分数只能表示两个数之间的关系。

3. 教师小结：这节课我们学习了什么？什么叫百分数？你们会读写百分数吗？

【设计意图：教学中让学生探究百分数意义时力图体现"做数学"的过程，让学生通过分析生活中的百分数来抽取出百分数的意义，再通过看一看、议一议去加深意义的理解。这样设计是为了培养学生解决问题的能力，并让学生在探究中领悟到"生活中真实的数学"。】

（四）拓展深化应用概念

1. 考考你百分数的读写能力。（15 秒内看谁写得最多）

2. 15 秒后出示：你写了几个？分别是什么？题目共有几个？你完成了任务的百分之几？

3. 你感觉哪个百分数是特别的？为什么？

4. 根据所给出的百分数，请你选择一个合适的来填空。

（1）从神舟一号到神舟七号，飞船发射从来没有失败，发射成功率为（　　）%。

（2）一天交警查到一辆汽车严重超载，装的货物是限载重的（　　）%，这个司机要被吊扣驾驶照了。

（3）我们班男同学有33人，女同学22人，请你猜一猜，女同学占全班人数的（　　）%，男同学占全班人数的（　　）%。

5. 判断正误。

（1）一根绳子长60%米。　　　　　　　　　　　　　　　（　　）

（2）某工厂今年产值是去年产值的108%，说明今年产值比去年多。

（　　）

（3）85%里面有85个1%。　　　　　　　　　　　　　（　　）

6. 根据成语猜百分数。

十拿九稳　　　　百发百中　　　　百里挑一　　　　半信半疑

【设计意图：在练习部分通过第一大题一系列的活动来巩固学生对百分数的读写，以及对意义的理解。接着通过判断题第（2）（3）小题扩展了本节课的知识点，最后通过猜百分数来体现数学与生活和其他学科的联系，让学生体会到许多问题若是用数据来说明会更具体些。这样设计让学生在熟悉的生活背景中经历了观察、分析、概括、归纳等解决问题的过程，给学生提供了广阔的思维空间，培养了学生解决问题的能力。】

三、教学简评

百分数是在日常生产和生活中使用频率很高的知识，学生虽未正式认识百分数，但对百分数在生活中出现的现象是见过的。上述课例，教师从生活实例入手，创设一个两杯大小不同的豆浆比一比哪杯更甜的情境，这是生活中常常会遇到的事情。比哪杯更甜其实就是比较含糖率。本课例在素材选取上注重教学与生活的紧密联系，现实中丰富鲜活的素材，使"单纯从书本中学数学"

变成"密切联系生活做数学"。这样，既可让学生感受数学学习的价值，又能激发学生对数学探索的兴趣和求知欲。

百分数是一种特殊的分数，本课例的教学在学生理解了百分数意义后，设计了一道练习题："下面哪些分数可以改写成百分数，哪些不能？"让学生通过对比理解到分数在表示一种"量"的时候可以带单位，但百分数只能表示两个量之间关系的一种"率"。因此，不能带单位。这样设计通过加强知识之间的联系与沟通，有效培养学生迁移推理能力。

第二节　计算教学案例与评析

案例　乘法分配律

一、教学背景分析

"乘法分配律"是在学生已经学习掌握了乘法交换律、结合律，并能初步应用这些运算定律进行简算的基础上学习的。乘法分配律是本单元的教学重点，也是本节课的难点，教材所呈现的例题是希望学生通过不同的方法计算植树活动的人数，让学生在对比两种计算方法时，初步建立乘法分配律的模型，再从众多的例子中寻找到规律来领会乘法分配律的意义。在学习过程中，我们不仅要让学生知道什么是乘法分配律，更进一步的是让学生经历探索规律的过程。学好乘法分配律是学生今后进行简便运算的前提和依据，对提高学生的计算能力有着重要的作用。学生学习乘法分配律时，已能够初步应用乘法交换律、结合律进行一些简便计算；同时在旧知中已经有所体现，只是没有揭示这个规律罢了，比如学生在计算长方形的周长时，周长＝长×2＋宽×2＝（长＋宽）×2，比如两位数乘两位数的竖式计算中，这些都为学习新知奠定了基础；但是学生的概括、归纳能力还是一个薄弱的环节，灵活运用能力也不强。

二、教学过程

（一）活动一：巧设悬念、引入课题

1. 教师活动

（1）课件出示（ ）×101＝（ ）。

师：你们随便说出一个两位数与 101 相乘，我都能在 1 秒钟内说出答案。相信不相信？请一位同学帮忙用计算器验证计算结果。

（2）师问：为什么我会算得那么快？（如果学生说出有规律的，则追问为什么会有这样的规律）。

（3）倾听学生的回答，并利用学生的思考方式引出课题。

2. 学生活动

（1）学生出题考老师。

（2）学生用计算器验证老师的答案。

（3）学生思考、讨论老师算得快的原因。

（二）活动二：学案导学，预习交流，收集算式，引出问题

1. 教师活动

（1）出示预习题。

①有 25 个小组参加植树活动，每组里 4 人负责挖坑、种树，2 人负责抬水、浇树。一共有多少名同学参加了这次植树活动？

②学校购买校服，每件上衣 30 元，每条裤子 20 元，买 4 套这样的校服一共需要多少元？

师：谁能告诉我，第一步求出什么？再求什么？还有另一种方法吗？它们的第一步求出什么？第二步呢？

师追问：两种算法计算结果一样吗？是多少？这两道算式可以用什么符号连起来？

（2）讲述计算结果会相等的原因。

30+25 表示一套校服的价钱，求 4 套，就是（30+25）×4；再看另一种方法，先求出 4 件上衣的价钱，就是 30×4，再求 4 条裤子的价钱 25×4，然后再加起来得到算式 30×4+25×4，两种方法都是求 4 套校服的价钱，所以它们是相等的。

（3）出示（8+2）×3　　8×3+2×3

①师：上面的两道算式相等吗？如果不允许计算，你有办法判断它们是否相等呢？

②引导学生从乘法意义说明。

2. 学生活动

（1）根据提出的问题交流汇报预习情况。

①数学组长组织交流计算方法。

②请一小组到黑板前汇报交流结果。说出两种计算方法，并说出两种方法计算依据。并把两种计算方法板书到黑板上。

（2）观察黑板上板书着的两道算式的计算结果，并说明算式相等原因。

（3）从乘法意义角度说明算式相等的原因。

（三）活动三：合作探究，探索规律，理解内涵

1. 教师活动

（1）投影出示两组算式：

（4+2）×25＝4×25+2×25　　　　（30+25）×4＝30×4+25×4

问题：观察两组算式左右两边的结构特点，每组算式左右两边有什么联系。

（2）组织学生开展探究活动。

（3）师生、生生对话，理解算式的规律。

算式的特点：左边是两个数相加的和，再乘一个数；右边是这两个数分别与括号外面的这个数相乘再求和。

（4）教师揭示乘法分配律。

两个数相加的和，再乘一个数等于把这两个数分别与括号外面的这个数相乘再求和。这样的一种规律我们称它为乘法分配律。

（5）师生共同举例说明乘法分配律。

（6）用符号来表示乘法分配律。

①问题：你能用自己喜欢的方法表示乘法分配律吗？

②小组活动，用符号表示乘法分配律。

③展示探究单。

④介绍最通用的符号表示法。

2. 学生活动

（1）根据问题独立思考2分钟。

（2）小组内交流个人观点。

（3）小组汇报交流结果。

①算式左边都是两个数的和乘以一个数。

②右边的算式是括号里面的数分别与括号外的数相乘再求和。

（4）共同归纳乘法分配律。

（5）举例子说明乘法分配律。

（6）小组活动：组员轮流把用符号表示出的乘法分配律写在探究单上。

（7）点评探究单。

（8）理解几种最常用的符号表示法，并齐读一次。

（四）活动四：灵活运用，达标检测

1. 教师活动

（1）组织学生完成达标检测第1题填一填。

①巡视，及时了解学生解答情况，收集学生部分优秀作业及部分错误答案。

②展示优秀答题情况，再组织学生点评错例。

（2）组织学生完成达标检测第2题。

（3）组织学生完成达标检测第3题。如果你要参加口算抢答比赛，聪明的你会选择下面左右两边的算式中的哪一道算式进行口算呢？为什么？

$(13+17)×5=13×5+17×5$　　　　$48×6+52×6=(48+52)×6$

2. 学生活动

（1）独立完成达标检测第1题，完成后组内相互批改。

（2）学生独立完成达标检测第2题。完成后组内交流判断正误的原因。

（3）小组交流汇报第3题。

①由数学组长组织组内交流。一人回答，其他组员补充、质疑。

②小组讨论后归纳形成本小组学习结果，有疑问的可以提出来。

③汇报讨论结果。

（五）活动五：回顾旧知，总结激励

1. 教师活动

（1）对照开头，解释算得快的道理。

（2）观察课本第26页做一做第2题，说明乘法分配律在乘法竖式计算中的应用。

（3）全课总结。

2. 学生活动

（1）感悟乘法分配律给计算带来的简便。

（2）说明乘法分配律与乘法竖式的联系。

（3）谈收获。

三、教学简评

乘法分配律作为五大运算定律之一，是培养学生运算技能的法宝。与交换律和结合律相比，乘法分配律类型更丰富，变式更多元。可以说，乘法分配律是五大运算定律教学中最难的一个内容。本节课教学设计，选取了"种树"和"买衣服"两样素材，让学生用两种方法来解决，引导学生从具体情境中初步感知"分与配"。当学生对乘法分配律有了初步感知后，教师为了让学生进一步理解其意义，出示了三组式子，让学生观察其特点，并从乘法意义去理解乘法分配律，感悟乘法分配律的本质。本节课，通过教师的"引"和学生的"探"的有机结合，学生在主动探讨过程中，观察、思考、理解、概括、推理，理解了乘法分配律的生成过程和意义，培养了学生归纳概括和抽象推理的能力。

第三节　公式、定理教学案例与评析

案例一　平行四边形的面积

一、教学背景分析

平行四边形面积是在学生掌握了长方形面积计算及平行四边形的认识基础上教学的，学好了它将为本单元三角形的面积、梯形的面积学习积累活动经验。教材推导平行四边形面积计算公式过程分三步展开，首先通过比较两个花坛面积大小引入平行四边形面积概念，接着用数格子的方法求面积，然后让学生通过割补转化方法寻找平行四边形与长方形等量关系，在此基础上推导出平行四边形面积计算公式，并应用公式进行计算。五年级的学生已经掌握了平行四边形的特征以及长方形面积的计算方法，但他们的空间想象能力还不够丰富，对图形的转化、公式的推导会有一定的难度。因此，需要我们在探索过程中循序渐进、由浅入深地操作和分析。本节课引导学生探索并掌握平行四边形面积计算公式，以及解决一些简单的实际问题。使学生经历尝试、探究、分析、反思等过程，培养数学活动经验，在解决与平行四边形面积有关的数学问题的过程中，提高问题解决的能力。在平行四边形面积公式推导过程中，体会转化思想。通过学习感受数学之美，体验数学之用，提高学习兴趣。

二、教学过程

（一）创设情境，提出问题

1. 问题：（出示 PPT）学校准备在一块空地（平行四边形）上铺草坪，

需要多少平方米的草坪呢？

（1）师：要解决好此问题，我们必须思考哪些数学信息？

（2）预设答案。

空地是什么形状？

求多少平方米草坪就是求平行四边形的面积？

要求平行四边形的面积需要知道什么？

…………

2. 借助具体情境，理解平行四边形面积概念。

【设计意图：以计算平行四边形草坪的面积引入，能有效激发学生的学习热情，促使学生积极主动思考；同时，能让学生体会数学来源于在生活，体现学习数学的价值。】

（二）合作探究，实践操作

活动一：用数格子的方法求平行四边形的面积

1. 独立阅读课本第 87 页，按课本要求数格子，填表。

2. 独立思考完毕与同伴交流以下问题。

（1）一个方格代表 1 平方厘米，则每个方格的边长是多少？

（2）数出的格子数表示什么？

（3）观察表格各栏的数据你发现了什么？

3. 学生交流思考结果。

4. 师生对话，理解用数格子求平行四边形面积的方法，领悟平行四边形与长方形的各种等量关系。

【设计意图：本环节利用数格子的方法研究平行四边形面积，沟通平行四边形与长方形之间的联系，培养学生联想、猜测能力，为下一步的探究提供思路。】

活动二：探究平行四边形面积计算公式

1. 谈话导入，引出研究问题。

通过数方格知道了等底等高平行四边形与长方形面积是相等的。不数方格，你还能寻找到它们之间的联系吗？你有办法验证吗？

2. 小组合作探究平行四边形与长方形的等量关系。

（1）给每小组提供一些平行四边形（至少有两个是完全一样的）和一把剪刀。

（2）出示操作要求：借助材料把平行四边形转化成长方形，再寻找转化前后两个图形之间的等量关系。

（3）组织学生开展研究活动。

（4）组织学生交流研究结果。

3. 利用研究结果，借助媒体师生进行对话，沟通平行四边形与长方形的联系。

4. 推导公式：平行四边形面积=底×高。

5. 用字母表示平行四边形的面积公式。

【设计意图：本环节先引导学生把平行四边形与学过的图形建立联系，就是启发学生朝"转化"的方向去探索。然后让学生动手实践，把平行四边形割补成长方形，再寻求它们之间的等量关系，让学生在"做"的过程引发"思考"，发展学生空间观念。】

（三）生活应用，巩固提升

1. 出示错例，加深对公式的理解。

小明的计算方法对吗？　　　　6×5＝30（平方米）（见图6-10）

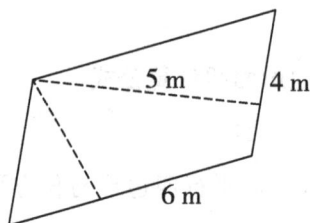

图 6-10

2. 解决上课开始时铺草坪问题。

通过测量知道了这块空地的底是 6 米，高是 4 米，如果每平方米草坪要 6 元，要给这块空地铺上草坪需要多少钱？

3. 思考题：用木条做成一个长方形框，长 8 厘米，宽 6 厘米，它的周长和面积各是多少？如果把它拉成一个平行四边形，周长和面积有变化吗？说说你的想法。

【设计意图：本环节以生活素材为学习材料，让学生运用所学知识去解决生活中的问题，加深体验，达到学以致用的目的，让学生真切体会到数学知识的广泛应用。】

（四）回顾反思，自我评价

1. 这节课你印象最深的是什么？

2. 你怎么样评价自己的学习及怎样评价同伴的学习？

【设计意图：本环节帮助学生通过回顾学习过程、整理学习内容，对学习过程和学习结果进行评估和总结，培养学生的数学学习良好习惯，同时体现学生的成长足迹。】

三、教学简评

本节课能紧扣学生的生活，以计算平行四边形草坪的面积引入，激发学生的学习热情，鼓励学生自己去发现去思考，找到如何解决求平行四边形面积的方法。教师第一个活动是让学生通过数格子的方法研究平行四边形面积，沟通平行四边形与长方形之间的联系。第二个活动是引导学生把平行四边形与学过的图形建立联系，就是启发学生朝"转化"的方向去探索。课上利用课前准备好的平行四边形，通过观察、再剪一剪、拼一拼等操作，把平行四边形割补成长方形，再进行比较、讨论、分析、归纳，再寻求它们之间的等量关系，总结出平行四边形面积的计算公式，本活动让学生动手实践，让学生在"做"的过程引发"思考"，发展学生空间观念。

案例二　圆的面积

一、教学背景分析

圆的面积是在学生掌握了多边形面积计算及认识了圆的特征的基础上进行教学的。教材首先通过计算圆形草坪的占地面积引出圆面积的概念。在学生理解了圆的面积概念后，再引导学生把圆转化成学过的简单图形，通过观察对比，寻找转化前后图形的等量关系，自行推导出圆的面积计算公式，最后应用公式解决主题图提出的问题。整个教学过程，让学生体验到"化曲为直"的转化思想和"无限逼近"的极限思想。学生以前所学的图形都是多边形，像圆这样的曲线图形面积计算，还是第一次接触。特别是把圆转化成接近长方形，这种"无限逼近"极限思想学生是较难想象的。因此在教学中教师必须借助信息技术手段让学生直观看到图形的变化趋势，才能更好地发展学生的思维能力。本节课重点引导学生探索并掌握圆面积计算公式，并解决一些简单的实际问题。并使学生经历尝试、探究、分析、反思等过程，培养数学活动经验，在解决与圆面积有关的数学问题的过程中，提高问题解决的能力。让学生在圆面积公式推导过程中，体会转化、极限等思想。通过学习感受数学之美，体验数学之用，提高学习兴趣。

二、教学过程

（一）创设情境，提出问题

1. 问题：（PPT出示）学校准备在一块空地（圆形）上铺植草，需要多少平方米的草坪呢？

（1）师：要解决好此问题，我们需要思考哪些数学信息？

（2）预设答案。

空地是什么形状？

求多少平方米草坪就是求谁的面积？

要求圆的面积需要知道什么信息？

…………

2. 借助具体情境，理解圆的面积概念。

【设计意图：以计算圆形草坪的面积引入，能有效激发学生的学习热情，促使学生积极主动思考；同时，能让学生体会数学来源于生活，体现学习数学的价值。】

（二）合作探究，实践操作

1. 展示已学平面图形面积公式推导过程，唤醒学生已有知识（平行四边形、三角形、梯形）。

2. 提出问题，圆可以转化成已学的哪种平面图形来推导公式呢？

3. 引导学生独立阅读课本。

4. 开展探究活动。

（1）出示研究主题：把圆转化成已学过的平面图形，寻找出它们之间的等量关系。

（2）给学生提供学习材料，并提出操作要求。

操作要求：

①把圆转化成已学的图形。

②寻找转化前后两个图形的等量关系。

（3）组织学生开展探究活动。

5. 展示小组探究成果。

6. 借助媒体，师生进行对话，沟通圆形与长方形的联系，推导圆的面积计算公式。

7. 用字母表示圆的面积公式。

【设计意图：本环节先引导学生把圆与学过的图形建立联系，就是启发学生朝"转化"的方向去探索。再让学生动手实践，把圆转化成长方形，让学生在"做"的过程引发"思考"，发展空间观念。在引导学生领悟圆转化过程时，借助信息技术"化圆为方""化曲为直"让学生明白"分的份数越多，拼的图形越接近长方形"，去领会极限思想。】

（三）生活应用，巩固提升

1. （知半径求面积）用一根 3 米长的绳子，把一只羊拴在树干上，羊的最大活动范围是多少？

2. （知直径求面积）解决上课开始时铺草坪问题。

通过测量知道了这块空地的直径是 20 米，如果每平方米草坪要 6 元，要给这块空地铺上草坪需要多少钱？

3. （知周长求圆的面积）小刚量得一棵树干周长是 125.6 厘米，这棵树干的横截面近似于圆，它的面积大约是多少？

【设计意图：本环节以生活素材为学习材料，让学生运用所学知识去解决生活中的问题，加深体验，达到学以致用的目的，让学生真切体会到数学知识的广泛应用。】

三、教学简评

本节课的设计理念有三个层面：一是数学生活化，一开始以计算圆形草坪的面积引入，让学生感受到数学就在身边，数学与生活是密切联系的，学数学就是为了解决生活中的实际问题。二是以实践活动引领学生学习，体现"做中学"教学理念。本节课，引导学生把圆与学过的图形建立联系，就是启发学生朝"转化"的方向去探索。再让学生动手实践，把圆转化成长方形，让学生在"做"的过程引发"思考"，发展空间观念。三是注重数学思想渗透，让学生学会用数学的眼光思考问题，体会数学学习的特殊魅力和内在价值。

第四节　解决问题教学案例与评析

案例一　鸡兔同笼问题

一、教学背景分析

"鸡兔同笼"问题是我国民间广为流传的数学趣题，最早出现在《孙子算经》中，是人教版小学数学四年级上册的内容。教材希望通过生动有趣的古代数学问题感受我国古代数学文化，并让学生在解决问题中去了解策略的多样化。解决该问题的方法很多，有列表法、假设法、列方程、抬腿法（另一种假设法），而教学内容出现在四年级，其目的是希望学生通过猜测、列表、假设等方法来解决问题，重在培养学生有序思考逻辑推理能力。在往年的学习中，大部分学生都喜欢用假设法解题，但许多学生只是停留在套用假设法列出算式，不知道算出来的答案是鸡的只数还是兔的只数。或者有些同学知道是鸡的只数还是兔的只数，但并未能真正的理解为什么假设是鸡算出来的是兔。还有一种情况就是学生只懂得解答鸡兔方面的问题，变换情景后不知所措，不能根据已学的知识产生类比联想，举一反三，也就做不到学以致用。

二、教学过程

（一）创设问题情境，感受数学文化

1. 介绍"鸡兔同笼"出处

"鸡兔同笼"是我国流传了一千多年的数学名题。出自《孙子算经》下卷

第33题。原题是："今有雉兔同笼，上有三十五头，下有九十四足，问雉兔各几何？"

师：请看屏幕，读一次。

师：你认为"鸡兔同笼"是什么呢？

师：今天我们讲的"鸡兔同笼"是一道有名的数学题，大约在一千五百年前，有一本叫《孙子算经》的古书，这本书分三卷，上卷里面记载的都是数学加减乘除等运算方法，中卷与下卷记载的是各类有趣的数学问题。"鸡兔同笼"在书中下卷第33题。原题是："今有雉兔同笼，上有三十五头，下有九十四足，问雉兔各几何？"你能理解原题的意思吗？

2. 分析题型结构特点

（1）理解题意。

（2）分析已知条件与问题。

（3）分析数量关系。

师：现有鸡和兔同在一只笼子里，从上面数有35个头，从下面数有94只脚，问鸡和兔各有几只？这一题的已知条件是什么，问题是什么？数量关系是什么？

生：第一个已知条件是：有35个头，第二个已知条件是有94只脚，问题是鸡和兔各有多少只？

师：谁有补充。

生：每只鸡有2只脚，每只兔有4只脚。

师：说得好，我们在分析已知条件时不要只看表面的数据，还要把隐藏着的条件也找出来。

（二）建立用"假设法"解题模型

1. 引导学生领悟"化繁为简"的解题策略

引入：鸡兔同笼是千年的名题，它有许多解题的方法，下面我们就来研究其中的一些解题方法。原题的数据太大，不方便寻找规律，我们可以把数据改小些，请看题目：笼子里有若干只鸡和兔，从上面数，有 8 个头，从下面数，有 26 只脚，鸡和兔各有几只？

师：课本介绍的第 1 种解题方法叫什么？

生：表格法。

师：列表法就是借助表格，把所有的可能性一一列举，再计算验证。

师：请同学们拿出下发的操作纸看看，理解操作纸的要求吗？

师：请两位同学上讲台合作完成，其余的独立完成。（学生列表 3 分钟）

2. 教学列表法

介绍什么叫列表法；学生用列表法解题；完成下面探究单（见表 6-3）。

表 6-3　鸡兔同笼问题探究单

共 8 个头	鸡头								
	兔头								
脚的总只数									
通过列表，推算出鸡有（　　　）只，兔有（　　　）只。 变化规律：鸡兔的总只数不变，多（　　　）只兔子就会少（　　　）只鸡，并会增加（　　　）只脚。									

（1）教师评点。借助图像直观理解变化规律。

问题：头数不变，为什么多 1 只兔就会增加 2 只脚？直观演示变化规律。

（2）利用表格，运用规律解决问题。

问题：头数不变，增加 3 只兔就增加了几只脚？现在有 26 只脚，增加了几只脚？要换回多少只兔？

3. 教学假设法

（1）借助表格，提出问题，理解假设法。

假设全是鸡，

算一算这时的总脚数是多少？

比一比，增加了多少只脚？

想一想，要换回多少只兔？

（2）学生尝试用假设法解题。

（3）师生交流，总结方法。

（4）尝试练习：用假设法解原题。

（5）尝试另一种假设解题。

（三）运用模型解决问题

问题一：笼子里有若干只鸡和兔，从上面数，有 35 个头，从下面数，有 94 只脚，鸡和兔各有几只？

问题二：有龟和鹤共 40 只，龟的腿和鹤的腿共 112 条，龟和鹤各有多少只？

小结：知道头数，又知道脚数，求鸡与兔各多少只。并且有两种联系密切的数量关系。其实呀，所有包含有以上两种数量关系的同类的应用题都可以套进"鸡兔同笼"这一"模型"去理解。所以说"鸡兔同笼"并不是单纯的一道数学题，它是一类题。你能找出哪个是头数，哪个是脚数？哪个是鸡？哪个是兔吗？

三、教学简评

这节课为帮助学生建立"鸡兔同笼"的"模型"，设计上考虑了四个问题：一是在实际应用中，我们怎样针对不同问题让学生建立"鸡兔同笼"问题的数学模型呢？课本通过引导学生分析题型特点，抓住各种问题情境本质属性帮助学生建立模型。二是在教学中，不仅要让学生会计算，更要让学生学会思考：解决鸡兔同笼问题的思维策略和关键是什么？解决鸡兔同笼关键是懂得用假设法，假设法的关键是理解好"假设是鸡，脚数会少，少的部分就是每只兔的两只脚，故假设的是鸡算出来则是兔"。三是本节课把假设的思想方法作为解决"鸡兔同笼"问题所有方法中最基本的解题思想，抓住解题思路的核心。但是假设法的思维起点又在哪里呢？假设法的思维起点是让学生在跳跃式列表法过程中领悟假设法的意义。四是在教学中如何将列表法与抽象的假设法进行沟通与联系？这关键是在于引导学生通过列表发现规律，并在学生用规律解决问题中领悟假设法的关键，接着借助图示法帮助学生进一步理解假设法，最后归纳出用假设法解题的策略。这就是用假设法解决"鸡兔同笼"问题的建模过程。

案例二　比例认识

一、教学背景分析

"比例的意义"是《义务教育课程标准实验教科书（数学）》六年级下册第三单元"比例"中比例的意义和基本性质的起始课。本节课是在学生理解了比的意义、比的基本性质，求比值、化简比的基础上进行教学的，是解比例的基础，也是为以后学习图形的放大与缩小做铺垫。教材选用了国旗作为情境，通过理解大小不同的国旗长与宽比值相等的实例引出比例式子，再给比例下定义。

通过分析可知道本节的知识点有三个：一是理解比例意义；二是掌握比例判断方法；三是理解比与比例的联系和区别。在这三个知识点中，学生能通过自学掌握的内容是认识比例的定义，会举例子说明；需教师引导点拨的知识点是：归纳判断比例方法，理解比与比例的联系和区别。在进行本节课设计时，考虑到情境图中的国旗是以图画的形式呈现，不能突出长方形的特点，故更换情境图，把国旗变成相片；设计时，考虑到学生已做了预习，对比例的定义已有所了解，因此在教学中先点清定义，再举例加深理解，最后才让学生经历由比到比例的过程，从而教学比与比例的联系和区别。

二、教学过程

（一）活动一：通过交流预习，了解自学中存在问题

1. 教师活动

向学生出示预习检查，具体要求：指导学生相互批改预习导航第一大题，相互纠正错误。组织学生按以下要求汇报预习效果："我知道本节课将要学习（　　　　），我能自己学会（　　　　），我不理解（　　　　）。"

2. 学生活动

（1）批改作业；改正错题。

（2）交流后汇报预习效果。

（二）活动二：教学比例意义和判断方法

1. 教师活动

（1）提出问题：什么叫比例？关键词是什么？

（2）出示探究要求，组织学生合作交流："利用举例子的方法理解比例，掌握判断比例的方法。"

要求：

①写出 2 道比例。

②组内相互证明所举的比例是否正确，说出证明的理由。

③最后各小组在黑板上派一位代表写一道例子。

（3）问题解决：师生互动，引发反思，总结方法。

①引导学生说出判断比例的关键点。

②利用反证法，加深对比例的理解：$1:3=\dfrac{1}{4}:\dfrac{3}{4}$ 是比例吗？为什么？

2. 学生活动

自学找定义；自写表达式；合作交流证明。

（三）活动三：通过经历比例形成过程，感受比例实际应用，区分比与比例

1. 教师活动

（1）创设问题情境，提出问题。

①出示 4 张形状不同的同一张相片。

②提出问题：与①号比较几号相片没有变形？你认为相片不变形与什么有关？

（2）组织学生合作探究。

利用探究单，组织学生开展探究活动。

（3）问题解决。

①小组汇报研究结果。

②教师根据学生汇报利用情境图引导其区分比与比例。

③根据两幅相似相片中数据写出不同的比例。

2. 学生活动

合作交流研究方法；合作完成探究单；合作交流得出结论。

（四）活动四：知识回顾，达标检测

1. 教师活动

（1）出示本节课重点研究内容，小组内交流学习体会。

（2）完成达标检测单。

2. 学生活动

交流学习体会；解答检测题。

三、教学简评

传统的教学环节许多时候是"教师出示问题，教师教方法、学生接受模仿"。这是一个"先教后学"的教学方式。传统的课堂说得最多的一句话是"坐端正，认真听我讲"，传统的课堂习惯的要求是"认真看，跟着我来做"。传统的课堂是给课件控制了的，许多时候是把课件一张张地点击下去，一节课就完成了教学任务。

实行小组合作，彻底改变了传统的授课方法。但小组合作学习成功与否，与问题的设计好坏息息相关。一节课中要想让学生成功地进行合作学习，那必须要创设一个真正能引发探究欲望的教学环境，要设计一些引起主动思考的问题。

本节课，先让学生观看他们在两年前上课的一张照片，再提出："与①号比较几号相片没有变形？你认为相片不变形与什么有关？"这样巧设问题，激起了学生思维的火花，使学生处于求解心切、欲罢不能的境界中。引出了问题后，接下来的环节就是组织学生合作探究。这时教师再进一步追问"想一想，是什么改变了导致变形，又是什么没改变就不会变形？你们想知道吗？下面拿出探究单，小组合作寻找相片不变形的奥秘。"

心理学研究也表明：小学生具有好奇心、富于想象、求知欲强的心理特点。教学中，从学生的这一心理特征出发，根据教学内容，精心设疑，巧妙地提出问题，使学生处于一种"心求通而未达，口欲言而未能"的不平衡状态，定能激活他们的进一步探索欲望。

第五节　统计与概率案例与评析

案例　条形统计图

一、教学内容

人教版小学数学四年级上册第五单元"条形统计图"。

二、教学对象

1. 教学对象分析：小学四年级学生在第一学段已经初步体验了数据的收集、整理、描述和分析的过程，能够用自己喜欢的方式（文字、图画、简单的统计表等）呈现分类计数的结果。能够根据统计表及条形统计图提出一些简单的问题，初步经历用统计的方法解决问题的过程；了解了统计在现实生活中的作用和意义，并初步建立了统计观念。学生在学习过程中，容易将此内容处理成单纯的计算和绘图，忽略了对统计概念和方法的理解，不能对数据进行分析，从而体会不到统计的价值。因此，应鼓励学生运用所学方法尽可能多地从数据中提取有用的信息，并且能够根据问题的背景选择合适的方法。

2. 教学对象分析方法和工具：情景小视频实现翻转课堂以及课前导学案，引导学生思考数与形结合，发现更好的统计方法。

三、教学目标

1. 让学生经历简单的数据收集、整理、描述和分析的过程，体会统计在现实生活中的作用，体会到统计与现实生活息息相关。

2. 让学生经历用直条表示数据的过程，了解条形统计图的特点，并懂得用条形统计图来表示数据。

四、教学重点与难点

（一）教学重点

1. 经历条形统计图的形成过程，体会其特点；

2. 从条形统计图中收集、选择、分析相关的信息和数据，从而灵活、合理地解决问题。

（二）教学难点

1. 体会数据中蕴含着的隐性信息；

2. 联系实际，进一步做出有理有据的判断和决策。

（三）解决重难点的策略

PPT 课件动态实现数与形结合，经历条形统计图的形成过程，体会条形统计图的特点，再利用课堂互动反馈器收集分析数据，体会数据的价值。

五、教学环境

教室中配备多媒体一体机（可联网），手机与一体机通过多屏互动软件互联，可轻松实现现场直播、投屏等功能，每位学生配备课堂互动答题器。

六、教学设计理念

本节课的设计理念遵循以学生为中心，促进学生最大化发展，借助信息技术能助力学生的能力发展，采用的是"1+3+1"的教学模式引导学生深度学习。在信息技术的加持下不断撞击学生的兴奋点，让学生在思索中学，在玩中学。

七、教学策略

"条形统计图"是根据我的教学主张设计的一堂创新教学案例，目的是探索一种有效的教学方法，根据学生的年龄特点激发学生学习兴趣和求知欲望，培养学生的统计能力，发展数据意识，培养核心素养。生动有趣的微视频创设情景并实现翻转式课堂教学，实时反馈的互动答题器，开展跨学科项目式学习等等，有层次、有梯度地建构搭配新知识。

八、教学效果和推广应用

在多技术整合环境下，丰富了课堂趣味性，而且使活动中师生的互动和课堂的反馈更加高效，取得了良好的效果，在校本实践中值得推广。

九、技术工具、平台、资源

PPT 课件、希沃白板、希沃授课助手、课堂互动教学反馈器、微视频等。

十、教学活动设计

（一）课堂前测，学情分析

1. 教师活动

课前，教师发放导学案，布置观看情景小视频的任务。

2. 学生活动

观看情景小视频，在书本上查找答案；独立思考，完成导学案的任务。

3. 应用的技术及资源

利用万彩动画大师制作情景小视频。

【设计意图：通过课前的情景小视频以及导学案，实现翻转课堂，给予充足的时间让学生自主学习。借助导学案的完成情况可以精准地掌握学情。】

（二）情景激趣，新课导入

1. 教师活动

播放《珠江卫视天气预报》小视频，出示表示天气的符号后提问："你知道它表示的意思吗？"待学生回答后，展示有代表性的导学案作品，并说明用了什么统计方法？

2. 学生活动

观看视频；思考每个符号所表示的意义；对比分析学过的两种统计方法的

优缺点。

3. 应用的技术及资源

网络下载《珠江卫视天气预报》、PPT 课件、希沃白板。

【设计意图：创设贴近学生生活的情景，激发学生对天气研究的兴趣，让学生经历收集数据、整理数据、表达数据的过程，并体会数据表达的多样性。唤醒已有学习经验，为学习新课做好知识铺垫。】

（三）引导探究、掌握新知

1. 教师活动

组织小组讨论："有没有一种方式既可以清楚看出数量又能直观形象作比较呢？"利用希沃白板，引导学生经历条形统计图的形成过程；播放微课视频，回顾总结条形统计图的形成。

2. 学生活动

独立思考，分享交流；汇报想法；经历过程，理解条形统计图的特点。

3. 应用的技术及资源

PPT 课件、希沃白板、微课视频。

【设计意图：让学生大胆猜想，仔细观察，培养学生自主探索、小组合作的意识，调动学生学习的积极性，从而达到教学目的。】

（四）深入辨析，对比学习

1. 教师活动

出示条形统计图，指导学生观察由哪些内容构成的？组织同桌互相分享。引导学生观察统计图；播放"生活中的条形统计图"小视频。

2. 学生活动

自主思考，分享交流条形图的组成部分；分析数据，体验数据的价值性；

观赏生活中的数学。

3. 应用的技术及资源

PPT 课件、希沃白板、微课视频。

【设计意图：激发学生思考，促进学生对知识的深入了解，总结获得新知。】

（五）巩固练习，深化理解

1. 教师活动

你会应用今天所学的知识解决生活中的实际问题吗？学校开设兴趣班社团，需要调查同学们的选择意向，用反馈器选出你最喜欢的兴趣班。展示统计结果，根据这个结果，你觉得学校应该开设哪个兴趣社团？你们会看图，根据图读信息，那你能根据老师给的信息画条形统计图吗？调查本班第一组同学最喜欢的水果。

2. 学生活动

用课堂互动反馈器选出最喜欢的兴趣班；分析数据；完成条形统计图。

3. 应用的技术及资源

PPT 课件、希沃白板、课堂互动反馈器。

【设计意图：利用课堂互动答题器，信息技术的加持活跃了课堂氛围并及时了解学生学情；利用希沃白板让学生直观看出把收集数据变为条形统计图的过程；提供多层次练习，通过应用，促进学生对条形统计图的了解以及数据的分析。】

（六）课题小结，归纳反思

1. 教师活动

引导学生对本节课的知识进行小结，并向学生介绍如何使用评价量规来评价自己本节课的学习情况。

2. 学生活动

总结本节课所学知识，并根据评价量规自评与同桌互评。

3. 应用的技术及资源

PPT 课件。

【设计意图：通过知识的梳理与概况，学生能更好地把握本节课教学重难点，将本节课的知识纳入自己的知识结构，同时提高自己的概况能力和表达能力。】

（七）拓展延伸，深化新知

1. 教师活动

布置作业：以"生命的长度"为主题开展跨学科项目式学习，把数学、信息技术、美术三个学科相融合，创作出条形统计图。

2. 学生活动

自主思考，独立完成。

3. 应用的技术及资源

PPT 课件、记录表。

【设计意图：跨学科作业，融合数学、信息技术、美术三个学科的知识，拓展学生知识面，还对学生进行了生命教育。这里应用了 A8 能力点，培养了学生的信息素养。】

十一、教学简评

本案例从教学设计理念方面，以学生为中心促进学生最大化发展，能力的发展是课堂教学的出发点和归宿，借助信息技术能助力学生能力发展。本节课紧靠这一教学主张，以教材的分析和学情的分析为基础，通过 1+3+1 的教学模式，开展教学设计和实施，有效达成教学目标，展示了信息技术助力教学的魅力。在教学实践过程方面，于课前做好学情分析，结合交互一体机、希沃白板、PPT、课堂互动反馈器的使用，充分为学生创设学习情境，营造轻松愉快的学习氛围。采用多技术融合开展教学，在学习中借助多媒体技术将知识点化难为易，突破本节课的重难点。在教学方法方面，在多技术整合环境下，让本节课使用回归教学策略、问题情境的设计教学策略、启发式教学策略、探究策略、微课教学，多种教学方法的使用能够帮助学生高效掌握知识点。在技术工具应用方面，本节课借助 PPT 课件、希沃白板、图片、微课、"问卷星"平台、小组合作学习单及评价表、调查问卷等工具，提高学生学习兴趣，能够帮助他们从形象思维过渡到抽象思维。在教学创新方面，本节课应用 7 个信息技术能力点，借助信息技术工具展示课堂教学的魅力。

参考文献

［1］曹才翰，章建跃. 数学教育心理学［M］. 北京：北京师范大学出版社，2006.

［2］刘月霞，郭华. 深度学习：走向核心素养：理论普及读本［M］. 北京：教育科学出版社，2018.

［3］付丽，张艳. 小学数学单元教学：基于儿童真实问题［M］. 北京：教育科学出版社，2021.

［4］徐洁. 基于大概念的教学设计优化［M］. 上海：华东师范大学出版社，2021.

［5］埃里克，兰宁. 以概念为本的课程与教学：培养核心素养的绝佳实践［M］. 鲁效孔，译. 上海：华东师范大学出版社，2018.

［6］郑毓信. 小学数学教育的理论与实践［M］. 上海：华东师范大学出版社，2017.

［7］李烈. 我教小学数学［M］. 北京：人民教育出版社，2003.

［8］梁福慧. 基于核心素养下的学校品质提升［M］. 广州：广东经济出版社，2017.

［9］中华人民共和国教育部. 义务教育数学课程标准：2022 年版［S］. 北京：北京师范大学出版社，2022.

［10］史宁中. 数学基本思想 18 讲［M］. 北京：北京师范大学出版社，2016.

［11］张兴华. 儿童学习心理与小学数学教学［M］. 南京：江苏教育出

版社，2011.

　　［12］曹广福，张蜀青．问题驱动的中学数学课堂教学：理论与实践卷［M］．北京：清华大学出版社，2018.

　　［13］教育部师范教育司．吴正宪与小学数学［M］．北京：北京师范大学出版社，2006.

　　［14］黄秦安．数学教育原理：哲学、文化与社会的视角［M］．北京：北京师范大学出版社，2009.

　　［15］丁玉华．追寻智慧课堂：我的小学数学教学探索之路［M］．汕头：汕头大学出版社，2014.

　　［16］曹一鸣，冯启磊，陈鹏举，等．基于学生核心素养的数学学科能力研究［M］．北京：北京大学出版社，2017.

　　［17］王贵林．学生发展核心素养背景下的教师教育改革与实践研究［M］．成都：电子科技大学出版社，2021.

　　［18］王永春．小学数学与数学思想方法［M］．上海：华东师范大学出版社，2014.

　　［19］曾文婕，黄甫全．小学教育学［M］．第3版．北京：高等教育出版社，2017.

　　［20］邱坤彬．构建最美同心圆：行走在自主发展的路上［M］．广州：广东经济出版社，2018.

　　［21］王月芬．重构作业：课程视域下的单元作业［M］．北京：教育科学出版社，2021.

　　［22］严永金．让学生的思维活起来：名师最激发潜能的课堂提问艺术［M］．重庆：西南师范大学出版社，2007.

　　［23］余文森，林高明，叶建云．名师怎样观察课堂：小学数学卷［M］．上海：华东师范大学出版社，2009.